普通高等教育工程管理类专业系列规划教材

项目管理——原理与案例

主　编　牟绍波　张嗣徽
副主编　黄国栋　向奕萱

机 械 工 业 出 版 社

本书主要内容包括项目管理、项目整体管理、项目范围管理、项目时间管理、项目成本管理、项目质量管理、项目人力资源管理、项目沟通管理、项目风险管理和项目采购管理等。本书内容通俗易懂，结构严谨，条理清晰，注重理论联系实际，案例丰富，具有一定的深度和广度。考虑到不同层次读者的需要，在每章末还设有课后习题及案例分析，能及时让读者检测学习效果。

本书不仅可以作为高等学校工程管理、工商管理、工程造价等工程类、管理类本科专业和研究生相关专业的教材，也可以作为工程技术人员和项目管理人员学习和培训用书。

本书配有PPT电子课件，免费提供给选用本书作为教材的授课教师，需要者请登录机械工业出版社教育服务网（www.cmpedu.com）注册，免费下载。

图书在版编目（CIP）数据

项目管理：原理与案例/牟绍波，张嗣徽主编.—北京：机械工业出版社，2019.11（2023.8重印）

普通高等教育工程管理类专业系列规划教材

ISBN 978-7-111-64071-4

Ⅰ.①项… Ⅱ.①牟…②张… Ⅲ.①项目管理-高等学校-教材 Ⅳ.①F224.5

中国版本图书馆CIP数据核字（2019）第230290号

机械工业出版社（北京市百万庄大街22号 邮政编码100037）

策划编辑：刘 涛 责任编辑：刘 涛 高凤春 臧程程 商红云

责任校对：李亚娟 封面设计：张 静

责任印制：孙 炜

北京中科印刷有限公司印刷

2023年8月第1版第5次印刷

184mm×260mm·13.75印张·340千字

标准书号：ISBN 978-7-111-64071-4

定价：38.00元

电话服务	网络服务
客服电话：010-88361066	机 工 官 网：www.cmpbook.com
010-88379833	机 工 官 博：weibo.com/cmp1952
010-68326294	金 书 网：www.golden-book.com
封底无防伪标均为盗版	机工教育服务网：www.cmpedu.com

前　言

项目管理是一门新兴的综合性交叉学科，具有很强的实践性和应用性。本书是为满足我国工程类和管理类人才培养的需要，结合项目管理实践而编写的。本书结构严谨，条理清晰，重点突出，注重理论联系实际，案例丰富，具有一定的深度和广度。考虑到不同层次读者的需要，本书在每章末还设有课后习题及案例分析，能及时让读者检测学习效果。

本书通俗易懂，不仅可以作为高等学校工程类、管理类本科专业和研究生相关专业的教材，也可以作为工程技术人员和项目管理人员的学习和培训用书。

本书由西华大学牟绍波和张嗣徽任主编。全书共分为10章，内容包括项目管理、项目整体管理、项目范围管理、项目时间管理、项目成本管理、项目质量管理、项目人力资源管理、项目沟通管理、项目风险管理和项目采购管理。其中，第1章和第2章由牟绍波、向奕萱编写，第3章由刘晓晗、曾雪编写，第4章由罗剑、周杉杉编写，第5章由饶芳、吴佳编写，第6章由黄国栋、吴佳编写，第7章由李萌、李昀薇编写，第8章由周凌、周婷编写，第9章潘恒、游灿宇编写，第10章由曹小英、杨璐编写。全书由牟绍波和张嗣徽统稿。

本书在编写过程中参考了大量文献资料，在此对相关作者表示衷心的感谢！由于编者水平有限，书中难免存在缺点和不足之处，敬请广大读者和同行批评指正。

编　者

目　录

第1章 项目管理

1.1 项目概述

1.1.1 项目的含义

项目是一个组织为实现既定目标，在一定的时间、人员和其他资源的约束条件下，所开展的一种有一定独特性、一次性的工作。项目可以是建造一栋大楼，开发一个油田，或者建设一座水坝，像国家大剧院的建设、大庆油田的建设、三峡工程的建设都是项目；项目也可以是一项新产品的开发，一项科研课题的研究。对于项目的定义，人们从不同的角度给出了不同的定义，其中具有代表性的定义有以下两种。

1. 美国项目管理协会（PMI）的定义

项目是为创造特定产品或服务的一项有时限的任务。其中，“时限”是指每一个项目都有明确的起点和终点；“特定”是指一个项目所形成的产品或服务在关键特性上不同于其他的产品和服务。

2. 麦克·吉多的定义

项目是以一套独特而又相互关联的任务为前提，有效利用资源，为实现一个特定的目标所做的努力。

从上述定义可以看出，项目可以是一个组织的任务或努力，项目小到可以只涉及几个人，也可以大到涉及几千人；项目也可以是多个组织的共同努力，甚至可以大到涉及成千上万人。项目的时间长短不同，有的在很短时间内就可以完成，有的需要很长时间，甚至很多年才能够完成。

1.1.2 项目的基本特征

1. 目的性

项目的目的性是指任何一个项目都是为实现特定的组织目标服务的。因此，任何一个项目都必须根据组织目标确定出项目的目标。在许多情况下，项目的目的性是项目最为重要和最需要项目管理者关注的特性。

2. 一次性

项目的一次性（也被称为“时限性”）是指每一个项目都有自己明确的时间起点和终点，都是有始有终的（不是不断重复、周而复始的）。项目的一次性与项目持续时间的长短无关，不管项目持续多长时间，一个项目都是有始有终的。

3. 独特性

项目的独特性是指项目所生成的产品或服务与其他产品或服务都有一定的独特之处。

4. 资源制约性

项目的资源制约包括人力资源、财力资源、物力资源、时间资源、技术资源、信息资源等各方面的资源制约。项目的资源制约性是决定一个项目成败的关键特性之一。通常，一个项目在人力、物力、财力、时间等方面的资源宽裕，制约很小，那么其成功的可能性就会非常高；情况相反时项目成功的可能性就会大大降低。

5. 组织的临时性和开放性

项目开始时需要建立项目组织，项目组织中的成员及其职能在项目的执行过程中将不断地变化，项目结束时项目组织将会解散，因此项目组织具有临时性。一个项目往往需要多个甚至几百上千个单位共同协作，它们通过合同、协议以及其他的社会联系组合在一起，可见项目组织没有严格的边界，即项目组织具有开放性。

6. 不可逆转性

项目具有较大的不确定性，潜伏着各种风险。项目不像有些事情可以试做，或失败了可以重来，即项目具有不可逆转性。

1.1.3 项目的生命周期

项目的实现过程通常用项目生命周期来描述，即把项目实现过程中先后衔接的各个阶段的集合称为项目的生命周期。项目的生命周期是描述项目从开始到结束所经历的各个阶段，最一般的划分是将项目分为启动阶段（识别需求）、规划阶段（提出解决方案）、执行阶段（执行项目）、收尾阶段（结束项目）四个阶段。PMI 把项目的生命周期定义为，项目是分阶段完成的一项独特任务，一个组织在完成一个项目时会将项目划分成一系列的项目阶段，以便更好地管理和控制项目，更好地将组织运作与项目管理结合在一起。项目各阶段的叠加就构成了一个项目的生命周期——典型的项目生命周期（见图 1-1）。

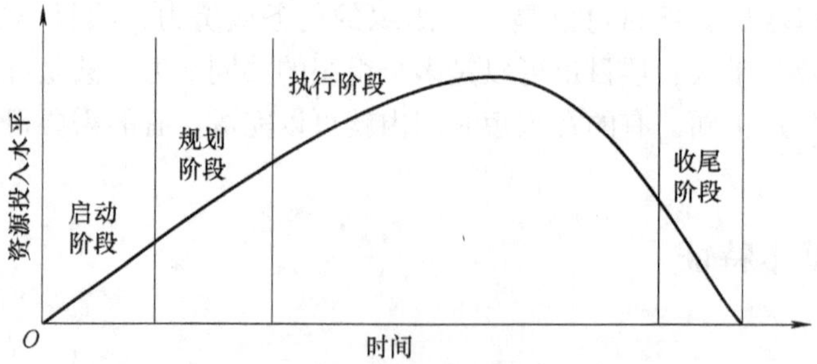

图 1-1 典型的项目生命周期示意图

第一个阶段是启动阶段。这一阶段的主要工作任务是项目识别、项目构思和项目立项等工作，其形成的文字资料主要有项目建议书或可行性研究报告、项目章程或合同。

第二个阶段是规划阶段。规划阶段的可交付成果是项目计划文件，项目计划文件是项目执行的蓝本。这一阶段的主要工作是回答由谁何时、如何来完成项目的目标等问题，即制订项目计划书。具体工作包括确定项目工作范围，进行项目工作分解；估算各种活动所需的时间和成本；明确进度安排和人员安排；建立质量保证体系等。

第三个阶段是执行阶段。此阶段开始于客户已决定了哪个解决方案将能最好地满足需求，客户与参加会议的人或提交申请书的承约商之间已签订了合同后。此阶段即执行项目阶段，包括为项目制订详细的计划，然后执行计划以实现项目目标。在执行项目期间，将会使用到不同类型的资源。例如，有关设计并建造一幢办公楼的项目，项目努力的方向可能首先包括由几个建筑师和工程师制订一个建楼计划。然后，在建设工程进行期间，大量增加所需资源，包括炼钢工人、木匠、电工、油漆工等。项目在盖好楼之后结束，少数其他工人将负责完成美化环境的工作和最后的内部装修。此阶段将会导致项目目标的最终实现。使客户满意于整个工作高质量地在预算内按时完成。

第四个阶段是收尾阶段。当项目结束时，某些后续的活动仍需执行。例如，确定一下所有应交付的货物是否已提交给了客户，客户是否已接收，所有的款项是否已经交付结清了，所有的发票是否已经偿付了。这一阶段的一个重要任务就是评估项目绩效，以便从中得知该在哪些方面改善，在未来执行相似项目时有所借鉴。这一阶段应当涉及从客户那儿获取反馈，以查明客户满意度和项目是否达到了客户的期望等活动。同样也应从项目团队那儿得到反馈，以便得到有关项目绩效改善方面的建议。

1.1.4 里程碑和可交付成果

里程碑（Milestone）即项目中的重大事件，通常是指一个主要可交付成果的完成。它是项目进程中的一些重要标记，是在规划阶段应该重点考虑的关键点。里程碑既不占用时间，也不消耗资源。在项目的具体实施过程中，会有多个里程碑。里程碑计划就是将那些对项目实施进度有重要意义的关键事件按时间顺序加以排列的文档。里程碑是完成阶段性工作的标志，不同类型的项目，里程碑不同。

可交付成果（Deliverable）是指某种有形的、可以核实的工作成果或事项。一般来说，项目有阶段可交付成果和最终可交付成果。

以典型项目生命周期为例，启动阶段结束时，批准可行性研究报告是第一个里程碑，此时其可交付成果就是可行性研究报告；规划阶段结束时，批准项目计划是第二个里程碑，此时其可交付成果就是项目计划文件书；执行阶段结束时，项目完工是第三个里程碑，其可交付成果就是有待交付的完工产品（基本完成的项目）或文件、软件等；收尾阶段结束时，项目交接是最后一个里程碑，其可交付成果就是完工产品和项目文件。

1.1.5 项目干系人

项目干系人又称为项目相关利益者，是指积极参与项目，或其利益会受到项目执行或完成情况影响的个人或组织。

项目干系人对项目的目的和结果施加影响。项目管理团队必须识别项目干系人，确定他们的需求和期望，尽最大可能地管理与需求相关的影响，以获得项目的成功。主要的项目干系人如下：

项目经理：负责整个项目的计划、实施和控制，是项目管理的核心。项目经理除了具备一些基本素质以外，还必须具有领导能力、人际交往能力、人员开发能力、处理问题的能力以及建设项目团队等能力。

客户或用户：会使用项目产品的组织或个人。顾客会有若干层次。例如，一个新医药产品的顾客包括开处方的医生、吃药的病人和付钱的保险公司。在一些应用领域，顾客和用户的意思是一样的。而在其他领域，顾客是指采购产品的实体，用户是指真正使用项目产品的人。

执行组织：雇员直接为项目工作的组织。

项目组成员：执行项目工作的一组人。

项目管理团队：直接参与项目管理的项目组成员。

资助人：以现金或实物形式为项目提供经济资源的组织或个人。

权力阶层：并不直接采购或使用项目产品，但是因为自身在消费者组织或执行组织中的位置，可以对项目进程施加积极或消极影响的个人或组织。

项目管理办公室：如果在执行组织中存在，并对项目的结果负有直接或间接的责任，项目管理办公室可能也是项目干系人之一。

项目干系人的命名和分组，主要是为了鉴别哪些个人和组织将他们自己看成项目干系人。项目干系人的角色和责任可以重合。例如，一个工程公司为自己规划的厂房提供资助。

1.2 项目管理概述

1.2.1 项目管理的产生与发展

1. 传统项目管理阶段

从20世纪40年代中期到60年代，项目管理主要应用于发达国家的国防工程建设和工业或民用工程建设方面。此时采用的传统项目管理方法主要是致力于项目的预算、规划和为达到项目目标而借用的一些一般运营管理的方法，在相对较小的范围内所开展的一种管理活动。当时的项目经理仅仅被看作是一个具体执行者，他们只是被动地接受一项给定的任务或工作，然后不断接受上级的指令，并根据指令去完成自己负责的项目。从20世纪60年代起，国际上许多人对于项目管理产生了浓厚的兴趣。随后建立的两大国际性项目管理协会，即以欧洲国家为主的国际项目管理协会（International Project Management Association，IPMA）和以美洲国家为首的美国项目管理协会（Project Management Institute，PMI），以及各国相继成立的项目管理协会，为推动项目管理的发展发挥了积极的作用，做出了卓越的贡献。但是在这一传统项目管理阶段中，发达国家的国防部门对项目管理的研究与开发占据了主导地位，它们创造的许多项目管理方法和工具一直沿用至今。例如，由美国空军最早开发的项目计划评审方法（Project Evaluation and Review Technique，PERT）、由美国国防部提出并推广的项目工期与造价管理规范（Cost / Schedule Control Systems Criteria，C/SCSC）等一大批项目管理的方法和工具现在仍然在广泛地使用。

2. 现代项目管理阶段

20世纪80年代之后项目管理进入现代项目管理阶段，随着全球性竞争的日益加剧，项目活动的日益扩大和更为复杂，项目数量的急剧增加，项目团队规模的不断扩大，项目相关利益者的冲突不断增加，降低项目成本的压力不断上升等一系列情况的出现，迫使作为项目业主或客户的一些政府部门与企业以及作为项目实施者的政府机构和企业先后投入了大量的人力和物力去研究和认识项目管理的基本原理，开发和使用项目管理的具体方法。特别是进入20世纪90年代以后，随着信息系统工程、网络工程、软件工程、大型建设工程以及高科技项目的研究与开发项目管理新领域的出现，促使项目管理在理论和方法等方面不断地发展和现代化，使得现代项目管理在这一时期获得了快速的发展和长足的进步。同时，项目管理的应用领域在这一时期也迅速扩展到了社会生产与生活的各个领域和各行各业，而且项目管理在企业的战略发展和例外管理（这些都属于企业高层管理者所做的管理工作）中的作用越来越重要。例如，欧洲的ABB公司作为一个处于领先地位的全球性工程公司，其绝大部分工作都要求开展项目管理；IBM公司是世界上最大的计算机制造商之一，它公开承认项目管理是对其未来发展起关键作用的因素；摩托罗拉公司是世界上最成功的通信设备和服务供应商之一，它在20世纪90年代中期启动了一个旨在改善其项目管理能力的计划，这一计划使公司获得了很大的发展。今天，项目已经成为我们社会创造精神财富、物质财富和社会福利的主要生产方式（以前主要是运营和生产），现代项目管理成为发展最快和使用最为重要的管理领域之一。

1.2.2 项目管理的含义、特征及要素

1. 项目管理的含义

项目管理是项目的管理者，在有限的资源约束下，运用系统的观点、方法和理论，对项目涉及的全部工作进行有效的管理。美国项目管理协会（Project Management Institute，PMI）从创新的角度对项目管理做出了进一步的定义，认为项目是一种创新的事业，所以项目管理也可简洁地称为实现创新的管理，或创新管理，并认为项目管理的知识体系主要由九个部分组成：整体管理、范围管理、时间管理、成本管理、质量管理、人力资源管理、沟通管理、风险管理和采购管理。

2. 项目管理的特征

（1）普遍性　项目作为一种创新活动，普遍存在于社会、经济和生产活动之中，人类现有的各种文化物质成果最初都是通过项目的方式实现的。现有各种运营活动都是各种项目的延伸和延续，人们的各种创新的想法、建议或提案或迟或早都会转化成项目，并通过项目的方式得以验证或实现。由于项目的这种普遍性，使得项目管理也具有了普遍性。在人类社会中，小到个人的婚礼，大到阿波罗计划都是项目，都需要项目管理。所有企业、政府、社团、个人的项目都需要开展项目管理。

（2）集成性　项目管理的集成性是相对于一般运营管理的专门性而言的。项目管理要求充分强调管理的集成性。例如，对于项目工期、造价和质量的集成管理，对于项目、子项目的集成管理等都是十分重要的。

（3）创新性　项目管理的创新性：一是指项目管理是对于创新（项目所包含的创新之处）的管理；二是指任何一个项目的管理都没有一成不变的模式和方法，都需要通过管理创新去实现对于具体项目的有效管理。

3. 项目管理的要素

随着项目管理的发展，项目管理的要素从最初的三要素逐渐发展为四要素、五要素，进而发展为六要素。

（1）项目管理三要素　项目管理中，最重要的是质量、时间与成本三要素。质量是项

目成功的必需与保证，质量管理包括质量计划、质量保证与质量控制。时间管理是保证项目能够按期完成所需的过程。在一个大的计划指导下，各参与建设的单位都编制自己的分解计划，才能保证工程的顺利进行。成本管理是保证项目在批准的预算范围内完成项目的过程，包括资源计划的编制、成本估算、成本预算与成本控制。

（2）项目管理四要素　项目管理四要素在三要素基础上增加了项目的范围，目的是使得质量、范围可以与成本、时间相互协调。例如，范围增减、质量改变均会引起成本和时间的相应变化。

（3）项目管理五要素　项目管理五要素包括质量、时间、成本、范围和组织。没有范围就无法做项目计划，没有组织就无法实施项目。

（4）项目管理六要素　项目管理六要素包括工作范围、时间、成本、质量、组织和客户满意度，其中客户满意度是项目管理的核心。

1.2.3　项目管理的工作过程

项目管理的工作过程如图 1-2 所示。

1. 启动过程

启动过程包括定义一个项目阶段的工作与活动、决策一个项目或项目阶段的起始与否，或决定是否将一个项目或项目阶段继续进行下去等。

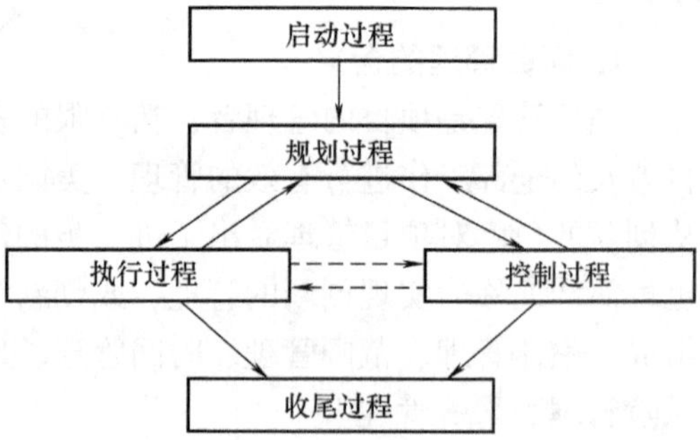

图 1-2　项目管理的工作过程图

2. 规划过程

规划过程包括拟定、编制和修订一个项目或项目阶段的工作目标、工作计划方案、资源供应计划、成本预算、计划应急措施等。

3. 执行过程

执行过程包括组织和协调人力资源及其他资源，组织和协调各项任务与工作，激励项目团队完成既定的工作计划，生成项目产出物等。

4. 控制过程

控制过程包括制定标准、监督和测量项目工作的实际情况、分析差异和问题、采取纠偏措施等管理工作和活动。这些都是保障项目目标得以实现，防止偏差积累而造成项目失败的管理工作与活动。

5. 收尾过程

收尾过程包括制定一个项目或项目阶段的移交与接受条件，并完成项目或项目阶段成果的移交，从而使项目顺利结束。

从图 1-2 中可以看出，项目管理的这些具体管理工作过程之间的关系，首先是一种前后衔接的关系。项目管理工作过程的输入和输出是它们相互之间的关联要素。一个项目管理工作过程的结果或输出可以是另一个项目管理工作过程的输入，所以各个项目管理工作过程之间都有文件和信息的传递。当然，这种输入与输出的关系有的时候是单向的，有的时候是双向的。例如，一个项目管理工作过程中的“规划过程”，首先要为“执行过程”提供项目计划文件，然后又从“执行过程”获得各种新的情况和更新的资料。在一个项目管理工作过程的“规划过程”“执行过程”和“控制过程”之间的输入和输出关系都是双向的，而“启动过程”和“规划过程”之间，“执行过程”和“收尾过程”之间，以及“控制过程”和“收尾过程”之间的输入和输出关系则是单向的。

1.2.4 项目管理的知识体系

项目管理的知识体系是指在项目管理中所要开展的各种管理活动，所要使用的各种理论、方法和工具，以及所涉及的各种角色的职责和他们之间的相互关系等一系列项目管理理论与知识的总称。按照美国项目管理协会提出的项目管理知识体系的划分方法，现代项目管理知识体系主要包括项目整体管理、项目范围管理、项目时间管理、项目成本管理、项目质量管理、项目人力资源管理、项目沟通管理、项目风险管理和项目采购管理九个方面。这九个方面分别从不同的管理职能和领域，描述了现代项目管理所需要的知识、方法、工具和技能。

1. 项目整体管理

项目整体管理（Project Integration Management）是指保证项目各要素相互协调的全部工作和活动过程。它从全局、整体的角度出发，有机地协调时间、成本、质量和资源等要素，在相互影响的各项具体目标和方案中权衡利弊，以消除项目各单项管理的局限性，从而满足项目干系人的需求和期望。项目整体管理的具体工作过程包括制定项目章程，制订项目管理计划、指导和管理项目的执行，监督和控制项目工作，实施整体变更控制和项目收尾六个方面。

2. 项目范围管理

项目范围管理（Project Scope Management）是指在项目管理过程中所开展的计划和界定一个项目或项目阶段所需和必须要完成的工作，以及不断维护和更新项目范围的管理工作。开展项目范围管理的根本目的是要通过成功地界定和控制项目的工作范围与内容，确保项目的成功。这项管理的主要工作内容包括项目起始的确定和控制、项目范围的规划、项目范围的界定、项目范围的确认、项目范围变更的控制与项目范围的全面管理和控制等。

3. 项目时间管理

项目时间管理（Project Time Management）是指在项目管理过程中为确保项目按既定时间成功完成而开展的项目管理工作。开展项目时间管理的根本目的是要通过做好项目的工期计划和项目工期的控制等管理工作，来确保项目的成功。这项管理的主要工作内容包括项目活动的定义、项目活动的排序、项目活动的时间估算、项目工期与安排生产计划的编制和项目作业计划的管理与控制等。

4. 项目成本管理

项目成本管理（Project Cost Management）是指在项目管理过程中为确保项目在不超出预算的情况下完成全部项目工作而开展的项目管理。开展项目成本管理的根本目的是全面管理和控制项目的成本（造价），确保项目的成功。这项管理的主要工作内容包括项目资源的规划、项目成本的估算、项目成本的预算和项目成本的管理与控制等。

5. 项目质量管理

项目质量管理（Project Quality Management）是指在项目管理过程中为确保项目的质量所开展的项目管理工作。这一部分的主要内容包括项目质量规划、项目质量保障和项目质量控制。开展项目成本管理的根本目的是要对项目的工作和项目的产出物进行严格的控制和有效的管理，以确保项目的成功。这项管理的主要工作内容包括项目产出物质量和项目工作质量的确定与控制，以及有关项目质量变更程序与活动的全面管理和控制等。

6. 项目人力资源管理

项目人力资源管理（Project Human Resource Management）是指在项目管理过程中为确保更有效地利用项目所涉及的人力资源而开展的项目管理工作。开展项目人力资源管理的根本目的是要对项目组织和项目所需人力资源进行科学的确定和有效的管理，以确保项目的成功。这项管理的主要工作内容包括项目组织的规划、项目人员的获得与配备、项目团队的建设等。

7. 项目沟通管理

项目沟通管理（Project Communication Management）是指为确保项目信息合理收集和传递，对项目信息的内容、信息传递的方式、信息传递的过程等进行的全面管理活动。项目沟通管理的具体工作过程包括项目干系人识别、项目沟通规划、项目信息发布、项目干系人期望管理和项目绩效报告五个方面。

8. 项目风险管理

项目风险管理（Project Risk Management）是指在项目管理过程中为确保成功地识别项目风险、分析项目风险和应对项目风险所开展的项目管理工作。开展项目风险管理的根本目的是要对项目所面临的风险进行有效识别、控制和管理，是针对项目的不确定性而开展的降低项目损失的管理。这项管理的主要工作内容包括项目风险的识别、项目风险的定量分析、项目风险的对策设计和项目风险的应对与控制等。

9. 项目采购管理

项目采购管理（Project Procurement Management）是指在项目管理过程中为确保能够从项目组织外部寻求和获得项目所需各种商品与劳务的项目管理工作。开展项目采购管理的根本目的是要对项目所需的物质资源和劳务的获得与使用进行有效的管理，以确保项目的成功。这项管理的主要工作内容包括项目采购计划的管理、项目采购工作的管理、采购询价与采购合同的管理、资源供应来源选择的管理、招投标与合同管理和合同履行管理等。

前文分别阐述了项目管理的工作过程和项目管理的知识体系，两者之间的关系见表1-1。

表1-1 项目管理的工作过程和项目管理的知识体系（知识领域）之间的关系

工作过程 / 知识领域	启动过程	规划过程	执行过程	控制过程	收尾过程
项目整体管理	制定项目章程	制订项目管理计划	指导和管理项目执行	监督和控制项目工作 实施整体变更控制	项目收尾或阶段收尾
项目范围管理		规划范围管理 收集需求 定义范围 工作分解		确认范围 控制范围	
项目时间管理		活动定义 活动排序 活动资源估算 活动时间估算 制订进度计划		控制进度	

（续）

工作过程 知识领域	启动过程	规划过程	执行过程	控制过程	收尾过程
项目成本管理		规划成本管理 估算成本 制定预算		控制成本	
项目质量管理		规划质量管理	质量保证	质量控制	
项目人力资源管理		规划人力资源管理	组建（建设）、管理项目团队		
项目沟通管理		规划沟通管理	管理沟通	控制沟通	
项目风险管理		规划风险管理 风险识别 风险分析 风险应对		控制风险	
项目采购管理		规划采购管理	实施采购	控制采购	结束采购

1.3 项目组织结构与管理结构

1.3.1 项目的组织结构

项目组织是按照项目的目标以一定的形式组建起来的，由组织各部门调集专业人才，并指派项目负责人在特定时间内完成任务。项目组织结构的基本形式分为职能型组织结构、项目型组织结构、矩阵型组织结构。其中，矩阵型组织结构是职能型组织结构和项目型组织结构的纵横叠合的矩形阵列，又分为弱矩阵型组织结构、强矩阵型组织结构、平衡矩阵型组织结构。

1. 职能型组织结构

（1）职能型组织结构的构成及作用　职能型组织结构是一种传统的、松散的项目组织形式，该结构最初的出现是社会化大生产、专业化分工的结果。按职能来组织部门分工，即从企业高层到基层，均把承担相同职能的管理业务及其人员组合在一起，设置相应的管理部门和管理职务（见图1-3）。

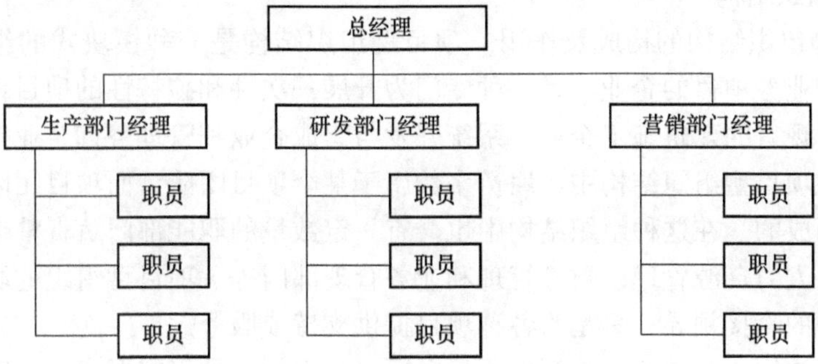

图1-3　职能型组织结构

职能型组织结构是一种层次型的，主要适用于运营性企业的组织结构。例如，现有的加工制造企业多数是采用这种组织结构。在这种组织结构中，每个雇员都有一个直接的上级，雇员需要接受他的领导并向他汇报，以保证组织的直线指挥系统能够充分发挥作用。这种组织中的雇员基本上是按照专业化分工和划分部门的，所以在这种组织中除了直线指挥系统之外，还有一系列的职能管理部门，它们负责企业或组织各方面的职能管理工作。例如，企业的供应部门负责原材料的采购与供应，销售部门负责产品的营销，财务部门负责企业的财务管理，人力资源部门负责企业的人力资源管理等。

（2）职能型组织结构的优点

1）有利于灵活地利用资源。职能型项目组织能够充分利用公司内部的人力和其他资源，可以根据项目的工作需要配备所需资源，稀缺的技术专家也可以在不同的项目中共享。被临时抽调到项目中的专业人员完成任务后，又可以返回到原来的部门。

2）有利于知识共享。由于职能部门是按照职能和专业进行划分的，同一部门的专业人员可以交流知识和经验，一起钻研业务，有利于提高专业技能，并使项目获得所需的知识和技术支持。

3）有利于保持技术及管理的连续性。当专业人员撤离项目时，职能部门将成为使技术得以延续的重要依托，从而保持技术的连续性。同时，将项目交给某一具体的职能部门来运作，有利于在程序、管理和政策等方面保持连续性。

4）项目团队成员的归宿有保障。由于项目完成后，项目团队成员可以回到原来的职能部门。该组织结构为本部门团队成员日后的职业生涯提供了保障。

（3）职能型组织结构的缺点

1）容易忽视项目和客户的整体利益。由于项目团队成员属于原来的职能部门，他们都有自己的日常工作，项目不是其活动和关心的重点，因而可能会因为追求局部利益而忽视项目和客户的整体利益，使得这种组织结构具有一定的狭隘性。

2）项目成员责任意识淡化。通常情况下，由于项目团队成员是由职能经理派遣的，属于兼职型，具有一定的流动性，因此，他们缺乏主动承担项目责任和风险的意识，导致权责难以明确，给项目的管理带来一定的困难。

3）协调难度大。项目团队成员大多来自于不同的职能部门，横向联系较少，相互之间缺乏沟通，合作比较困难。而且，由于项目组织没有明确的项目经理，当不同的职能部门发生利益冲突时，部门经理之间很难进行协调，从而影响企业整体目标的实现。

2. 项目型组织结构

（1）项目型组织结构的构成及作用　项目型组织结构是一种模块式的组织结构，主要适合于开展各种业务项目的企业，是一种专门为开展一次性和独特性的项目任务而建立的组织结构。例如，现有的建筑施工企业、系统开发与集成企业和管理咨询企业等多数都采用这种组织结构。在项目型组织结构中，雇员多数属于某个项目团队，而项目团队通常是由多种职能人员组合而成的。在这种组织结构中也会有一定数量的职能部门负责整个企业的职能管理业务。例如，人力资源管理、财务管理和业务管理部门等。项目型组织的职能部门一般不行使对项目经理的直接领导，只是为各种项目提供支持或服务。

项目型组织结构是非常适合于开展项目和项目管理的一种组织形式，所以多数从事业务项目经营活动的企业都采取这种组织结构和模式。项目型组织结构如图 1-4 所示。

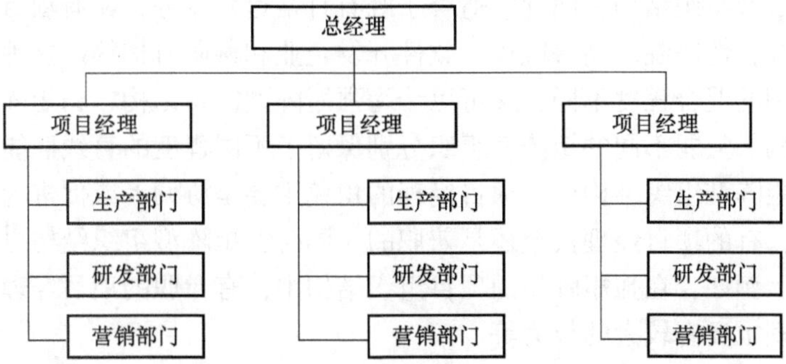

图 1-4 项目型组织结构

（2）项目型组织结构的优点

1）有利于统一指挥和管理。在项目型组织结构中，项目团队中的成员一般不具有双重身份，通常都是专职人员。因此，项目组织较为稳定，而且每个项目成员都有自己明确的责任，有利于项目组织的统一指挥和管理。

2）目标明确，有利于充分发挥团队精神。由于项目型组织都是基于项目组建的，其首要目标就是圆满完成项目的任务，项目成员能够明确理解并专注于这一目标，使得团队精神得到充分发挥。

3）项目经理享有最大限度的自主决策权。项目经理在实施项目管理过程中，可以调用整个组织内部或外部的资源，在进度、成本和质量方面的控制较为灵活，能够统一协调整个组织的管理工作，而且对客户的需求和公司高层的意图可以做出快捷的响应，从而保证了项目的成功实施。

4）沟通途径简洁，命令统一。项目从职能部门中分离出来，项目经理就可以避开职能部门直接与高层管理者沟通，这既提高了沟通效率，又避免了沟通中的失真与延误。此外，在项目型组织结构中，每个成员只有一个上司，因而避免了多重领导以及无所适从的局面。

5）有利于培养全面型人才。由于项目实施时需要进行计划、组织、领导、协调与控制等管理活动，同时涉及专业知识。因此，项目型组织为培养全面型管理人才创造了条件。

（3）项目型组织结构的缺点

1）资源配置重复。当公司同时进行多个项目时，每个独立的项目组织都设有自己的职能部门，造成人员、设施、技术和设备等的重复设置，不利于资源共享；同时由于项目各阶段的工作重点不同，而项目组之间的人力资源又不能相互协调，影响了员工的工作积极性，也会造成人为资源的浪费。

2）专业技术知识难以共享。各项目团队的技术人员往往只注重项目中所需的技术，团队之间的横向沟通较少，不同的项目团队很难做到知识共享，也不利于公司专业技术水平的提高。

3）项目团队成员缺乏事业上的保障。项目型组织是根据项目而临时组建的，项目一旦结束，项目组织就会解散，项目团队成员就有可能失去工作。由于他们担心项目结束后的生计，项目的收尾工作可能会因此被推迟，影响项目的稳定进行。

3. 矩阵型组织结构

（1）矩阵型组织结构的构成及作用　矩阵型组织结构是一种直线职能型组织和项目型组织的混合物。这种组织结构中既有适合于日常运营的直线职能型组织结构，又有适合于完成专门任务的项目型组织结构，因此它适合于既有日常运营业务，又有项目工作的企业或组织。例如，各种综合性医院、高等院校、软件开发企业和科研机构等。这种组织结构根据直线职能制和矩阵制的混合程度不同，又可以分为强矩阵型组织结构、弱矩阵型组织结构和平衡矩阵型组织结构。强弱不同的矩阵型组织分别保留了不同程度的直线职能型组织结构的特点。例如，在弱矩阵型组织结构中，项目经理的角色主要是协调者或促进者的角色，项目经理的权威性较低，有的项目经理甚至还是兼职的。同时，矩阵型组织结构也具有许多项目型组织结构的特点。例如，在强矩阵型的项目组织结构中，有专职的项目经理、专职的项目管理队伍，项目经理也具有较大的权力等。

矩阵型组织结构的主要特色是它的专业职能部门构成了矩阵型组织结构的“列”，同时这种组织建立的项目团队构成了矩阵型组织结构的“行”，如图 1-5 所示。

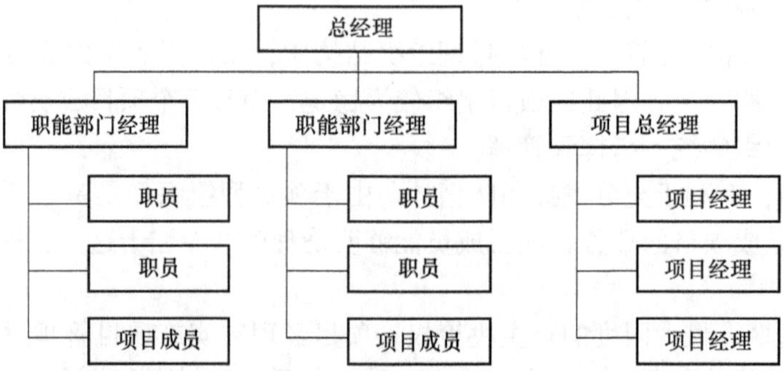

图 1-5　矩阵型组织结构

（2）矩阵型组织结构的优点

1）项目是工作的重心。在矩阵型组织结构中，由项目经理负责整个项目的运行，在规定的时间、经费范围内完成项目，并对该项目负全责。因此，项目是工作活动的重心。

2）反应快捷灵活。矩阵型组织结构具有灵活性的特点，能够对客户和公司内部的要求做出较快的响应。

3）资源和知识共享。由于项目经理负责管理整个项目，可以从职能部门临时抽调所需的专业人员，从而可以分享各个部门的技术人才储备；而且关键技术人员能够为各个项目所共用，从而避免了人员冗余的情况，充分利用组织内部的人力资源。

4）可以平衡资源保证多个项目共同完成。当有多个项目同时进行时，公司可以对各个项目所需的资源、进度和成本等方面进行总体协调和平衡，提高整个系统的效率，保证每个项目都能按预定的目标完成。

5）增加决策层对项目的信任。项目团队中有来自公司行政管理部门的人员，他们能保证项目的规章制度与公司章程保持一致，从而增加了公司决策者对项目的信任。

6）减少项目团队成员的忧虑。当项目结束后，项目团队成员可以回到原来的职能部门，因此不必担心日后的工作。

（3）矩阵型组织结构的缺点

1）容易造成项目经理之间的矛盾。由于资源在多个项目之间流动，容易使项目经理之间发生利益冲突，因此公司要处理好资源分配、技术支持等方面的均衡问题。

2）违反了命令单一性原则。在矩阵型组织结构中，项目团队成员可能会接受项目经理和职能部门经理等的多重领导，当命令有分歧时，项目团队成员就会感到无所适从。

3）项目经理可能会只关心所负责项目的成败，而不以整个公司的目标为努力方向。

4）项目与职能部门的责权不清。在这种结构中，项目经理主管项目的技术问题，职能部门经理主管项目的行政事务，如果他们协调不好，或对各自成员的影响力不同，都可能会影响项目的进度和职能部门的日常工作。

综上所述，各组织结构都存在优缺点，在进行项目组织结构选择时首先应明确项目组织结构选择的原则，梳理项目组织结构选择的依据。在此基础上综合考虑影响项目组织结构选择的因素。

4. 项目组织结构选择的原则

（1）目标性原则　项目组织结构选择时必须反映公司的目标和计划，因目标设事，因事设机构、定编制，按编制设岗位、定人员，以职责定制度、授权力。

（2）整体性原则　项目是由众多子系统组成的一个大系统，各个子系统之间、子系统内部各部门之间都存在着大量的结合部，这就要求项目组织必须恰当地分层和设置部门，以业务工作系统化原则为指导，周密考虑多方关系，将组织结构建设成一个严密、封闭的系统，实行合理分工、和谐协作，顺利完成项目管理的总目标。

（3）统一指挥原则　项目组织结构必须保证决策指挥的统一。组织结构中要有合理的层次、位置，安排合适的人员，并且使其保持相应的决策权和指挥权。

（4）人尽其才原则　项目组织结构必须创造人尽其才的环境。如果不能充分发挥每个人的专长，压抑员工的主动性与创造精神，组织的目标就很难实现

（5）利于控制原则　项目组织结构必须有利于全过程及全局的控制。失控是失败的先兆，保持控制才能实现目标，此时应该注意信息的有效沟通。

（6）适应性原则　项目组织结构必须适应项目的性质和规模要求，项目组织是为了更有效地实现项目的任务而采取的一种组织手段，这种组织手段必须服从项目的目标。

（7）重要性原则　选择项目组织结构时必须考虑项目在公司中的地位与重要性。公司的资源是有限的，通常要同时承担几个项目，每个项目都处于不同的生命周期，且每个项目对公司效益的影响程度不同，因此要考虑团体、部门、组织、公司之间的相互关系和作用，重点关注处于关键时期且对公司整体影响程度较大的项目。

5. 项目组织结构选择的影响因素

项目组织结构选择是一项系统工程，在各个方面都必须围绕项目的目标进行。项目生产和服务的技术特点对项目组织结构选择影响极大。例如，一个汽车制造厂的新建项目和一个房地产项目的技术特点大相径庭，业主方的项目管理组织结构会有较大差别。显然，工业项目的组织结构专业性强，技术与设备方面的职能部门必不可少，而多数服务业项目没有生产过程，技术复杂程度较低，技术与设备方面要求不高，项目管理组织机构中相应部门会减少，组织结构会精简。

一般而言，项目生产或服务的技术复杂程度高、专业性强、技术水准高、所需要的专业技术人员较多，对项目管理的要求也较高，专业经验要求丰富，业主方的项目管理组织结构也较复杂。反之，项目生产或服务的技术水准较低、专业性不强，业主方的项目管理组织结构相对简单。然而，由于不同的项目组织结构有其各自不同的特点，不可能有一个万能的组织结构适用于所有的项目。项目高层管理者应该结合公司和项目的实际情况，选择适合的项

目组织结构类型。在具体选择项目组织结构时应该运用权变管理理论的原理，在充分考虑项目的具体特性、项目组织结构的优缺点、项目所处的环境以及公司的文化氛围等方面的情况下，根据自身情况来选择适合自己公司的项目组织结构。

在进行项目组织结构选择之前，首先需要弄清楚选择项目组织结构类型所应考虑的关键因素，具体见表 1-2。

表 1-2　选择项目组织结构类型应考虑的关键因素

组织结构 / 因素	职能型	项目型	矩阵型
项目风险程度	小	大	大
项目所用的技术	标准	创新性强	复杂
项目本身复杂程度	小	大	一般
项目的持续时间	短	长	一般
项目的投资规模	小	大	一般
客户的类型	多	单一	一般

通常，职能型组织结构比较适用于规模较小、以技术为重点、持续时间较短的项目，而不适用于时间限制性强或环境变化较大的项目。如企业需要在某类设备或厂房上进行投资，此时适于采用职能型组织结构。项目型组织结构适用于一个公司中包括多个相似项目的情况，或长期的、大型的、重要的、复杂的项目，因为这种组织结构中的每个项目都下设了很多职能部门，可以进行有效的协调和配合，不断适应环境的变化。矩阵型组织结构融合了上述两种组织结构的优点，可以更充分地利用公司的资源。因此，矩阵型组织结构适用于技技术复杂、风险程度较大的大型项目。

1.3.2　企业内部的管理活动和管理结构

企业内部的管理活动，可以根据其功效与作用分为三类，包括项目管理活动、运营管理活动和战略管理活动，三者之间的关系如图 1-6 所示。

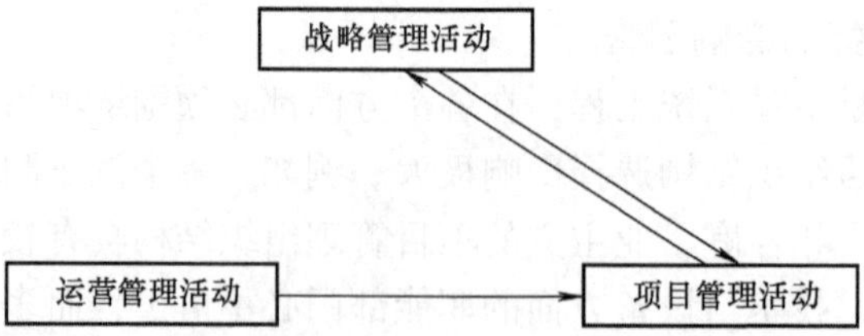

图 1-6　项目管理活动、运营管理活动和战略管理活动之间的关系

战略管理活动最主要的目的是确定本企业的发展方向，根据企业的发展方向来选择所要实施项目的范围，同时通过项目的实际运行来逐步实现战略目标。运营管理活动为项目的运作提供服务性支撑。

对于企业内部的管理活动，除了根据其功效与作用分成三类外，还可以从管理结构上进行分析。企业中的管理结构大致可以分为三个层次，即上层、中层和基层。

1. 上层管理

上层，又称为决策层，大多从事为企业制定发展方向的战略管理活动。其目的是从组织整体利益出发，实行统一指挥和综合管理，制定组织目标和实现目标的大政方针和战略计划。

2. 中层管理

中层，又称为执行层，大多从事运营管理。其目的是根据组织的战略计划将目标分解成详细的实施方案，分配资源、协调和评价下级组织活动，监督和控制目标的实现。执行层起承上启下的作用，他们根据来自上层（决策层）的工作目标，制订实现目标的计划，然后驱动一线经理按照计划实现目标，并解决执行中的问题。这一层次根据企业规模可能存在多个层次。

3. 基层管理

基层管理是指按照中层管理制订的计划，具体组织人力去完成计划。基层管理是相对于中层管理与上层管理而言的管理模式。基层管理区别于中层管理和上层管理的特点是以执行为主，基层管理的核心是基层管理者。

本章小结

本章主要介绍了项目和项目管理的概念、特征以及项目的生命周期、项目管理的工作过程、项目管理的知识体系、项目组织结构与管理结构。要求学生在牢牢掌握项目管理学科的基本概念的基础上，理解项目管理学科的研究对象及项目管理的主要内容，熟悉项目管理知识体系和项目组织结构与管理结构的内容，了解目前项目管理的发展历程及发展趋势，以便为后续学习打下基础。

习　题

一、判断题

1. 项目进程中每个阶段结束时必须以某种可交付成果为标志。
2. 里程碑通常是指项目进程中的某个可交付成果。
3. 项目在开始时的风险和不确定性最高。
4. 项目管理的客体是项目管理者。
5. 项目管理的主体是项目的全部任务。
6. 职能型组织结构中有专门为项目工作的人员。

二、单选题

1. 项目“一次性”的含义是指（　　）。

A. 项目持续的时间很短

B. 项目有确定的开始和结束时间

C. 项目将在未来一个不确定的时间内结束

D. 项目可以在任意时候取消

2. 随着项目生命周期的发展，资源的投入（　　）。

A. 逐渐变大　　B. 逐渐变小　　C. 先变大再变小　　D. 先变小再变大

3. 下列表述正确的是（　　）。

A. 项目的生命周期是指项目的开始时间和项目的结束时间这一段时间的累计

B. 不管项目阶段如何划分，一般均可归纳为启动阶段、执行阶段、收尾阶段

C. 失败的项目也存在收尾阶段

D. 项目的生命周期是循环往复的一段时间

4. 确定项目是否可行是在哪个工作过程完成的？(　　)

A. 项目启动　　B. 项目规划　　C. 项目执行　　D. 项目收尾

5. 项目干系人识别是在哪个项目管理过程中进行的？(　　)

A. 启动工作过程　　B. 规划工作过程　　C. 执行工作过程　　D. 收尾工作过程

6. 矩阵型组织结构的最大优点是（　　）。

A. 改变了项目经理对资源的控制　　B. 团队成员至少有一个领导

C. 沟通更加容易　　D. 报告更加简单

7. 项目型组织结构适用于（　　）情况。

A. 项目的不确定因素较多，同时技术问题一般

B. 项目的规模小，但是不确定因素较多

C. 项目的规模大，同时技术创新性强

D. 项目工期较短，采用的技术较为复杂

8. 项目经理在（　　）组织结构中的角色是兼职。

A. 职能型　　B. 项目型　　C. 强矩阵型　　D. 平衡矩阵型

三、思考题

1. 项目的基本特征有哪些？

2. 项目干系人主要包括哪些方面？

3. 什么是项目管理？怎么理解这一概念？它与一般管理有何不同？

4. 项目管理的知识体系包括哪些？

案例分析

案例一：英吉利海峡隧道项目的建设

英吉利海峡隧道（The Channel Tunnel）又称为英法海底隧道、欧洲隧道，1994 年 5 月 6 日开通，是一条英国通往法国的铁路隧道，位于英国多佛港与法国加来港之间。

英吉利海峡隧道由三条长 51km 的平行隧洞组成，总长度 153km，其中海底段的隧洞长度为 3×38km，是世界第二长的海底隧道及海底段世界最长的铁路隧道。两条铁路洞衬砌后的直径为 7.6m，开挖洞径为 8.36～8.78m；中间一条后勤服务洞衬砌后的直径为 4.8m，开挖洞径为 5.38～5.77m。从 1986 年 2 月 12 日法国、英国两国签订关于隧道连接的坎特布利条约（Treaty of Canterbury）到 1994 年 5 月 7 日正式通车，历时 8 年多，耗资约 100 亿英镑（约 150 亿美元），也是世界上规模最大的利用私人资本建造的工程项目。隧道横跨英吉利海峡，使由欧洲大陆往返英国的时间大大缩短。

回顾英吉利海峡隧道的建设项目，尽管在工程技术上取得了重大的成功，但是由于种种原因，其立项在过去的 8 年中至少被放弃或中断了 26 次；工程预算也从 1987 年估计的 48 亿英镑，上升到建成时的 106 亿英镑；全面营运的时间从原来计划的 1993 年初，推迟到了 1994 年 5 月。

1989 年总承包商（TML）的成本增加导致了 1990 年年初业主（欧洲隧道公司 CTG-FM）的资金告罄。银行财团、业主和承包商各方产生了尖锐的矛盾。经过艰难的谈判，各方才接受了一个折中办法：英国、法国两国政府对贷款工作做担保，项目将按有限的追偿权，交付发起人使用，债务由完成项目的收益来偿还。参加过隧道建设的人认为：如果重新开始，不会让发起人欧洲隧道公司（CTG-FM）既作为业主又作为建设方，允许自己的合作伙伴（总承包商 TML 和牵头银行）与他们自己（指欧洲隧道公司）签订合同。隧道公司财务主说："财务上最致命的教训是必须有一个独立的业主，来对建设和贷款问题进行谈判。此外，由于总承包商是一个庞大的集团，一家总包，削弱了投标的竞争性，也是导致造价高昂的一个因素。"

案例来源：骆珣．项目管理［M］．2 版．北京：机械工业出版社，2016.

问题：

1. 该项目的项目干系人有哪些？他们所起的作用分别是什么？
2. 该项目的可交付成果有哪些？

案例二：20 多个事业部，只有一个负责人

某公司有 20 多个事业部，但每个事业部的负责人都向公司总经理一个人——王经理直接汇报。每个季度王经理都要对他们进行非常严格的业绩考核。只要业绩好，过程就不会差，即使过程有些问题，只要结果好就可以了。王经理的逻辑很简单，就看结果，不看过程。

事业部要想发展新业务，没问题，只需要向王经理出具一份可行性报告，类似于商业计划书，用王经理的话就是"能说服我，让我觉得很高兴就可以做了"。让王经理觉得"高兴"不是件容易的事，针对这份计划书，王经理的大脑会快速运转，按照其中提供的数据来分析新业务的可行性。该公司从单一的产品结构，到今天的多元化发展，其多元化业务的复杂性所带来的管理上的复杂性并不能给王经理带来困扰，公司的重大决策都是他一个人做出的。

案例来源：张亮，刘俊岭，姚小菊．项目管理［M］．北京：中央广播电视大学出版社，2012.

问题：

1. 该公司的管理结构是什么样的？
2. 分析该公司项目管理模式的优缺点。

案例三：压力容器制造商的苦恼

某集团下属压力容器制造公司新成立了一个特种压力容器事业部。该事业部负责外接非标特种压力容器客户订单，并以订单项目的形式委派给公司不同职能部门完成。压力容器主要装配流程有：将压力容器的各种零部件（如：壳体、端盖、法兰、密封件、开孔与接管、物料进出口接管、安全阀、各种计量装置等）组装、总装、焊接、探伤、标牌安装、热处理、压力与密闭性测试、防腐与涂装、交付。其中非标准尺寸的罐体焊接工艺是最为关键的装配流程，有数据统计表明，12% 的压力容器爆炸事故源于焊接工艺缺陷。一旦压力容器事故被判定为焊接质量问题，公司将面临巨额经济赔偿。现在公司接到一个对焊接工艺有特殊

要求的订单，该订单成交价格是公司成立以来所接订单中的最高价。为保证订单按时保质交付，压力容器制造公司管理层决定组建一个专门的非标准件焊接技术改进项目（简称焊接技改项目）团队全程跟进。该项目具体负责对该订单涉及的焊接工艺进行优化改进和质量监督，可对公司下属设计中心、研究院等职能部门涉及该项目的任何环节进行干预、拥有优先调度权。

然而，管理层也存在大量质疑声。一个最大的争议认为这种干预会导致其他项目交付延迟，从而导致公司支付高额违约罚金。现假设你是新盘集团聘任的技术发展顾问委员会的一员，董事会决定委派你筹建该项目，选兵点将，快速推进项目实施。

案例来源：改编自工业工程领域企业生产实践。

问题：

1. 该项目的组织结构如何设计比较合理？
2. 该项目中的"你"属于项目干系人吗？

第 2 章
项目整体管理

2.1　项目整体管理概述

2.1.1　项目整体管理的含义

项目整体管理是在各个相互冲突的目标与方案之间权衡取舍，以达到或超过项目干系人的要求与期望的过程。项目整体管理是要决定在什么时间把工作量分配到相应的资源上，有哪些潜在的问题并在其出现问题之前积极处理，以及协调各项工作使项目整体上取得一个好的结果。项目整体管理的主要特性有：

1. 综合性

项目整体管理的最大特性是它的综合性，即综合管理项目各个方面和各个要素的特性。在一个项目中会有许多方面的专项管理工作，但是不管哪个专项管理都是针对项目一个特定方面的目标而开展的。例如，项目的时间管理是针对项目工期与进度目标的实现而开展的管理与控制工作，项目成本管理是针对项目预算目标开展的管理与控制工作。由于项目管理中存在一系列的专项管理，所以需要有一种管理工作来协调和综合这些专项管理的目标、工作和过程，项目整体管理正是为此而开展的一项综合协调性的管理工作。

2. 全局性

项目整体管理第二个特性是它的全局性，即从项目全局出发，协调和控制项目各个方面与各项局部的工作。一个项目通过计划分解会有许多方面、许多局部的实施与管理工作，这些工作分别由不同的部门或人员完成，这些工作都是为实现某个具体项目计划目标而开展的。当项目的外部环境或内部情况发生变化时，项目的某个方面或某个局部的计划与工作会发生变化和更改，这些变更必须要有一种管理来协调和统一，以便从项目的全局出发，控制和管理好项目的变化和更改，项目整体管理就是这项全局性的管理工作。

3. 内外结合性

项目整体管理第三个特性是它的内外结合性，即全面控制和协调项目内部管理与外部关系的特性。在项目的实施过程中，对于项目的管理和控制并不只是对项目内部因素的管理与控制，还需要对许多来自项目外部的影响和因素进行必要的管理与适应。例如，项目的相关利益者会在项目实施过程中提出各种项目目标和任务的变更要求；项目所在地的政府或社区也会提出各种要求等。这些来自内部和外部的项目变化影响，要求项目组织必须整体管理项目内部和项目外部的各种影响要素，而项目整体管理正是这种将项目的内部与外部因素结合起来进行管理的工作。

2.1.2 项目整体管理的工作过程

1）制定项目章程：正式批准项目的文件。

2）制定项目初步范围说明书：概括地说明项目的范围。

3）制订项目管理计划：将确定、编写、协调与组合所有部分计划所需要的行动形成文件，使其成为项目管理计划。

4）指导和管理项目执行：完成项目管理计划确定的工作，达到项目范围说明书确定的项目要求。

5）监控项目工作：监控项目的启动、规划、执行和收尾过程，实现项目管理计划中确定的实施目标。

6）实施整体变更控制：审查所有的变更请求，批准变更并控制可交付成果和组织过程资产。

7）项目收尾：最终完成所有项目管理过程组的活动，正式结束项目或项目阶段。

项目整体管理的工作过程如图 2-1 所示。

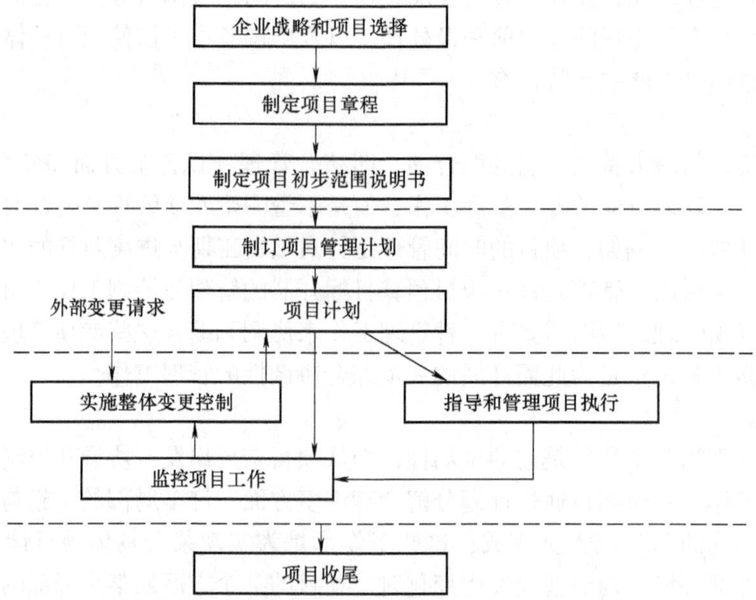

图 2-1 项目整体管理的工作过程

2.2 制定项目章程

项目章程是正式批准项目的文件。任何一个项目，都是由一个或多个原因而被批准的，这些原因包括市场需求、营运需要、客户要求、技术进步、法律要求和社会需要等。

项目章程宣告一个项目的正式启动、项目经理的任命，并对项目的目标、范围、主要可交付成果、主要制约因素与主要假设条件等进行总体性描述。由高级管理层签发项目章程，项目章程用来体现高级管理层对项目的原则性要求，授权项目经理为实施项目而动用组织资源，是项目经理寻求各主要干系人支持的证据。项目经理可以参与甚至起草项目章程，但需由项目以外的实体来发布，如发起人、项目集成或项目管理办公室职员，或项目组合治理委员会主席或授权代表。项目章程只有管理层和发起人有权进行变更，项目经理对章程修改不在权责范围之内。遵循谁签发，谁有权修改的原则。

项目章程多数由项目出资人或项目发起人制定和发布，给出了关于批准项目和指导项目工作的主要要求，所以它是指导项目实施和管理工作的根本大法。项目章程的编制者和发布者可以是项目业主，也可以是项目的用户以及政府、社会团体等项目的发起组织。项目章程规定了项目经理的权限及其可使用的资源，所以项目经理多数应该在项目章程发布的时候就确定下来，以便他们能更好地参与确定项目的计划和目标。项目章程一般是在做出了项目起始决策以后才能编制和发布的。

制定项目章程的主要工作见表2-1。

表2-1 制定项目章程的主要工作

依　据	工具和方法	结　果
项目的起始决定 项目的主要合同 项目工作说明书 项目的环境因素 项目所涉及的组织过程资产	项目选择方法 项目管理方法系 项目管理信息系统 专家判断法	项目或项目利益相关者的要求和期望 项目产出物的要求说明和规定 开展项目的目的或理由 项目其他方面的规定和要求

2.2.1 制定项目章程的依据

1. 项目的起始决定

不管项目是自我开发项目还是业务项目，编制项目章程的首要依据是项目的起始决策。这包括项目起始的决定、项目可行性分析结论、项目主要目标和专项指标等。

2. 项目的主要合同

当项目是由承包商或供应商为项目业主或用户而实施的业务项目时，项目合同是制定项目章程的根本依据。要根据项目合同制定项目章程，项目章程中的规定都不能违背项目合同中有关双方责任和义务的约定。

3. 项目工作说明书

项目工作说明书是对项目产出物和项目工作的说明，这是项目业主或用户给出的项目具体要求说明书，其主要内容有项目要求、项目产出物和工作的说明以及组织战略规划目标等。

4. 项目的环境因素

在编制项目章程时，还必须考虑项目外部环境和项目组织环境等方面的因素，这些被称为项目事业环境因素。例如，企业文化与体制、现有人力资源及其管理方法、政府或行业标准与规定、项目所需基础设施、项目工作授权系统、市场发展变化情况、项目各方面风险承受能力、各种信息和商业数据库的情况等。

5. 项目所涉及的组织过程资产

每个项目组织都有自己正式或非正式的方针政策、程序、计划和管理宗旨、体制、机制、规章、原则和经验与教训等，这些构成了组织过程资产。这是组织通过学习得到的知识资产，这种资产基本可归为两大类。其一是组织工作过程与程序方面的资产，主要有组织各种业务和管理过程、组织各种技术标准以及指南和规范、组织沟通的要求和方法、项目财务控制程序和做法、项目变更控制和风险控制的程序、批准与签发工作授权的程序和组织需遵守的政府与行业标准等。其二是组织自主拥有的知识库资产，主要有组织的过程数据库、累积的经验教训、历史项目的信息资料、问题与缺陷管理数据库、配置管理的知识库、财务数据库等。

2.2.2 制定项目章程的工具和方法

1. 项目选择方法

项目选择方法是用来确定组织选择哪一个项目的，一般分为以下两大类：

1）效益测定方法，如比较法、评分模型、对效益的贡献或经济学模型。

2）数学模型，如利用线性、非线性、动态、整数或多目标规划算法。

2. 项目管理方法系

项目管理方法系确定了若干项目管理过程组及其有关的子过程和控制职能，所有这些都结合成为一个有机统一整体。项目管理方法系可以是仔细加工过的项目管理标准，也可以是正式成熟的过程，还可以是帮助项目管理团队有效地制定项目章程的非正式技术。

3. 项目管理信息系统

项目管理信息系统是在组织内部使用的一套系统集成的标准自动化工具。组织的规模越大越成熟，该工具在组织内部的计算机信息系统中实现自动化的可能性就越高。项目管理团队利用项目管理信息系统制定项目章程，在细化项目章程时促进反馈，控制项目章程的变更和发布批准的项目章程。

4. 专家判断法

专家判断法经常用来评价制定项目章程所需要的依据。在这一过程中，专家将其知识应用于任何技术与管理细节。任何具有专门知识或训练的集体或个人可提供此类专家知识，知识来源包括：

1）实施组织内部的其他单位。

2）咨询公司。

3）包括客户或赞助人在内的项目干系人。

4）专业和技术协会。

5）行业集团。

专家判断法的种类主要有个人判断法、专家会议法、头脑风暴法和德尔菲法。

1）个人判断法。个人判断法主要依靠个别专家对预测对象未来发展趋势及状况做出专家个人的判断。

2）专家会议法。专家会议法是指依靠一些专家，对预测对象的未来发展趋势及状况做出判断而进行的一种集体研讨的方法。

3）头脑风暴法。头脑风暴法是通过专家间的相互交流，引起“思维共振”，产生组合效应，形成宏观智能结构，进行创造性思维。

4）德尔菲法。德尔菲法是根据有专门知识的人的直接经验，对研究的问题进行判断、预测的一种方法，也称为专家调查法。它是美国兰德公司于1964年首先用于预测领域的。

2.2.3　项目章程的内容

1）项目或项目利益相关者的要求和期望：确定项目质量、计划与指标的根本依据，是对于项目各种价值的要求和界定。

2）项目产出物的要求说明和规定：根据项目客观情况和项目相关利益主体要求提出的项目最终成果的要求和规定。

3）开展项目的目的或理由：对于项目要求和项目产出物的进一步说明，是对于相关依据和目的的进一步解释。

4）项目其他方面的规定和要求：包括项目里程碑和进度的概述要求、大致的项目预算规定、相关利益主体的要求和影响、项目经理及其权限、项目实施组织、项目组织环境和外部条件的约束情况和假设情况、项目的投资分析结果说明等。

上述基本内容既可以直接列在项目章程中，也可以援引其他相关的项目文件。同时，随着项目工作的逐步展开，这些内容也会在必要时随之更新。

2.3　制定项目初步范围说明书

2.3.1　制定项目初步范围说明书的依据和方法

1. 制定项目初步范围说明书的主要依据

项目初步范围说明书是根据项目业主或发起人要求编制的，所以项目初步范围说明书的主要依据包括项目章程和项目的环境因素以及组织的过程资产方面的内容。

（1）项目章程　项目章程是编制项目初步范围说明书的根本依据。项目章程中给出的项目目标和要求等内容是指导编制项目初步范围说明书的基础和出发点。

（2）项目的环境因素　项目的环境因素是指在编制项目初步范围说明书时项目的外部环境因素和组织环境因素。项目外部环境因素和组织环境因素相比会不断地变化，所以必须不断更新。

（3）组织的过程资产　组织的过程资产是指在开始编制项目初步范围说明书时所拥有的组织过程资产。它也比当初制定项目章程时的组织过程资产有了变化，所以也必须要更新。

2. 项目初步范围说明书的编制方法

（1）模板法　模板法是指使用历史项目或借鉴他人的项目初步范围说明书作为模板，去编制既定项目的项目初步范围说明书的一种方法。例如，房地产开发商可用自己历史项目的项目初步范围说明书作为模板，从而供新房地产开发项目编制项目初步范围说明书使用，所以这是一种学习和借鉴前人经验的项目初步范围说明书编制方法。

（2）分解法　分解法是指在没有任何可借鉴模板的情况下，不得不使用自上而下的分解技术给出项目初步范围说明书的一种方法。这种方法从项目目标出发，首先分解给出项目产出物，然后根据项目产出物分解给出项目工作的方法。这种方法要求按照充分必要的原则进行分解。

（3）其他方法　其他方法包括使用项目管理的方法、建设和使用项目管理信息系统的方法以及专家法等。使用项目管理的方法可以作为制定项目初步范围说明书的手段，建设和使用项目管理信息系统的方法可以提供更多信息，而专家法则可以在没有模板和没法分解时依靠专家经验和知识编制项目初步范围说明书，越是独特的项目越需要使用专家法。

3. 制定项目初步范围说明书的工具和方法

（1）项目管理方法系　项目管理方法系确定了协助项目管理团队制定和变更项目初步范围说明书的过程。

（2）项目管理信息系统　项目管理信息系统是一个自动化系统，项目管理团队利用项目管理信息系统帮助制定项目初步范围说明书，利用系统反馈来修正和调整项目初步范围说明书，控制范围说明书的变更和发布批准的项目范围说明书。

（3）专家判断法　项目初步范围说明书中的任何技术与管理细节等方面都会用到专家判断法。

2.3.2　项目初步范围说明书的内容

1. 项目产出物范围的初步规定

项目产出物范围的初步规定包括对项目目标和项目产出物的要求与特性的说明、项目产出物的验收标准、项目边界和项目可交付成果的说明等。所有项目工作都是为生成项目产出物服务的，项目产出物范围的初步规定是项目初步范围说明书的核心内容。

2. 项目工作范围的初步规定

项目工作范围是指为生成项目产出物所必须开展的全部工作，在项目初步范围说明书中应该对项目工作范围做出初步规定，包括项目里程碑、初步的项目工作分解结构、项目成本初步估算、项目时间估算以及项目范围审批的要求等。

3. 项目条件和项目假设条件

项目条件是指确定性的项目约束因素，项目假设条件是指对不确定性项目约束因素的人为假定。由于此时无法得到完备的项目信息，所以必须对信息不完备的项目条件做出假定，包括对项目资源、条件和工作等方面的假设。

必须指出的是，根据项目假设条件制定项目初步范围说明书时还需要根据假设条件制定应急措施，以便对各种假设的发展变化能做出应对。

2.4　制订项目管理计划

项目管理计划是项目的主计划或称为总体计划，确定了执行、监控和结束项目的方式和方法，包括项目需要执行的过程、项目生命周期、里程碑和阶段划分等全局性内容。项目管理计划是其他各子计划制订的依据和基础，它从整体上指导项目工作的有序进行。

项目管理计划是一个用于协调所有项目计划的文件，可以帮助指导项目的执行和控制。在其他知识领域所创建的计划可以认为是整个项目管理计划的补充部分。项目管理计划还将项目计划的假设和决定纳入文档，这些假设和决定是关于一些选择，促进项目干系人之间的通信，定义关键的管理审查的内涵、外延以及时间点和提供一个进度衡量和项目控制的基准。项目管理计划应该是动态的、灵活的，并且随着环境或项目的变化而变化。这些计划应该很好地帮助项目经理领导项目团队并评价项目状态。项目管理计划主要用途如下：

1）指导项目执行、监控和收尾。

2）为项目绩效考核和控制提供基准。

3）记录制订项目计划所依据的假设条件。

4）记录制订项目计划过程中的有关方案选择。

5）促进项目干系人之间的沟通。

6）规定管理层审查项目的时间、内容和方式。

制订项目管理计划的主要工作见表2-2。

表2-2 制订项目管理计划的主要工作

依据	工具和方法	结果
项目章程 项目范围说明书 各单项计划过程的结果文件 项目的限制因素与条件 项目的假设前提条件 组织积累的相关信息	项目计划方法 干系人的技能与知识 项目管理信息系统 挣值管理	项目计划

2.4.1 制订项目管理计划的依据、工具和方法

1. 制订项目管理计划的依据

(1) 项目章程

(2) 项目范围说明书

(3) 各单项计划过程的结果文件　各单项计划过程的结果文件将被整合成项目管理计划。另外，这些结果文件的更新会导致项目管理计划的更新。

(4) 项目的限制因素与条件　项目的限制因素与条件是指限制项目管理者在制订项目集成计划中做出选择的各种因素和条件，包括在项目集成计划编制过程中选择切实可行的项目集成计划方案时必须全面和充分考虑的因素和条件。

(5) 项目的假设前提条件　从项目管理计划的角度，项目的假设前提条件是指那些在编制计划时，计划者尚不清楚和尚未确定的各种条件。但是为了制订计划不得不假定出各种条件，并将它们作为是已知的和确定的条件，以便用这些假设的前提条件去制订项目集成计划。

(6) 组织积累的相关信息

1）相关历史信息与数据资料。在项目集成计划的编制中还需要使用相关的历史信息与数据资料，这些通常在制订项目集成计划中作为一种基本的参照信息使用。这类信息通常包括：

① 过去完成的类似项目的历史信息与数据资料。过去完成的类似项目的历史信息与数据资料是指项目组织或其他的项目组织在过去所完成的类似项目的各种历史信息与数据资料，包括这些历史项目的计划文件、绩效报告、实际结果、经验教训等方面的信息与数据资料。

② 项目前期所生成的各种资料与数据。项目前期所生成的各种资料与数据是指项目组

织在编制项目集成计划之前，已经收集和生成的各种资料与数据，包括项目前期可行性分析工作中获得的信息资料和此后所收集的与本项目相关的信息资料。例如，某个新产品开发项目从开始提出想法和初步设计到编制项目集成计划之前所收集和生成的各种资料与数据都属于这一范畴。

2）项目组织的政策与规定。任何一个项目组织（包括业主、客户）的方针、政策和规定，在制订项目集成计划时必须予以充分考虑，并作为项目集成计划编制的依据之一。

2. 制订项目管理计划的工具和方法

（1）项目计划方法　项目计划方法是指制订项目计划期间指导项目班子的任何一种系统方法。它可以简单到只是一些基本表格与样板，也可以复杂到要求进行一系列模拟（例如进度、风险的蒙特卡洛分析）。

大多数项目计划方法都将项目管理软件这样的“硬”工具和由外界协助召开的动员会这样的“软”工具结合使用。

（2）干系人的技能与知识　每个干系人都可能具备制订项目计划所需的技能与知识。项目团队必须创造一个环境，让各干系人能恰当地做出其贡献。

（3）项目管理信息系统　项目管理信息系统是用于搜集、综合和分发各个项目管理过程产出的工具与技术的总和。它用于支持项目从启动到收尾的所有方面，可以包括人工系统和自动化系统。

（4）挣值管理　挣值管理是用于综合项目范围、进度和资源，并量度与报告项目从启动到收尾的绩效的一项技术。

2.4.2 制订项目管理计划的原则与过程

1. 制订项目管理计划的原则

项目管理计划作为项目管理的重要阶段，在项目中起承上启下的作用。因此在制订过程中要按照项目总目标、总计划进行详细计划。计划文件经批准后作为项目的工作指南。因此，在项目管理计划制订过程中一般应遵循以下六个原则：

（1）目的性　任何项目都是一个或几个确定的目标，以实现特定的功能、作用和任务，而任何项目管理计划的制订正是围绕项目目标的实现展开的。在制订计划时，首先必须分析目标，弄清任务。因此项目管理计划具有目的性。

（2）系统性　项目管理计划本身是一个系统，由一系列子计划组成，各个子计划不是孤立存在的，彼此之间相对独立，又紧密相关，从而使制订出的项目管理计划也具有系统的目的性、相关性、层次性、适应性、整体性等基本特征，使项目管理计划形成有机协调的整体。

（3）经济性　项目管理计划的目标不仅要求项目有较高的效率，而且要有较高的效益。所以在计划中必须提出多种方案进行优化分析。

（4）动态性　这是由项目的生命周期所决定的。一个项目的生命周期短则数月，长则数年，在这期间，项目环境常处于变化之中，使计划的实施会偏离项目基准计划。因此项目管理计划要随着环境和条件的变化而不断调整和修改，以保证完成项目目标，这就要求项目管理计划要有动态性，以适应不断变化的环境。

（5）相关性　项目管理计划是一个系统的整体，构成项目管理计划的任何子计划的变化都会影响到其他子计划的制订和执行，进而最终影响到项目管理计划的正常实施。制订项目管理计划要充分考虑各子计划间的相关性。

（6）职能性　项目管理计划的制订和实施不是以某个组织或部门内的机构设置为依据，也不是以自身的利益及要求为出发点，而是以项目和项目管理的总体及职能为出发点，涉及项目管理的各个部门和机构。

2. 制订项目管理计划的过程

制订项目管理计划的过程就是通过分解项目的产品范围和工作范围，为其合理安排相应的资源的过程，如图 2-2 所示。

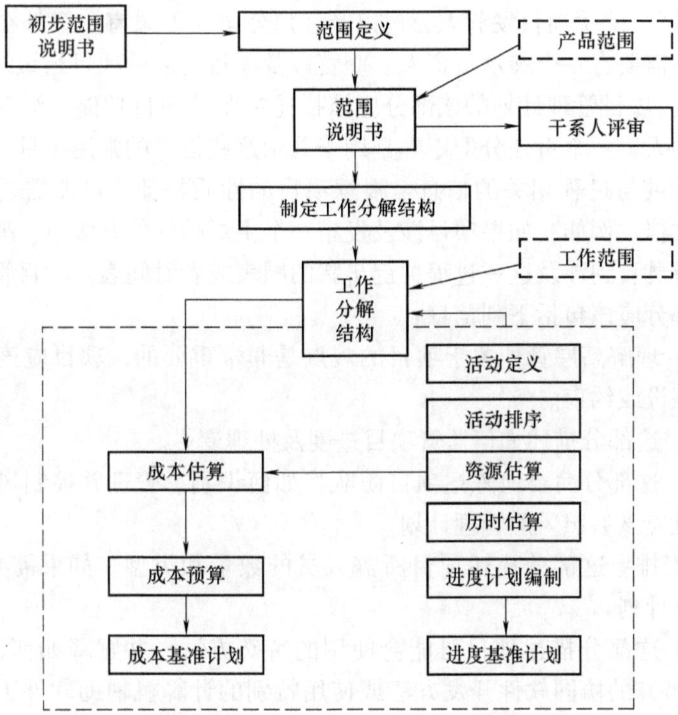

图 2-2　制订项目管理计划的过程

2.4.3　制订项目管理计划的结果

1. 项目的简介

1）项目名称：每个项目都应该有特定的名字。独特的名字将有助于区别每个项目并避免相关项目之间的混淆。

2）项目及其需求的简单说明：这个说明必须清晰地勾勒出项目的目的和理由。应该用外行者的术语来书写，避免技术行话，并且包括一个粗略的时间和成本估计。

3）发起人姓名：每个项目都需要一个发起人，包括姓名、头衔以及在简介中所述发起人的联系信息。

4）项目经理和项目关键成员的姓名：项目经理通常是项目信息的联系人。根据项目的规模和性质特点，关键成员的姓名也可以包括在内。

5）项目的可交付成果：应该简要地列出并且描述项目将要产出的部分产品，如软件包、硬件、技术报告以及培训资料都是可交付成果的例子。

6）重要参考资料的列表：很多项目在之前都有历史，列出与之相关的重要文档或会议，将帮助项目干系人理解那段历史。这部分应该列出参考其他知识领域所制订的计划（每一个知识领域都包括一些计划过程）。因此，项目管理计划应该参考并且总结项目范围管理、项目进度管理、项目成本管理、项目质量管理、项目人力资源管理、项目沟通管理、项目风险管理以及项目过程管理计划的重要部分。

7）关于定义及缩略语的列表（如果需要的话）：很多项目，特别是 IT 项目涉及一些特殊行业或技术的特殊术语。提供一个定义及缩略语的列表将有助于避免误解。

8）组织结构图：除了项目发起人公司以及客户公司（如果有一个外在客户的话）的组织结构图之外，还需要有一个展示负责人、职责以及项目沟通的项目组织结构图。

9）项目责任：项目管理计划的该部分应该描述主要的项目功能、活动，并且区分负责这些功能和活动的人。一个责任分配矩阵是用于展示这些信息的常用工具。

10）其他组织或与过程相关的信息：根据项目的性质特征，可能需要对项目必须遵循的主要过程载入文档。例如，如果项目涉及发布一个主要的软件升级包，那么该文档将帮助项目中的每一个成员看到涉及这一过程关键步骤的图表或者时间表。项目管理计划中描述管理和技术方法的部分应该包括下列信息：

① 管理目标：理解高层管理关于项目的观点是非常重要的，项目应该优先照顾哪些方面，以及主要的假设或约束。

② 项目控制：这部分描述如何监管项目进度及处理变更。

③ 风险管理：这部分简要地陈述项目团队将如何识别、管理并控制风险。如果项目中需要这一部分，就应该参照风险管理计划。

④ 项目人员安排：这部分描述项目所需人员的数量和类型。如果需要这一部分的话，应该参照人员管理计划。

⑤ 技术过程：这部分描述项目可能会使用的特殊方法，并解释如何记载信息。例如，很多 IT 项目遵循特殊的协同软件开发方法或使用特别的计算机辅助软件工程工具。很多公司或顾客还要求技术文档有一些特殊的格式。在项目管理计划中澄清这些技术过程是非常重要的。

2. 项目管理计划部分

1）主要工作包：项目经理通常使用工作分解结构将项目工作分成若干个工作包，并给出一个范围说明来更详细地描述这项工作。

2）关键可交付成果：列出并描述项目中的关键产品以及可交付成果的质量预期。

3）与其他工作相关的信息：这一部分突出项目中与工作表现有关的关键信息。例如，会列出项目中使用的特殊硬件或软件，或者遵循的某些规范。本部分还应该记载在定义项目工作时所做出的主要假设。项目进度信息部分应当包括：

① 总体进度：查看项目总体进度表是有帮助的。根据项目的规模和复杂性，总体进度可能会仅列出关键可交付成果和计划完成它们的日期。对于更小的一些项目，总体进度可能会在一张横道图（又称为甘特图）中包括所有的工作以及相关日期。

② 详细进度安排：这部分给出更详细的项目进度信息。应该参照进度管理计划并讨论

项目。活动之间的依赖关系对项目进度可能造成的影响。

③ 与其他进度有关的信息：在准备项目进度时通常需要做出许多假设，这部分应该记载一些主要的假设并强调与项目进度有关的其他重要信息。

3. 项目管理计划的预算部分

（1）概要预算 概要预算要对整个项目的总体预算有一个估计。还可以按特定的预算种类给出每月或每年的预算估计。对这些数字给出一定的解释和说明是十分重要的。例如，总预算是不是固定不能改变的，还是只是依据未来3年预测的成本所做出的一个大致估算。

（2）详细预算 该部分需总结成本管理计划的有关内容，给出较为详细的预算资料。例如，每年预估的项目固定成本和变动成本各是多少，项目预计的经济收益是多少，项目工作都需要哪些类型的人员，劳动成本又是如何计算的。

（3）与项目预算有关的其他信息 该部分需记录一些主要假设条件并重点说明与项目预算有关的其他重要信息。

2.5 指导和管理项目执行

1. 项目执行

项目执行是指正式开始为完成项目而进行的活动或努力的工作过程。由于项目产品（最终可交付成果）是在这个过程中产生的，所以该过程是项目管理应用领域中最为重要的环节。在这个过程中，项目经理要协调和管理项目中存在的各种技术和组织等方面的问题。

（1）项目执行的准备工作 在执行一个项目之前，项目经理必须事先做好一系列的准备工作，以便为后续的项目执行工作过程创造有利的环境。一般来讲，项目执行需准备的工作内容有：

1）项目管理计划的核实。

2）项目参与者的确认。

3）项目团队组建。

4）项目规章制度的实施。

5）项目执行动员。

（2）项目执行工作的步骤

1）对将要进行的活动进行安排。

2）对工作进行授权。

3）安排活动日程。

4）估算活动所消耗的成本费用。

5）项目经理组织项目团队按照项目计划完成预定的工作。

2. 指导和管理项目执行的内容

指导和管理项目执行是指将项目管理计划中所确定的工作付诸实践，以达到项目要求的过程。这一过程要求项目团队进行多种活动，以保证项目目标的实现。指导和管理项目执行过程的活动有：

1）实施活动以满足项目要求、创造项目可交付成果、对分配到项目的团队成员进行配备、培训和管理。

2）获取、管理和使用包括材料、工具、设备和设施在内的各类资源。

3）将设计方案和标准付诸实施，在项目团队内外建立沟通渠道并对其进行管理。

4）生成成本、进度、技术等项目数据。

5）发布变更请求并将批准的变更应用于项目范围、计划和环境。

6）管理风险并实施风险应对活动。

7）管理供应商。

8）收集和记录所得的经验教训，并实施批准的过程改进活动等。

此外，指导和管理项目执行还包括实施经过批准的变更请求，主要包括：使得预期的项目绩效与项目管理计划保持一致的纠正措施，为降低潜在消极后果的概率而提出的预防措施，提出更正质量过程中发现的产品缺陷改进的请求。

2.5.1 指导和管理项目执行的依据和原则

1. 指导和管理项目执行的依据

（1）项目管理计划

（2）批准的变更请求　项目团队来安排已获得批准的变更请求的实施。批准的变更请求就是被记录下来并获得批准的、扩大或缩小项目范围的请求。批准的变更请求会导致方针、项目管理计划、程序、成本或预算的修改及进度的修订，还可能使得项目团队采取相应的预防或纠正措施。

（3）项目制约因素

1）组织或公司文化和结构。

2）基础设施，如现有的设施和重要设备。

3）人事管理制度，如聘任和解聘制度、员工绩效考核和培训记录。

4）干系人的风险容忍度。

5）项目管理信息系统。

（4）组织积累的相关信息

1）项目组织的政策与规定。项目组织的政策与规定是项目集成计划实施中所需的一项非常重要的信息。参与项目的任何一个组织都会有各种各样正式的、非正式的政策和规定，这些政策和规定都会影响项目集成计划的实施工作。

2）沟通需求。

3）过程测量数据库。过程测量数据库用于收集和获取过程和产品的测量数据。

4）项目的纠偏措施与行动信息。项目的纠偏措施与行动信息是随着项目管理计划的执行而获得的各种项目实际情况与计划的偏差信息，以及采取纠正偏差措施和行动方面的信息。

2. 指导和管理项目执行的原则

（1）系统化管理的原则　系统化管理的原则是指项目实施中的各项管理工作都应该从整体目标出发，按照集成计划的要求和系统管理的原则，使项目团队的各个群体和各项工作能够相互衔接、协调合作，构成一个有机的系统，通过系统性的工作去保证项目实施的成功。

（2）透明化管理的原则　在项目管理计划付诸执行之前，项目组织要进行技术、组织、管理等各方面的“交底”，使项目组织的全体成员获得足够的信息，以提高项目指导与管理的透明度。因为项目整体计划是各个专项计划的集成和综合，它的执行涉及项目的各个方面，需要项目的管理者与执行作业者清楚地了解项目的各种信息，并且能够在此基础上提出具体执行的技术、组织措施和办法。所以在项目管理计划的执行中，透明化也是一项很重要的指导和管理原则。

（3）标准化管理的原则　项目管理计划的实施是一项执行性的工作，必须要有管理规章和制度作为保证，必须贯彻标准化管理的原则，而不能使管理带有随意性，不能以主观意志和个人好恶去代替客观的项目管理规律。这样就需要在项目集成计划的实施中制定和执行项目管理的各种规章制度，实施标准化管理的原则。项目管理计划的指导和管理一定要有一套规范或标准的管理规章与制度，包括标准的项目实施工作与管理的规章制度和标准的项目实施工作与管理的规程与方法等。

（4）统一指挥与适度授权的原则　项目组织在项目管理计划的执行中，必须按照一个整体去开展工作和管理。所以在对项目团队的指挥、命令、协调与控制中必须贯彻政令统一，统一指挥的原则，而不能令出多头。同时由于项目工作的独特性和创新性，在项目执行工作的指导和管理中还必须贯彻适度授权的原则，及尽可能地将项目的决策权和指挥权向接近项目实施第一线的管理人员下放。其中，统一指挥的原则使项目组织能够形成一个整体，适度授权的原则使项目团队成员有足够的自主权，有利于他们积极主动地、有创造性地完成项目集成计划的实施任务。

2.5.2 指导和管理项目执行的工具和方法

1. 通用管理技能

诸如领导、沟通和谈判等通用管理技能对于项目管理计划的有效实施是至关重要的。

2. 产品技能和知识

项目班子在项目的产品方面必须掌握一套适当的技能与知识，这套必要的技能和知识被规定为计划的组成部分。

3. 工作授权系统

工作授权系统是指为确保工作按规定时间与顺序进行而采取的一套项目工作正式审批程序，其主要机制通常是一项具体活动或者一组工作的书面动工核准书。工作授权系统的设计应当在提供控制的价值和为其所付出的代价之间权衡利弊。例如，对许多较小型项目而言，口头核准一般就已经足够了。

4. 状态碰头会

状态碰头会是指为交换项目的有关信息而定期举行的会议。对多数项目来说，状态碰头会举行的频繁程度和级别各不相同（例如，项目团队自己可以每周碰头一次，而与顾客则每月碰头一次）。

5. 项目管理信息系统

项目管理信息系统是计算机辅助项目管理的工具，为项目目标的实现提供了强有力的帮助。

6. 组织程序

参与项目的任何组织或所有组织都可能在项目实施期间有十分有用的正式或者非正式程序。

2.5.3 指导和管理项目执行的内容

1. 项目执行所生成的结果

项目执行的根本结果是通过执行所生成的项目产出物，包括项目产出物的中间形态和最终形态，这是项目管理计划执行最主要的结果。项目管理计划执行的这一项结果中还包括说明项目实施工作过程和工作结果的各种文件资料，包括关于究竟哪些任务已经完成，哪些还没有完成，项目实施工作达到了什么样的计划完成程度，以及达到了多高的质量标准，已经发生了哪些项目成本等。这些都需要与项目产出物一起作为项目执行结果给出。

2. 项目的变更要求

项目执行的另一项结果是项目的变更要求。所谓项目的变更要求是指对一个正在实施项目的生成物或者是对一个项目的集成计划和工作所提出的各种改动的要求。例如，项目业主或客户提出的扩大或者缩小项目任务范围的变更要求，变更项目工作内容或修订项目集成计划，调整项目成本或质量的变更要求等。这些项目变更要求多数是在项目管理计划的执行过程中提出和确定的，所以它们也是项目执行的重要结果。

2.6 监控项目工作

监控项目是项目管理的重要组成部分，项目监控这项关键活动的目标是综合项目目标，建立项目监控的指标体系及其例行报告制度，然后通过评审、例会及专项审计等监控方法，对新产品开发项目实施监控。监控项目工作是跟踪、审查和报告项目进展，以实现项目管理计划中确定的绩效目标的过程。

监控项目工作的主要工作见表 2-3。

表 2-3 监控项目工作的主要工作

依　据	工具和方法	结　果
项目管理计划 工作绩效数据 预测数据 项目制约因素 组织积累的相关资源	分析方法 项目管理信息系统 会议 专家判断法	变更请求 工作绩效报告 更新的项目管理计划 更新的项目文档

2.6.1 监控项目工作的工具和方法

1. 分析方法

1）回归分析：确定两种或两种以上变数间相互依赖的定量关系的一种统计分析方法。

2）分组方法：根据研究的目的和客观现象的内在特点，按某个或几个标志把被研究的总体划分为若干个不同性质的组，使组内的差异尽可能小，组间的差异尽可能大。

3）因果分析：见质量管理章节。

4）根本原因分析：是一项结构化的问题处理法，用以逐步找出问题的根本原因并加以解决。常用根本原因分析的工具有：因果图、头脑风暴法、因果分析（鱼骨图）等。

5）预测方法：假设情景分析、模拟（蒙特卡洛分析）等。

6）失效模式与影响分析：是一套流程和工具，在概念和设计等早期阶段，识别产品或过程的可能失效情形，造成的影响，以及对失效原因进行排序，制定和落实应对措施。

7）故障树分析：是美国贝尔电报公司的电话实验室于1962年开发的。它采用的逻辑方法可以做定性分析，也可以做定量分析。

8）储备分析：见时间管理章节。

9）趋势分析：又称为趋势预测法，检查项目绩效随时间的变化情况，以确定绩效改善还是恶化。具体包括：趋势平均法、指数平滑法、直线趋势法。

10）挣值管理：见成本管理章节。

2. 项目管理信息系统

项目管理信息系统是监控项目工作的一种重要方法和工具。项目沟通与信息管理是对项目监控中各种工作发展变化情况的数据、情报、资料（包括原始记录、统计分析、技术分析等）的加工与使用管理。项目管理信息系统是对项目信息进行收集、加工、存储、传递的系统，是监控项目工作中使用的一种手段和方法。

3. 会议

在监控项目工作过程中，需要定期或不定期地举行项目情况评审会议，以交换项目实施情况和管理问题与意见。对于大多数项目而言，情况评审会议可以按不同的频率（间隔时间）和不同的管理层次召开。例如，项目管理者们可以每周召开一次到两次项目情况评审会议，而项目团队一般成员可以每月开一次或两次。项目情况评审会议的决议和纪要是监控项目工作的重要指导文件，是监控项目工作的依据之一。

4. 专家判断法

专家判断法是指邀请相关专家，根据市场预测的目的和要求为其提供资料，相关专家根据所提供的材料对事物未来发展变化的趋势进行估计和判断。

2.6.2 监控项目工作的结果

1. 变更请求

通过对比计划结果和实际结果，项目团队提出变更请求。变更请求可能会导致项目或产品范围的扩大、调整或缩小。变更还可能对项目管理计划、项目文件或产品可交付成果产生影响。变更包括以下内容：保证项目将来的绩效与项目管理计划相一致的纠正措施，降低项目风险消极影响的预防措施，使有缺陷的可交付成果符合要求的补救措施等。

2. 工作绩效报告

工作绩效报告由项目团队编制，是对项目活动、项目完成情况、里程碑事件及发现的问题的详细说明。状态报告用于汇报关键信息，包括目前的状态、本阶段取得的重大成绩、安排的活动及存在的问题等。

3. 更新的项目管理计划

可能会更新的项目管理计划包括进度管理计划、质量管理计划、成本管理计划、进度基准、成本基准、范围基准和质量基准等。

4. 更新的项目文档

可能会更新的项目文档包括预测报告、绩效报告和问题登记簿等。

2.7 实施整体变更控制

项目变更控制是指建立一套正规的程序对项目的变更进行有效的控制，从而更好地实现项目的目标。

当项目的某些基准发生变化时，项目的质量、成本和计划随之发生变化。为了达到项目的目标，就必须对项目发生的各种变化采取必要的应变措施，这种行为称为项目变更。而项目变化是指项目的实际情况与项目基准计划发生偏差的状况，项目发生变化并不意味着项目就会发生变更。项目变更和项目变化的基本区别就在于项目变更要采取必要的措施，而项目变化可能不必采取措施。

项目变更的整体控制是针对项目变更的单项控制而言的，在项目实施中项目的目标、范围、计划、进度、成本和质量等每个方面都会发生变更，所以需要对这些各方面的变更进行整体的控制。虽然项目实施中的变更都需要通过开展单项变更的专项管理予以控制，但是有关这些单项变更对项目其他方面的影响必须通过项目变更的整体控制予以解决，由此来协调和管理好一个项目各个方面的变更和全体项目相关利益者所提出的各种项目变更要求。图 2-3 给出了项目变更的整体控制所涉及的相应内容，以及项目变更的整体控制与各个专项变更控制之间的关系。

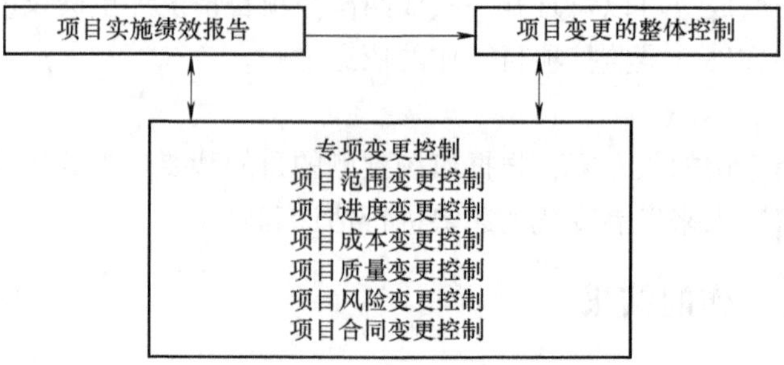

图 2-3　项目变更的整体控制示意图

由图 2-3 可以看出，项目变更的整体控制与项目范围变更控制、项目进度变更控制、项目成本变更控制、项目质量变更控制、项目风险变更控制、项目合同变更控制等专项变更控制是紧密相关的，它是更高一层的全局性的项目变更控制。项目变更的整体控制通常要求做到以下几点：

1. 保持原有绩效度量基准的完整性

保持原有绩效度量基准的完整性是指当项目的目标或计划等要素发生变更时，项目的绩效度量标准要尽可能地保持不变，以保全原有项目绩效度量基准的完整性。因为项目绩效度量基准是成体系和经过验证的，如果变更就会出现不匹配和不科学等方面的问题。

2. 保证项目产出物的变更与项目管理计划任务变更的一致性

保证项目产出物变更与项目管理计划任务变更的一致性是指当项目产出物需要变更时，在这种变更获得确认的同时必须将这种变更反映到项目的集成计划和专项计划的变更之中，必须在项目整体计划和专项计划中说明和体现项目变更所带来的工作和计划的变化。

3. 统一协调各个方面的变更要求

统一协调各个方面的变更要求是指对于各方面的变更要全面地协调和控制其实施。例如，对于项目工期进度和成本等方面的变更要求会直接影响到项目的风险特性和项目产出物的质量等方面，所以必须统一协调这些方面的变更，以便实现项目变更的整体控制。

2.7.1　实施整体变更控制的原则与所需信息

1. 实施整体变更控制的原则

1）把项目变更融入项目的计划中去。

2）选择影响最小的方案。

3）所有的变更在准备变更申请和评估之前，必须与项目经理进行商讨。

4）及时地发布项目的变更信息。

2. 实施整体变更控制的信息

（1）项目的各种计划　项目的各种专项计划、项目的集成计划等都是项目整体变更控制的基线。

（2）项目的绩效报告　项目的绩效报告提供了项目实施实际情况的数据和资料，揭示了项目实施中的问题和可能出现的变更问题。

（3）项目变更的要求　项目变更的要求可以是由项目业主或客户提出的，也可以是由项目组织提出的。

2.7.2　实施整体变更控制的工具和方法

1. 项目变更控制系统

项目变更控制系统是指改变、修订或变更项目内容与文件的正式程序和办法所构成的一种管理控制系统，包括项目变更的书面审批程序、跟踪控制体制、审批变更的权限层级规定等。对于项目变更的整体控制而言，没有项目变更控制系统是不行的，项目管理者必须根据项目整体变更的情况，建立和完善项目的变更控制系统。一般项目变更的整体控制系统需要包括一个专门负责接受或拒绝项目变更要求的项目变更控制委员会，项目变更控制委员会的权利和义务必须由正式文件做出明确的规定和说明。

2. 项目配置管理

项目配置管理是由一些文档化的正式程序构成的，这些程序是运用技术和管理手段对各种变更进行指导和监督的程序。它们所监督和指导的方面包括识别一个项目某些方面或者整个项目的功能和物理特征、控制这些特征的任何变更、记录和报告这些特征的变更和变更的执行情况、审查对项目某个方面或整个项目提出的变更要求的一致性、确保对于项目产出物描述的正确性和完整性，以及将所有涉及的信息进行文档化等方面的工作。

3. 项目的绩效度量

项目的绩效度量能够全面评估出项目集成计划的实施情况，以及项目实际实施情况与项目集成计划之间的差距和需要采取的纠偏措施与行动，所以项目的绩效度量也是一种项目整体变更控制的方法与工具。由于项目绩效度量的基准在项目整体变更控制中多数是保持不变的，所以项目绩效度量是项目整体变更控制很主要的方法与工具之一。

4. 项目管理计划的修订与更新

项目极少有完全按照最初制订的集成计划实施完成的。因此在项目整体计划的实施过程中，应该根据实际和预计的项目变更需要，修订或更新项目的成本计划、项目工作顺序的安排、项目风险应对计划，以及修改和调整其他相关的一些项目专项计划。这些计划的修订和更新都属于项目整体变更控制方法与工具的范畴。

2.7.3 实施整体变更控制的结果

1. 批准的变更请求

批准的变更请求应通过在指导和管理项目工作的过程中实施。

2. 变更日志

变更日志用来记录项目过程中出现的变更情况，包括曾被否决的变更请求，变更对项目时间、成本和质量等的影响程度，全部变更请求的处理结果。

3. 更新的项目管理计划

项目整体变更控制的结果之一是更新的项目管理计划。这是指对原有项目集成计划、专项计划及其相应的支持细节等所做的修改和更新的结果。在更新了项目管理计划以后还必须要通知这一更新所涉及的各个项目相关利益者。

4. 项目变更的行动方案

项目整体变更控制的结果之二是项目变更的行动方案。这是项目整体变更控制过程中的一个重要结果，它给出了下一步在项目整体变更控制所要采取的行动方案。这一结果应该尽快传递给变更行动的执行者，并充分监视这些变更行动方案的实施及其结果。

5. 项目应吸取的教训

项目整体变更控制的第三项结果是项目实施中所发现的问题和应该吸取的经验与教训，包括项目变更原因的说明，对所选用变更行动方案的说明，以及变更所带来的经验和教训。这些都需要用文件的形式记录下来，并作为项目整体变更控制结果之一保存起来，以作为历史资料供今后的项目参考和借鉴。

2.8 项目收尾

1. 管理收尾

管理收尾涉及为了使项目干系人对项目产品的验收正式化而进行的项目成果验证和归档，具体包括收集项目记录、确保产品满足商业需求，并将项目信息归档，还包括项目审计。

2. 合同收尾

合同收尾是了结合同并结清账目，包括解决所有尚未了结的事项。合同收尾需要对整个采购过程进行系统的审查，找出进行本项目其他产品或本组织内其他项目采购时值得借鉴的成功和失败之处。

2.8.1 项目收尾的依据和方法

1. 项目收尾的依据

（1）项目管理计划

（2）验收的可交付成果　验收的可交付成果是指在项目范围确认过程中，客户或项目发起人正式接收并签字确认的可交付成果。

（3）组织积累的相关资源

1）项目收尾的指导方针和要求，如项目审计、项目评估、产品验收标准等。

2）历史信息和经验教训知识库，如项目记录表和文件、项目收尾的全部信息和文档、与先前项目选择的决策结果、绩效信息及风险管理工作有关的信息等。

2. 项目收尾的方法

项目或阶段收尾的方法主要有专家判断法、分析方法和会议。

（1）专家判断法　专家判断法是项目或阶段收尾的常用工具。在实施管理收尾时，专家凭借其丰富的专业知识，对项目或阶段收尾是否按照适当的标准实施做出判断。

（2）分析方法

（3）会议

2.8.2 项目收尾的工作和结果

1. 项目收尾的工作

当项目按照项目管理计划主体完成时，就要及时对项目进行收尾。通常是以客户与承约商的开会交流、庆功、会餐为标志。项目收尾阶段的工作包括项目资料验收、项目交接或清算、项目费用决算、项目审计、项目后评价等。

（1）项目资料验收　项目资料是项目整个生命周期的详细记录，是项目成果的重要展示形式。项目资料既是项目评价和验收的标准，也是项目交接、维护和后评价的重要原始凭证。资料验收是指交验方将整理好的、真实的项目资料交给接收方，并进行确认和签收的过程。

项目资料验收的依据有采购合同中关于资料的条款要求，国家关于项目资料档案的法规、政策性规定和要求，国际惯例等。

项目资料验收的范围和内容涉及项目生命周期各阶段的计划、报告、记录、图表等各种资料。项目资料验收完成后，应建立项目资料档案，编制项目资料验收报告。

（2）项目交接或清算　项目交接是指全部合同收尾以后，在项目监管部门或社会第三方中介组织的协助下，项目业主与全部项目参与方之间进行项目所有权移交的过程。项目清算是项目结束的另一种结果和方式。由于种种原因，项目在得到最终可交付物之前终止了，这时就需要进行项目清算。项目交接是正常的项目结束过程；项目清算是非正常的项目终止过程。项目清算的主体即项目清算的召集人是项目业主。

当项目的成果移交、资料移交和项目款项结清后，项目移交方和接收方将在项目移交报告上签字，形成项目移交报告。

项目清算主要以合同为依据。项目业主依据合同中的有关条款，成立由各参与方联合参加的项目清算工作小组，依合同条件，协商确认责任、估算损失、拟订索赔方案等。协商成功后形成项目清算报告，各个合同相关方联合签收生效；协商不成则按合同的约定提起仲裁或诉讼。

（3）项目费用决算　决算是以实物量和货币为单位，综合反映项目实际投入和投资效益，核定交付使用财产和固定资产价值的文件。项目费用决算活动是确定项目开始到项目结束交付使用为止的全部费用的过程。

项目费用决算的依据主要是合同以及合同的变更。决算的内容包括项目生命周期各个阶段支付的全部费用。项目费用决算的结果形成项目决算书，经项目各参与方共同签字后作为项目验收的核心文件。决算报表可以包括项目概况表、财务决算表、交付使用财产总表、交付使用财产明细表等。

（4）项目审计　项目审计是审计机构依据国家法令和财务制度、企业的经营方针、管理标准和规章制度，对项目活动进行审核检查，判断其是否合法、合理和有效的一种活动。

项目审计的任务包括检查、审核项目活动是否符合相关规章制度的规定，是否符合国家政策、法律、法规和条例，有无违法和营私舞弊现象等；检查、审核项目活动是否合理；检查、审核项目效益；检查、审核各类项目报告、报表等资料是否真实和公允。

项目审计的过程分为审计准备、实施、报告结果和资料归纳四个阶段。审计范围包括项目整个生命周期中的所有活动，其内容涉及项目质量审计、费用审计、合同审计等，时间上涵盖项目前期审计、项目实施期审计、项目结束审计。不同的审计类型有其典型的审计范围和内容，其中费用审计是项目审计的主要内容之一。

（5）项目后评价　项目后评价是项目竣工投产并营运一段时间以后，对项目立项决策、设计、施工、生产营运等全过程进行系统评价的一项技术经济活动。利用项目后评价，可以达到肯定成绩、总结经验、研究问题、吸取教训、提出建议、改进工作、不断提高投资项目决策水平和投资效果的目的。项目后评价是以实际情况为基础，采用定性和定量相结合的方法，进行全面、客观、负责、公正的系统评价。

项目后评价有现场考评和非现场考评两种形式。现场考评是后评价工作组到现场采取勘察、问询、复核等方式，核实项目的有关情况，并对所掌握的相关信息资料进行分类、整理、归纳、分析和评价。非现场考评是后评价工作组根据项目单位提交的项目后评价自评报告和其他相关资料进行综合分析，提出评价意见。项目后评价的结果是形成项目后评价报告，内容包括项目概况、评价内容、主要变化和问题、原因分析、结论和建议、基础数据和评价方法说明，以及经验教训总结等。

2. 项目收尾的结果

（1）最终产品、服务或成果的移交　最终产品、服务或成果的移交是在签订好项目验收鉴定书后，项目团队将项目产品和相关的技术档案资料的所有权移交给客户的行为。项目移交需完成以下工作：

1）准备需要移交的项目产品和文件资料。

2）由项目团队负责进行项目产品的试运营。

3）办理好项目产品的移交手续，包括收到一份合同项目已被认可的正式声明。

4）处理好项目运营后的技术服务和人员培训工作。

（2）更新组织积累的相关资源

1）正式的验收文件。客户或发起人正式确认有关项目或阶段的产品、服务或结果符合其要求和规格。

2）项目档案。项目档案是指在项目活动中形成的文件，如项目管理计划、范围基准、成本基准、进度基准和质量基准、项目日历、风险登记表、计划风险应对措施以及风险影响等。

3）项目或阶段收尾文件。项目或阶段收尾文件，即表明项目或阶段已经完成。完成的项目或阶段可交付成果已经转交给其他方（如一个经营组织或下一个阶段等）的正式文件。如果项目在完成前被取消，该文件需要说明项目为何被取消，并且将移交该项目的已完成和未完成的可交付成果的过程正式化。

4）历史信息。项目组织应该把引起项目偏差的原因、采取纠正措施的理由、不同项目管理方法和技术等编制成文件，以此作为历史资料的一部分，以便为项目组织继续完成这个项目或今后进行其他项目提供参考。

本章小结

本章首先介绍了项目整体管理的含义和工作过程，然后分别从制定项目章程，制定项目初步范围说明书，制订项目管理计划，指导和管理项目执行，监控项目工作，实施整体变更控制和项目收尾等过程展开阐述，其中详尽地介绍了各个过程的依据和原则，可采用的工具和方法以及各过程的内容和得出的结果。

习　题

一、判断题

1. 项目发起人既是项目整体管理的责任者，也是项目的综合协调者。
2. 项目整体管理的7个过程是彼此独立的。
3. 项目整理工作既可以由专人负责，也可以组成专门的团队进行共同管理。
4. 项目通常始于组织的某种需求。
5. 项目章程是用来回答“谁将为谁做什么”这个问题的。
6. 对于内部项目而言，项目工作说明书是由项目经理提出的。

二、单选题

1. 项目整体管理过程中经常会用的工具和方法是（　　）。

A. 专家判断法　B. 观察调研法　C. 偏差分析技术　D. 计划评审技术

2. 对于外部项目而言，项目工作说明书是由（　　）提交的。

A. 项目经理　B. 客户　C. 项目发起人　D. 任意项目团队成员

3.（　　）是整个项目实施和管理的总体安排。

A. 项目章程　B. 项目范围说明书　C. 项目管理计划　D. 项目工作说明书

4.（　　）同项目团队一起指导项目活动的实施。

A. 高层管理者　B. 项目发起人　C. 客户　D. 项目经理

5. 由（　　）来安排已获得批准的变更请求的实施。

A. 项目团队　B. 项目发起人　C. 客户　D. 项目经理

6.（　　）是计算机辅助项目管理的工具。

A. 计划评审技术　B. 项目管理信息系统　C. 项目管理软件　D. 方案识别技术

7. 可交付成果的生产或提供是为了（　　）项目。

A. 启动　B. 执行　C. 控制　D. 完成

8. 项目绩效报告是由（　　）负责编制的。

A. 项目团队　B. 项目发起人　C. 客户　D. 项目经理

三、思考题

1. 简述项目整体管理的工作过程。
2. 制定项目章程的一般步骤有哪些？
3. 项目管理计划都有什么作用？
4. 监督和控制项目工作包括哪些工作内容？

案例分析

案例一：从片式电阻技改项目的成功谈项目整体管理的重要性

PCC科技股份有限公司实施的片式电阻器生产线技术改造项目，于2000年7月开工实施，2001年5月底竣工投产。项目总投资12000万元，其中固定资产投资10926万元，铺底流动资金1074万元。实际完成投资11758.51万元，其中固定资产投资9975.51万元，铺底流动资金1783万元，节约资金241.49万元。该项目进口设备72台（套），购置国内配套设备247台（套），购置生产厂房3649m^2，新建电镀厂房572m^2，辅助设施用房801m^2。建成的片式电阻器生产线，工艺布置先进合理，具有国际先进水平。在原有年产10亿只能力的基础上，新增年产90亿只的生产能力。在产品品种上新增两个新品种，完全达到了技术改造的预期目标。经过两个多月的试生产，设备运行状态良好，生产工艺水平大大提高，产品合格率达到90%以上，有效地促进了产品开发研制和升级换代。产品技术性能满足IEC 115-8、JIS C5202和EIA/IS-103A标准要求，达到国际同类产品的先进水平。项目投产后，30%用于替代进口，70%用于出口。由于生产规模的扩大，增加了新的品种，进一步提高了企业的市场竞争能力。

对于片式电阻器生产线技术改造这样的大型投资项目，该公司仅用了短短九个月的建设周期就达到项目建设的目标，主要是因为他们在项目的整个生命周期内，从项目的立项、可行性方案论证、初步设计开始到项目实施计划、项目过程管理和控制，直至项目竣工验收，都注意从整体上对项目进行管理和把握，对项目的各个环节，进行高效率的计划、组织和控制，在项目实施全过程中进行动态管理和项目目标的综合协调与优化，对项目的整个过程进行管理。通过合理的目标分解，使项目目标以从来未有的方式深入人心，落实到项目每一个组织成员身上。片式电阻器生产线技术改造项目的实施成功充分说明了项目整体管理的重要性。

1. 项目启动：方案的选择与论证

在项目启动阶段，方案的选择和论证工作主要针对项目整体方案和关键的局部方案来进行。对大型的投资项目来讲，这个环节的工作非常的繁重和复杂。

片式电阻器生产线技术改造项目是从公司原片式电阻器生产线的实际情况出发的，符合市场发展的需要。

电子设备向轻、薄、短、小的方向发展，有力地推动了电子元器件向小型化、复合化、轻量化、多功能、高可靠、长寿命的方向发展，从而相继出现了各种类型的片式电子元器件。20世纪90年代是电子元器件片式化全面顺利推进的年代。全球各地区，无论是日美、西欧，还是亚太地区，包括印度等发展中国家，片式元器件已十分流行和普及，电子元器件片式化已全方位推进，世界各地区及各类电子元器件均向片式化产品方向发展。而片式电阻器是电子元器件中片式化率最高的元件。片式电阻器已成为电阻器市场上的主流产品，尽管短期内片式电阻器还不能全面取代传统的有引线的电阻器，但在电阻器生产中所占份额已不断提高，1997年日本电阻器片式化率已达到88%。在电阻器的国际贸易中，片式电阻器已居重要的地位。1997年美国电阻器进口477.62亿只，其中片式电阻器进口量达324.55亿只，占电阻器进口量的68%。

我国的片式电阻器从原来的主流产品1206和0805系列逐渐转向0603和0402系列。PCC公司于1995年引进了一条片式电阻器生产线，年产能力为10亿只，主要产品为1206系列、0805系列及0603系列。技术人员经消化、吸收，自行开发了1210系列、2010系列和2512系列等品种。世界上流行的是0603系列，它是片式电阻器的主流产品，占总销售额的70%。而该公司的片式电阻器生产线生产0603系列仅几亿只，难以满足庞大的市场需求。规模小、成本高，无法与日本、韩国等竞争，存在着被淘汰的危险，必须尽快形成规模经济生产能力，抢占市场。在这种情况下，公司提出了进行项目构思，并首先对片式电阻器的市场需求状况进行了大量的调查研究。

在国际上，片式电阻器的生产基地集中在亚洲，主要分布在日本、韩国、中国等国家。在世界市场上，尤其是日本和亚太市场，片式电阻器已成为电阻市场增长的支柱。在日本、韩国和中国台湾地区的一些片式电阻器生产公司的生产规模都很大，预计2002年世界片式电阻器销售达到6000亿只。在中国主要生产厂家除PCC公司外，还有风华、北海银河等。2001年中国片式电阻器的年需求量估计为450亿只左右。随着国民经济的发展和改革开放程度进一步提高，国外大公司例如摩托罗拉、IBM、爱立信、西门子、阿尔卡特等跨国公司，纷纷在中国建厂，中国市场对片式电阻器的需求将大幅度提高，预计到2005年，中国片式电阻器的需求量将达到700亿只。市场前景看好。

从自身条件来看，长期以来注意培养优秀的人才，并造就了一支训练有素的技术队伍，工艺成熟，技术力量雄厚，具备了利用现有的设备和工艺技术力量开发新产品的实力。公司有一套完整的质量保证体系，在1997年就分别获得ISO 9002和IECQ产品质量认证。而且片式电阻器的品牌在中国、东南亚市场乃至韩国、美国市场已有了较大的知名度和很好的信誉。

在此基础上，PCC公司制定了通过引进世界一流的先进设备，增加两个品种系列，年新增90亿只生产能力的目标，同时委托具有甲级资质的信息产业部第十一设计研究院编制了项目可行性研究报告和初步设计，并经过充分论证后，对项目进行了进一步的优化，确定了通向目标的最佳途径。

2. 注重项目过程管理和控制

项目负责人是决定项目成败的关键角色。充分认识和理解项目负责人这一角色的作用和地位、职责范围及需具备的素质和能力是确保项目成功的前提。

为确保项目顺利实施和达到项目目标，公司专门成立了项目领导小组，并由公司法人代表王董事长担任领导小组组长和项目负责人。领导小组下设专门工作班子，努力扎实做好项目前期基础工作，在执行过程中，又根据项目实施需要，严格执行投资、质量、工期“三包干”制度，并签订了技术改造项目责任书。

在项目实施过程中，项目负责人能够对项目的执行状况进行有效的监督和经常性的测量，从而能及时发现项目执行与项目方案之间的偏差并马上予以纠正。

他们首先抓住进口设备采购这个关键环节，第一要保证设备的先进性；第二在保证设备技术性能的同时，做到价廉物美，努力降低投资成本。为了做到心中有底，他们对美国、日本等主要的设备制造厂家进行了技术考察，认真地进行了技术交流，通过出国考察，进一步掌握片式电阻器产品的生产水平和发展趋势。在采购工作中，坚决贯彻执行国家的招标投标法，委托中国电子进出口总公司，进行了国际国内公开招标。通过招投标，确保采购到国际上一流的设备，为建成具有国际先进水平的片式电阻器生产线提供了有力的保障。通过招投标为项目节省了大量的投资，一举两得。其二，本项目新建电镀厂房572m^2，辅助设施用房801m^2，这一土建项目2001年5月动工，要求9月底交付使用，只有5个月的施工周期，对施工单位来讲本来时间就比较紧张，在办理开工手续时又延误近一个月，施工中又逢连日阴雨，地下水位高，给基础施工带来了极大的困难。如果土建施工不能及时完成，电镀和动力设备不能按时进场，这样10月份调试设备进入试生产就将成为泡影。面对这一难题，其一是动员施工队伍日夜奋战，抢进度。其二是交叉作业，在厂房还没有完全完工前，设备提前进场，确保了项目的整体进度。其三是环境保护、安全、消防和工业卫生做到“三同时”，均按设计要求竣工，并在项目总体竣工验收前，通过了国家有关部门的单项验收。

案例来源：白思俊. 项目管理案例教程［M］. 北京：机械工业出版社，2009.

问题：

1. PCC公司片式电阻器生产线技术改造项目的成功，如何证明了在项目管理过程中，实施整体管理的重要性?

2. 该项目目标的确立，从哪些方面适应了资源条件对它的约束?

案例二：关于项目启动的探讨

一家非营利组织的董事会成员于2011年2月召开董事会会议，这一组织负责筹集和购买食品，然后分发给生活困难的人们。会议室里在座的，有董事会主席贝斯·史密斯（Beth Smith）和两个董事会成员罗斯玛丽·奥尔森（Rosemary Olsen）和史蒂夫·安德鲁（Steve Andrews）。贝斯首先发言：“我们的资金几乎用光了，而食品储备和施粥厂的需求却一直在增加。我们需要弄清楚怎么才能得到更多的资金。”

“我们必须建立一个筹集资金的项目。”罗斯玛丽响应道。

史蒂夫建议：“难道我们不能向地区政府要求一下，看他们是否能给我们增加分配额?”

“他们也紧张，明年他们甚至可能会削减我们的分配额。”贝斯回答。

“我们需要多少钱才能度过今年?”罗斯玛丽问道。

“大约10000美元，”贝斯回答，“我们两个月后就会开始急需这部分钱了。”

“我们除了钱还需要很多东西。我们需要更多的志愿者、更多的储存空间和一台安放在厨房里的冰箱。”史蒂夫说。

“哦，我想我们完全可以自己做这份筹集资金的项目，这将是很有趣的!”罗斯玛丽兴奋地说。

“这个项目正在扩大，我们不可能及时做完。”贝斯说道。

罗斯玛丽回答说：“我们将解决它并且做好，我们一向能做到的。”

“项目是我们真正需要的吗? 我们明年将做什么——另一个项目?”史蒂夫问道，“此外，我们正在经历一个困难时期，很难得到志愿者。或许我们应当考虑一下，我们怎样能用较少的资金来运作一切。例如，我们怎样能定期得到更多的食品捐献，这样我们就不必买这么多食品。”

罗斯玛丽插话说：“多妙的主意，当我们去试着筹集资金时，你又能同时继续工作。我们可以想尽所有办法。”

“好了，”贝斯说，“这些都是好主意，但是我们只有有限的资金和志愿者，并且有一个增长的需求。我们现在需要做的是，确保我们在两个月后不必关门停业。我想，我们都同意必须采取行动，但是不能确定我们的目标是否一致。”

案例来源：克莱门斯，吉多．成功的项目管理［M］．张金成，杨坤，译．北京：电子工业出版社，2012.

问题：

1. 已识别的需求是什么？

2. 如何启动项目？

案例三：焊接技改项目的启动

某集团董事会和压力容器公司管理层对推进焊接技改项目的决心很大，专门与特种压力容器事业部的领导班子召开了专项会议，确定了焊接技改项目的启动日期，参会的还有生产部、研发部和设计部等职能部门主管。由于该订单的成交价格非常高，这意味着项目失败会给公司带来巨大亏损。事业部开展的几次动员会都没有人主动提出担任项目经理一职。现在你的首要任务就是要找到一个能胜任该项目的项目经理。你很快想到了公司赵总工程师（简称赵总工），赵总工做过 IE（Industrial Engineer）、ME（Mechanical Engineer）和 PE（Product Engineer）多年，更是在车间主任位置上干过十年，拥有非常强的管理能力和工程技术背景。不过现在赵总工正负责全公司的精益管理框架设计、TQM 小组的推动，ISO 9000 的新一轮认证，以及各生产车间标准作业流程的审定。你怀着忐忑的心情联系上他，不出意料，赵总工以自己任务过多和身体不佳为由拒绝了兼任项目经理一职。但是赵总工推荐了机加工中心李主任为项目经理人选。李主任以前是某军工企业的焊接班高级技师，具有多项特种焊接资质。退休后公司人力资源部高薪聘请过来。在多次与李主任接触后，你发现李主任的焊接知识和技术确实过硬但并不善于言谈，有着一股子刻板劲儿。对于项目启动后所要涉及繁杂的内部沟通和外部协调工作来说，李主任并不是合适人选。随着焊接技改项目启动日期的临近，你只能再次恳求赵总工帮忙。赵总工认为同是技术出身的你为什么不自己担任项目经理一职，他可以给予专业技术人员支持和部门沟通帮助。

经过多日的筹建方案撰写，你最终向董事会提交了该项目筹建方案。几天后，该计划通过了董事会专家评议组的审批，决定任命你为焊接技改项目的项目经理，并以公司名义正式下发各部门。

在焊接技改项目启动会议上，你拟定了以下人员作为团队关键成员：

1）公司副总经理（主管生产技术）：张总工。

2）机加工中心：李主任。

3）生产部：廖部长。

4）公司副总经理兼特种压力容器事业部部长（主管市场销售）：杨经理。

5）设计中心：许主任。

6）研究院：姜院长。

7）事业部下属采购部：刘科长。

案例来源：改编自工业工程领域企业生产实践。

问题：

1. 董事会对于“你”的项目经理的任命属于项目整体管理的哪个过程？

2. 案例中提到了项目计划，请说说项目计划的原则和过程。

第 3 章

项目范围管理

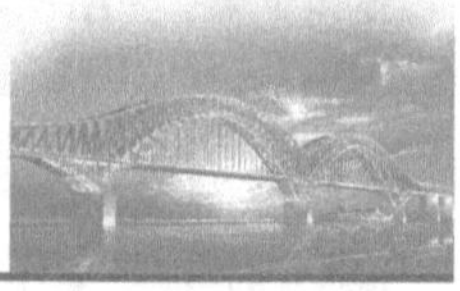

3.1 项目范围管理概述

3.1.1 项目范围管理的含义

1. 项目范围的含义

项目范围（Project Scope）是指为了成功地实现项目目标所必须完成的全部且最少的工作。该定义包含以下两层含义：

1）全部的：实现该项目目标所进行的“所有工作”，任何工作都不能遗漏，否则将会导致项目范围“萎缩”。

2）最少的：完成该项目目标所规定的“必要的、最少量”的工作，不进行此项工作就无法最终完成项目。工作范围不包括那些超出项目可交付成果需求的多余工作，否则将导致项目范围“蔓延”。

2. 项目范围管理的含义

美国凯勒管理研究生院的项目经理威廉认为，缺少正确的项目定义和范围核实是导致项目失败的主要因素。因此，项目管理最重要也是最难做的一件工作，就是确定项目的范围，并以此进行进一步的管理。

项目范围管理（Project Scope Management）包括确保项目做且只做成功完成项目所需的全部工作的各个过程。管理项目范围主要在于定义和控制哪些工作应包括在项目内，哪些不应包括在项目内。在这个定义中有四层含义：

1）所确定的项目范围是充分的。

2）项目范围不包括那些不必要的工作。

3）项目范围规定要做的工作能够实现预想的商业目标。

4）以科学的技术和方法对项目进行范围的制定，并进一步进行控制。

项目团队中的所有的人必须在项目要产出什么样的产品方面达成共识，也要在如何生产这些产品方面达成一定的共识。通过项目范围的管理过程，把客户的需求首先转化成对项目产品的定义，再进一步把项目产品的定义转变成对项目工作范围的说明。

3.1.2 项目范围管理的工作过程

项目范围管理的工作过程包括六个部分，分别是项目范围规划、收集需求、项目范围定义、创建工作分解结构、项目范围确认和项目范围控制。

项目范围管理概况如图3-1所示。

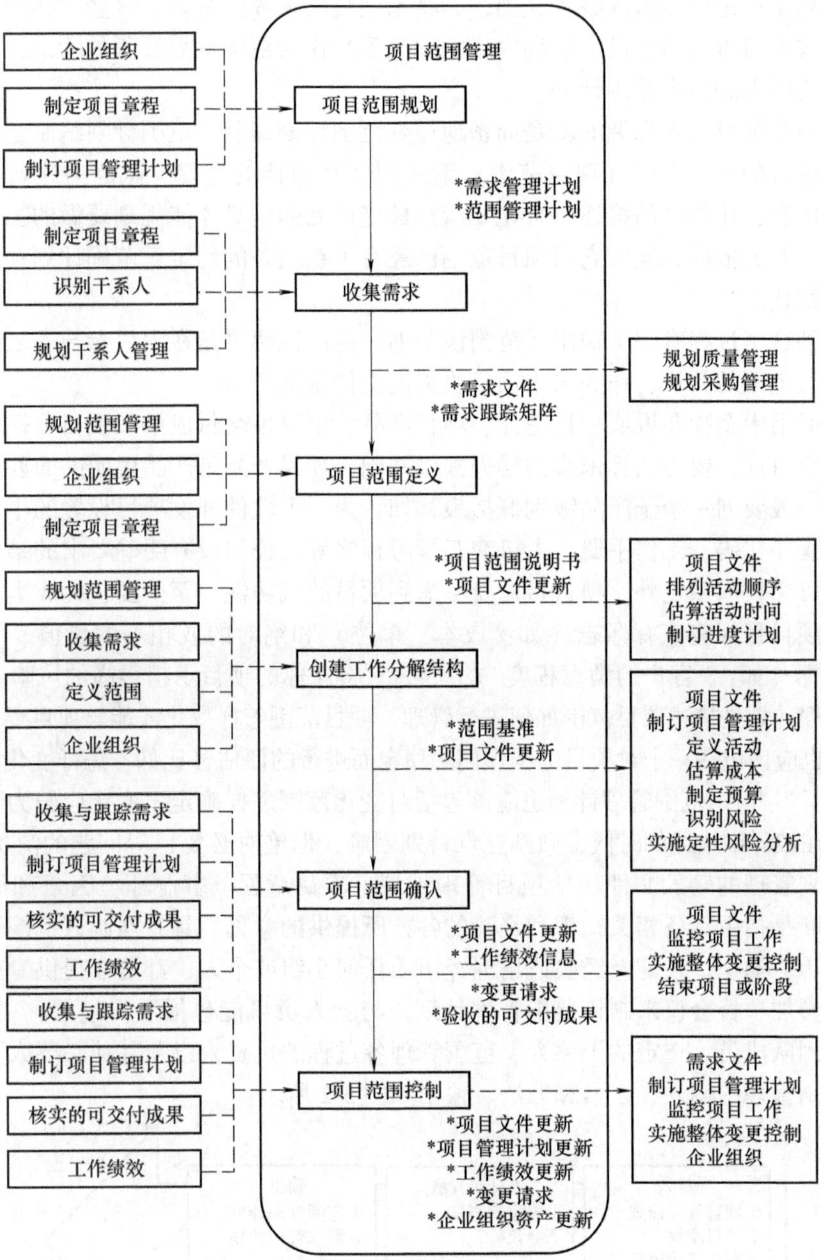

图3-1　项目范围管理概况

3.2　项目范围规划

3.2.1　项目范围规划的内容

范围规划管理（Scope Planning Management）是创建范围管理计划，书面描述如何定义、确认和控制项目范围的过程。

范围计划是指进一步形成各种文档，为将来项目决策提供基础，这些文档中包括用以衡量一个项目或项目阶段是否已经顺利完成的标准等。作为范围计划过程的输出，项目组要制订一个范围说明书和范围管理计划。

要做好一个项目首先强调的就是周密地做好范围计划编制。范围计划编制是指将产生项目产品所需进行的项目工作（项目范围）渐进明细和归档的过程。做范围计划编制工作需要参考很多信息，比如产品描述，首先要清楚最终产品的定义才能规划要做的工作，项目章程也是非常主要的依据，通常它对项目范围已经有了粗线条的约定，范围计划在此基础上进一步深入和细化。

前面讲到这个过程有一个输出是范围说明书，范围说明书是在项目参与人之间确认或建立了一个项目范围的共识，作为未来项目决策的文档基准。

范围说明书中至少要说明项目论证、项目产品、项目可交付成果和项目目标。项目论证是商家的既定目标，要为估算未来的得失提供基础；项目产品是产品说明的简要概况；项目可交付成果一般要列一个子产品级别概括表，如：为一个软件开发项目设置的主要可交付成果可能包括程序代码、工作手册、人机交互学习程序等。任何没有明确要求的结果，都意味着它在项目可交付成果之外。项目目标要考虑到项目的成功性，至少要包括成本、进度表和质量检测。项目目标应该有标志（如：成本、单位）和绝对的或相对的价值。尽量避开不可量化的目标（如："客户的满意程度"），因为它将让你的项目承担很高的风险。

范围管理计划是描述项目范围如何进行管理，项目范围怎样变化才能与项目要求相一致等问题的。它也应该包括一个对项目范围预期的稳定而进行的评估（比如：怎样变化、变化频率如何及变化了多少）。范围管理计划也应该包括对变化范围怎样确定，变化应归为哪一类（当产品特征仍在被详细描述的时候，做到这点特别困难，但绝对必要）等问题的清楚描述。

范围规划管理的输入文件包括项目管理计划、项目章程、事业环境因素和组织过程资产。专家判断是指由具备相关知识和经验的各方所提供的意见。具有与制订范围管理计划相关的专业学历、知识、技能、经验或培训经历的任何小组或个人，都可以提供专家判断。项目团队可以参加项目会议来制订范围管理计划。与会人员可能包括项目经理、项目发起人、选定的项目团队成员、选定的干系人、范围管理各过程的负责人以及其他必要人员。

范围规划管理的输入、工具和方法、输出如图 3-2 所示。

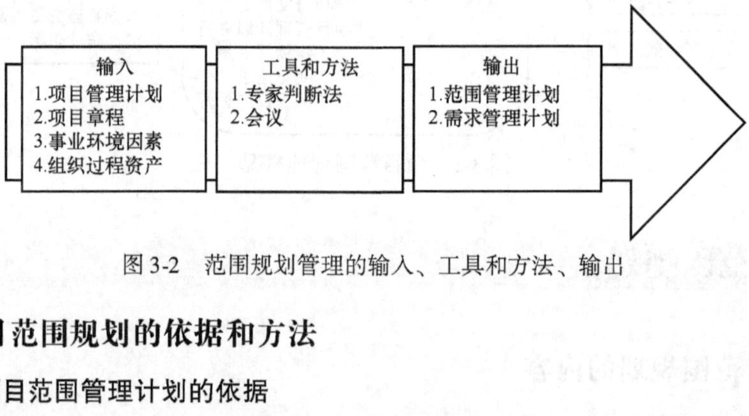

图 3-2　范围规划管理的输入、工具和方法、输出

3.2.2　项目范围规划的依据和方法

1. 编制项目范围管理计划的依据

在选择和定义项目的过程中，所有给定的项目产出物描述和项目说明书及其相关信息都

是编制项目范围管理计划的依据。项目组织可以根据这些信息运用各种分析和评价方法与工具，通过对项目各种备选方案的分析和评价，选定最满意的项目实施方案，然后根据选定的项目实施方案编制出项目范围管理计划。

编制项目管理范围计划的依据还包括有关项目和项目产出物描述的各种支持细节文件，以及在项目起始阶段所明确和定义出的各种项目限制条件和项目的假设前提条件等方面的信息与资料。

2. 制订项目范围管理计划的方法

（1）项目产出物分析方法　通过对于项目产出物的分析，可以使项目业主和客户与项目组织形成对项目产出物的准确和共同的理解，从而指导编制项目范围计划。项目产出物分析方法包括系统分析方法、价值工程方法、价值分析方法、功能分析方法和质量功能配置技术等一系列的方法和技术。只有使用这些不同的方法和技术，从不同的角度对项目产出物进行全面的分析和界定，才能更好地指导项目范围管理计划的制订。

（2）收益和成本分析方法　收益和成本分析方法是指对不同的项目备选方案进行各种成本和收益的识别与确认，和对项目方案的成本（费用）与收益（回报）的全面评估的方法。其中最主要的是从项目业主和客户的角度出发的项目财务评价方法，它使用项目投资回报率、项目回收期等财务评估指标确定备选项目方案的经济性。使用这种方法可以确定出哪个项目备选方案更为经济合理，这对编制项目范围管理计划有很重要的指导意义，所以它是项目范围管理计划编制中必要的方法。

（3）提出项目备选方案的方法　在项目范围管理计划的编制中，首先需要提出各种各样的项目备选方案。有许多管理技术和方法可以用于提出不同的项目备选方案，其中最常用的管理方法和技术是头脑风暴法、横向思维法和专家判断法。

1）头脑风暴法。头脑风暴法是一种有利于创造性思维的集体思辨和讨论的会议方法。在典型的头脑风暴法讨论会中，一般是6~12人围坐在桌旁，一个主持人用简单明了的方式把问题提出，让每个人都了解了问题之后，在给定的时间内，通过大家自由发言，尽可能多地想出各种解决问题的方案。在这种会议过程中，任何人都不得对发言者加以评价，无论是受到别人启发而提出的观点，还是自己提出的稀奇古怪的观点，任何人不允许进行批评。所有提出的方案都需要记录在案，直到最后，大家再来一起分析和评价这些建议和方案，从而找出可行的项目备选方案。

2）横向思维法。传统的思维方法多数是纵向思维的方法。纵向思维方法是高度理性化的，是一个逐步深化的思维过程，每一步与前一步都是不可分割的关联环节。在这一过程中，每一步都必须正确有序。横向思维则没有这种限制，它不要求人们按照一种模式或程序去思维，而要求人们打破原有的框框，重构一种思维模式。它要求在处理问题时人们也可以不从初始状态入手（即从分析问题入手），而从解决问题的办法入手。例如，一个管理者可以根据项目的工作任务去考虑项目的备选方案，然后再倒推出要实施这一项目备选方案所需的资源和前提条件等。

3）专家判断法。在制订项目范围管理计划的过程中，常常需要使用专家判断法。因为有许多项目范围界定问题涉及项目所属专业领域的专家知识，不管是对项目产出物的描述还是对项目目标的确定都会涉及许多专家知识。当制订项目范围管理计划时还需要有一些项目管理专家提供项目管理方面的专家知识，所以专家判断法也是项目范围管理计划制订中经常使用的一种方法。

3.3　收集需求

3.3.1　收集需求的内容和依据

1. 收集需求的内容

收集需求（Collect Requirements）是为实现项目目标而确定、记录并管理干系人的需要和需求的过程。许多组织把需求分为不同的种类，如业务解决方案和技术解决方案。前者是干系人的需要，后者是指如何实现这些需要。需求可以分成不同的类别，有利于对需求进行进一步完善和细化。这些分类包括：

业务需求：整个组织的高层级需要，例如，解决业务问题或抓住业务机会，以及实施项目的原因。

干系人需求：干系人或干系人群体的需求。

解决方案需求：为满足业务需求和干系人需求，产品、服务或成果必须具备的特性、功能和特征。

过渡需求：从“当前状态”过渡到“将来状态”所需要的临时能力，如培训需求。

项目需求：项目需要满足的行动、过程或其他条件。

质量需求：用于确认项目可交付成果成功完成的任何条件或标律。

收集需求的输入、工具和方法、输出如图 3-3 所示。

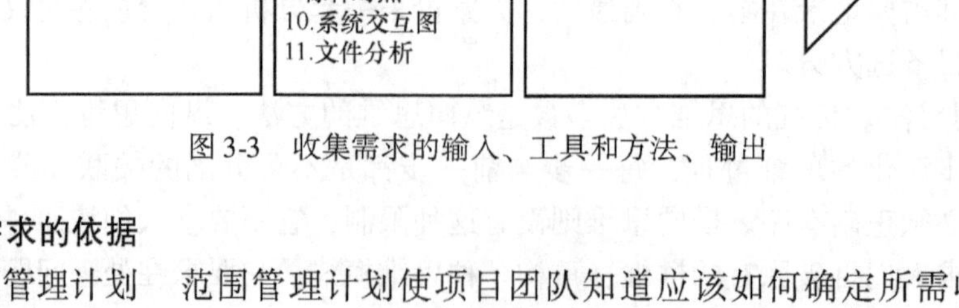

图 3-3　收集需求的输入、工具和方法、输出

2. 收集需求的依据

（1）范围管理计划　范围管理计划使项目团队知道应该如何确定所需收集的需求的类型。

（2）需求管理计划　需求管理计划规定了用于整个收集需求过程的工作流程，以便定义和记录干系人的需求。

（3）干系人管理计划　从干系人管理计划中了解干系人的沟通需求和参与程度，以便评估并适应干系人对需求活动的参与程度。

（4）项目章程　项目章程是项目整体管理过程输出的文档，具体请参考项目整体管理。

（5）项目干系人登记册　项目干系人登记册用于标识那些可以提供项目和产品需求信

息的项目干系人。

3.3.2　收集需求的方法和结果

1. 收集需求的方法

（1）访谈　访谈是指通过与干系人直接交谈来获取信息的正式或非正式的方法。访谈的典型做法是向被访者提出预设和即兴的问题，并记录他们的回答。访谈经常是一个访谈者和一个被访者之间的“一对一”谈话，但也可以包括多个访谈者和（或）多个被访者。访谈有经验的项目参与者、发起人和其他高管，以及主题专家，有助于识别和定义所需产品可交付成果的特征和功能。访谈也可用于获取机密信息。

（2）焦点小组　焦点小组是召集预定的干系人和主题专家，了解他们对所讨论的产品、服务或成果的期望和态度。由一位受过训练的主持人引导大家进行互动式讨论。焦点小组往往比“一对一”的访谈更热烈。

（3）引导式研讨会　引导式研讨会把主要干系人召集在一起，通过集中讨论来定义产品需求。研讨会是快速定义跨职能需求和协调干系人差异的重要技术。由于群体互动的特点，被有效引导的研讨会有助于参与者之间建立信任、改进关系、改善沟通，从而有利于干系人达成一致意见。此外，研讨会能够比单项会议更早发现问题，更快解决问题。

（4）群体创新技术

1）头脑风暴法：一种用来产生和收集对项目需求与产品需求的多种创意的技术。头脑风暴法本身不包含投票或排序，但常与包含该环节的其他群体创新技术一起使用。

2）名义小组技术：用于促进头脑风暴的一种技术，通过投票排列最有用的创意，以便进一步开展头脑风暴或优先排序。

3）概念和思维导图：把从头脑风暴中获得的创意整合成一张图的技术，以反映创意之间的共性与差异，激发新创意。

4）亲和图：用来对大量创意进行分组的技术，以便进一步审查和分析。

5）多标准决策分析：借助决策矩阵，用系统分析方法建立诸如风险水平、不确定性和价值收益等多种标准，从而对众多方案进行评估和排序的一种技术。

（5）群体决策技术　群体决策技术就是为达成某种期望结果，而对多个未来行动方案进行评估的过程。本技术用于生成产品需求，并对产品需求进行归类和优先级排序。达成群体决策的方法有很多，例如：

1）一致同意：每个人都同意某个行动方案。达成一致同意的一种方法就是德尔菲法，由一组选定的专家回答问卷，并对每轮需求收集的结果给出反馈。只有主持人可以看到专家的答复，以保持匿名状态。

2）大多数原则：获得群体中超过50%人员的支持，就能做出决策。把参与决策的小组人数定为奇数，防止因平局而无法达成决策。

3）相对多数原则：根据群体中相对多数者的意见做出决策，即便未能获得大多数人的支持。通常在候选项超过两个时使用。

4）独裁：在这种方法中，由某一个人为群体做出决策。

在收集需求过程中，上述群体决策技术都可以与群体创新技术联合使用。

（6）问卷调查　问卷调查是指设计一系列书面问题，向众多受访者快速收集信息。问卷调查方法非常适用于以下情况：受众多样化，需要快速完成调查，受访者地理位置分散，并且适合开展统计分析。

（7）观察　观察是指直接察看个人在各自的环境中如何执行工作（或任务）和实施流程。当产品使用者难以或不愿清晰地说明他们的需求时，就特别需要通过观察来了解他们的工作细节。观察，也称为“工作跟踪”，通常由观察者从外部来观看业务专家如何执行工作。也可以由“参与观察者”来观察，他通过实际执行一个流程或程序，来体验该流程或程序是如何实施的，以便挖掘隐藏的需求。

（8）原型法　原型法是指在实际制造预期产品之前，先造出该产品的实用模型，并据此征求对需求的早期反馈的方法。因为原型是有影的实物，它使得干系人可以体验最终产品的模型，而不是仅限于讨论抽象的需求描述。原型法支持渐进明细的理念，需要经历从模型创建、用户体验、反馈收集到原型修改的反复循环过程。在经过足够的反馈循环之后，就可以通过原型获得足够的需求信息，从而进入设计或制造阶段。故事板是一种原型技术，通过一系列的图像或图示来展示顺序或导航路径。故事板用于各种行业的各种项目中，如电影、广告、教学设计，以及敏捷和其他软件开发项目。在软件开发中，故事板使用实体模型来展示网页、屏幕或其他用户界面的导航路径。

（9）标杆对照　标杆对照将实际或计划的做法（如流程和操作过程）与其他可比组织的做法进行比较，以便识别最佳实践，形成改进意见，并为绩效考核提供依据。标杆对照所采用的可比组织可以是内部的，也可以是外部的。

（10）系统交互图　系统交互图是范围模型的一个例子，它是对产品范围的可视化描绘，显示业务系统（过程、设备、计算机系统等）及其与人和其他系统（行动者）之间的交互方式。系统交互图显示了业务系统的输入和输入提供者、业务系统的输出和输出接收者。

（11）文件分析　文件分析就是通过分析现有文档，识别与需求相关的信息，来挖掘需求。可供分析的文档很多，包括（但不限于）：商业计划、营销文献、协议、建议邀请书、现行流程、逻辑数据模型、业务规则库、应用软件文档、业务流程或接口文档、用例、其他需求文档、问题日志、政策、程序和法规文件（如法律、准则、法令等）。

2. 收集需求的结果

（1）需求文件　需求文件是描述不同的项目干系人其个体需求与项目产品特性相匹配情况的文档。需求文件可以包括以下内容：

1）干系人需要解决的问题或可以利用的机会。

2）采用需求列表或模型方式表示的功能化的干系人需求。

3）干系人的一些非功能化需求。例如，服务的水平、成果、保障措施等。

4）干系人的质量需求。

5）干系人需求对项目组织原则及商业规则所产生的影响。

6）干系人需求对组织内部其他领域的一些影响，如呼叫中心、销售部门和技术部门等。

7）干系人需求对项目组织外部其他领域所产生的影响。例如，同行业组织或相关行业组织。

8）干系人的培训需求。

9）其他一些需求假设和限制因素。

（2）需求管理计划　需求管理计划是一份描述在整个项目中，如何分析、记载和管理客户需求的文档。需求管理计划包括但不限于下述内容：

1）如何计划、跟踪和报告客户需求收集的各项活动

2）如何进行客户需求收集的配置管理活动。

3）如何确定客户需求收集的优先次序和级别。

4）如何在需求跟踪矩阵中捕获干系人的需求属性。

（3）需求跟踪矩阵　需求跟踪矩阵是贯穿项目生命周期的、动态的、实时跟踪干系人需求的一种方法。该方法的目的是保证需求文件中列示的需求能够在项目结束时得以实现，并保证项目干系人的每项需求都能通过与业务或项目目标的链接产生价值。此外，需求跟踪矩阵也是管理产品范围变化的一种方法。

虽然项目团队在项目启动前已经进行了较为深入和充分的干系人需求收集工作，但随着市场的变化和主要干系人（客户）对产品的深入认识所激发出来的新需求将促使项目需求发生变化。那么，建立相应的需求跟踪矩阵就成为一项重要的工作。

需求跟踪矩阵以表格形式跟踪在整个项目生命周期内的客户需求变化，通常纵向列出所有需求，横向表示产品开发的各个阶段。需求跟踪矩阵并没有统一格式的规定，每个项目团队注重的方面不同，所创建的需求跟踪矩阵也可能不同，只要能够保证需求链的一致性和达到状态的跟踪目的即可。

3.4　项目范围定义

3.4.1　项目范围定义的内容和依据

1. 项目范围定义的内容

范围定义（Scope Define）是制定项目和产品详细描述的过程。本过程的主要作用是：明确所收集的需求哪些将包含在项目范围内，哪些将排除在项目范围外，从而明确项目、服务或成果的边界。定义范围对项目成功是非常重要的，因为一个好的范围界定可以提高项目时间、成本以及所需资源估算的准确性，还可以为项目执行绩效评测和项目控制提供一个基准，并有助于清楚共同工作职责。

由于在收集需求过程中识别出的所有需求未必都包含在项目中，所以范围定义过程就要从需求文件（收集需求过程的输出）中选取最终的项目需求，然后制定出关于项目及其产品、服务或成果的详细描述，如图 3-4 所示。

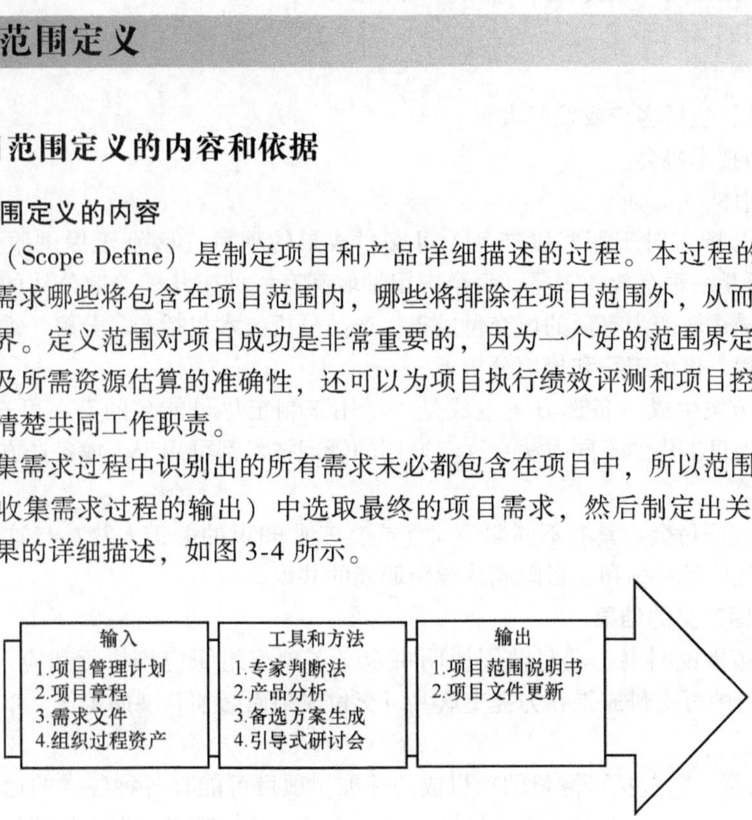

图 3-4　项目范围定义的输入、工具和方法、输出

2. 项目范围定义的依据

（1）范围管理计划　范围管理计划是项目管理计划的组成部分，确定了制定、监督和控制项目范围的各种活动。

（2）项目章程　项目章程中包含对项目和产品特征的高层级描述。它还包括项目审批要求。如果执行组织不使用项目章程，则应取得或编制类似的信息，用作制定详细范围说明书的基础。如果组织不制定正式的项目章程，通常会进行非正式的分析，为后续的范围规划提供依据。

（3）需求文件　使用需求文件来选择哪些需求将包含在项目中。

（4）组织过程资产　能够影响范围定义过程的组织过程资产包括（但不限于）：

1）用于制定项目范围说明书的政策、程序和模板。

2）以往项目的项目档案。

3）以往阶段或项目的经验教训。

3.4.2 项目范围定义的方法和结果

1. 项目范围定义的方法

（1）专家判断法　专家判断法常用来分析制定项目范围说明书所需的信息。专家判断和专业知识可用来处理各种技术细节。专家判断可来自具有专门知识或经过专门培训的任何小组或个人，可从许多渠道获得，包括（但不限于）：

1）组织内的其他部门。

2）顾问。

3）干系人，包括客户或发起人。

4）专业与技术协会。

5）行业团体。

（2）产品分析　对于那些以产品为可交付成果的项目（区别于提供服务或成果的项目），产品分析是一种有效的工具。每个应用领域都有一种或几种普遍公认的方法，用以把高层级的产品描述转变为有形的可交付成果。产品分析技术包括产品分解、系统分析、需求分析、系统工程、价值工程和价值分析等。

（3）备选方案生成　备选方案生成是一种用来制定尽可能多的潜在可选方案的技术，用于识别执行项目工作的不同方法。许多通用的管理技术都可用于生成备选方案，如头脑风暴、横向思维等。

（4）引导式研讨会　具有不同期望和（或）专业知识的关键人物参与这些紧张的工作会议，有助于就项目目标和项目限制达成跨职能的共识。

2. 项目范围定义的结果

（1）项目范围说明书　项目范围说明书定义了项目组织应该执行和应该剔除的工作，详细说明了项目的可交付成果和为提交这些可交付成果而必须开展的工作。项目范围说明书的主要内容包括：

1）项目目标。它包括可测量的项目成功标准。项目可能有各种各样的运营方式，项目目标包括成本、时间、技术和质量等目标。每一个项目目标都必须有计量属性，如成本目标就以币值为计量单位，如 150 万元人民币。

项目目标的确定应遵循“SMART”原则。SMART所对应的英文单词分别为：Specific（具体性）、Measurable（可考核性）、Attainable（可达到性）、Result-oriented或Relevant（关注结果、相关性）和Time-based（时间性）。

2）产品范围说明书。它说明了项目应创造的产品、服务或成果的特征。通常这些特征在早期阶段不够明显，而在以后的阶段，随着产品的特征逐步明确，产品范围说明书也就逐渐详细起来。虽然这些特征的形式与实质彼此之间相差悬殊，但范围说明书应提供足够的细节配合后来的项目范围规划。

3）项目可交付成果。它既包括由项目产品、服务或成果组成的结果，也包括附带结果，如项目管理报告和文件。对可交付成果既可以概括，也可以详细说明，具体视项目范围说明书的情况而定。

4）项目边界。它通常明确哪些事项属于项目的内容。如果某干系人认为，某一具体产品、服务或成果是项目的组成部分，则项目边界清楚地说明了哪些事项不包括在项目之内。

5）项目要求说明书。项目要求说明书说明了项目可交付成果为满足合同、标准、技术规定说明书或其他正式强制性文件的要求，而必须满足的条件或必须具备的能力。对干系人所有的需求、愿望和期望所做的干系人分析结果，要按照轻重缓急和重要性程度反映在项目要求说明书中。

6）产品验收准则。它确定了验收已完成产品的过程和原则。

7）项目的制约因素。它列出并说明同项目范围有关并限制项目团队选择的具体项目制约因素。例如，顾客或实施组织签发的事先确定的预算或任何强加的日期（进度里程碑）。当项目根据合同实施时，合同的条文一般都是制约因素。详细的项目范围说明书列出的制约因素，一般都比项目章程列出的多而详细。

8）项目假设。它列出并说明同项目范围有关的具体项目假设，及其在不成立时可能造成的潜在影响和后果。项目团队经常识别、记载并验证假设，这项工作属于项目团队规划过程中的一部分。详细的项目范围说明书列出的假设一般都比项目章程列出的多而详细。

（2）项目文件更新　需要根据项目实际情况对需求文件、需求管理计划、需求跟踪矩阵等文档及时进行更新。

3.5　创建工作分解结构（WBS）

3.5.1　创建工作分解结构的内容和作用

1. 创建工作分解结构的内容

创建工作分解结构（WBS）是把项目可交付成果和项目工作分解成较小的、更易于管理的组件的过程。工作分解结构（Work Breakdown Structure）起源于美国军方的型号研究，是一种在项目全范围内分解、定义各层次工作包的方法。它将项目按内在结构或者实施过程的顺序进行逐层分解而形成的结构示意图。它可以将项目分解到相对独立的、内容单一的、易于成本核算与检查的工作单元，并将各工作单元在项目中的地位与构成直观地表示出来。结构层次越往下层，项目组成部分的定义越详细。工作分解结构最后构成一份层次清晰，可以具体作为组织项目实施的工作依据。

创建工作分解结构的输入、工具和方法、输出如图 3-5 所示。

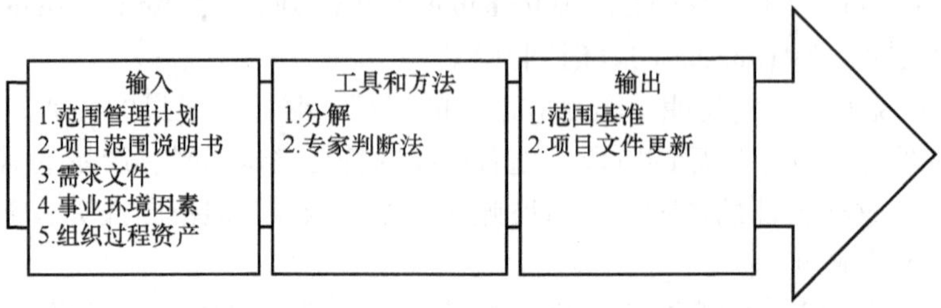

图 3-5　创建工作分解结构：输入、工具和方法、输出

工作分解结构图是实施项目、创造最终产品或服务的所必须进行的全部活动的一份清单，也是进度计划、人员配置、预算计划的基础。项目工作分解结构的基本层次，如图 3-6 所示。

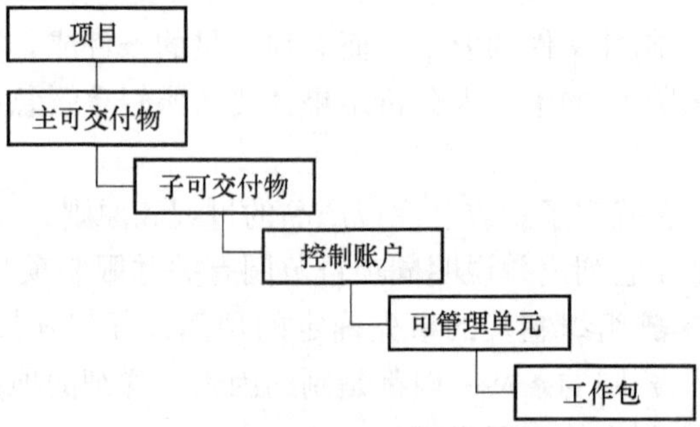

图 3-6　项目工作分解结构的基本层次

由于项目本身的复杂程度、规模大小各不相同，从而形成了不同的工作分解结构层次。在一些项目的工作分解结构中，可能以上的分解只需要三级，另外一些项目的工作分解结构可能还需要更多。通常在确定工作分解的详细程度时，需要考虑以下因素：

1）分解对象：如果分解的是大而复杂的项目，最高层次的分解可以粗略，逐级往下时则层次越分越详细；若分解的是相对较小而简单的项目，则可分解得更详细一些。

2）使用者：对于项目经理，分解不必过细，只需要让他们从总体上掌握和控制计划即可。对于计划执行者，则分解得较细。

3）编制者：编制者对项目的专业知识、信息、经验掌握得越多，就越可能使计划的编制粗细程度符合实际要求。

2. 创建工作分解结构的作用

1）把项目分解成具体的活动，定义项目的具体工作范围，让主要项目干系人清楚地了解整个项目的概况，对项目所要实现的目标形成共识，以确保不漏掉任何重要的事情。

2）通过项目具体活动的界定，有助于项目团队按照项目活动之间的逻辑顺序来制订项目的进度计划。

3）通过项目具体活动的界定，为制定完成项目所需要的资源估算提供基准。

4）工作分解结构可以作为沟通管理的基础，使项目团队成员清楚自己所承担的责任和享受的权利。

5）工作分解结构还可以作为项目变更控制的基础，并且可以提供描述项目风险管理的框架。

3.5.2 创建工作分解结构的方法和结果

1. 创建工作分解结构的方法

美国国防部为国防装备项目定义了许多标准的工作分解结构，图3-7就是其中的一部分。

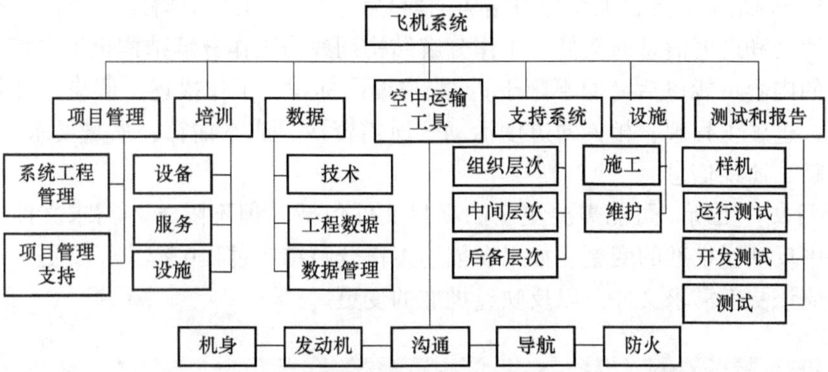

图3-7 美国国防部项目管理工作分解结构

图3-7所示的工作分解结构中，最上层的“飞机系统”是总项目，它被分为七项主体工作任务，继而每一项主体工作任务又被细分为几个性质相同的工作单元。由此，我们可以得出，项目的工作分解结构一般有以下几个步骤：

步骤1：识别项目的主要组成部分，包括项目的主要可交付成果和项目管理，即将总项目分解成承担各定义的且范围明确的子部分（子项目）。

步骤2：判断每个可交付成果层次划分的详细程度，如果能够通过该种划分恰当地估算出完成各项工作所需要的费用和时间，则进入步骤4，否则进入步骤3。

步骤3：在上述分层的基础上进行更细致的划分，将各组成部分分解为更小的组成部分，并说明所需取得的切实的、可验证的结果以及完成它们的先后顺序。对于每个更小的部分，重复步骤2。

步骤4：核实分解的正确性。核查每一层次细分的必要性和充分性，即本层工作的完成需要能够保证上层工作的完成；如果不进行本层工作，则上层工作无法完成。倘若不具备这两个条件，就必须对上一层的细目进行修改——增加、删除或者重新定义。

2. 创建工作分解结构的结果

（1）范围基准　范围基准是经过批准的范围说明书、工作分解结构（WBS）和相应的工作分解结构词典，只有通过正式的变更控制程序才能进行变更，它被用作比较的基础。范围基准是项目管理计划的组成部分，包括：

1）项目范围说明书。项目范围说明书包括对项目范围、主要可交付成果、假设条件和制约因素的描述。

2）工作分解结构。工作分解结构是对项目团队为实现项目目标、创建所需可交付成果而需要实施的全部工作范围的层级分解。工作分解结构每向下分解一层，代表着对项目工作更详细的定义。把每个工作包分配到一个控制账户，并根据“账户编码”为工作包建立唯一标识，是创建工作分解结构的最后步骤。这些标识为进行成本、进度与资源信息的层级汇总提供了层级结构。控制账户是一个管理控制点。在该控制点上，把范围、预算、实际成本和进度加以整合，并与挣值相比较，以测量绩效。控制账户设置在工作分解结构中选定的管理节点上。每个控制账户可能包括一个或多个工作包，但是一个工作包只能属于一个控制账户。一个控制账户可以包含一个或多个规划包。规划包也是工作分解结构的组件，位于控制账户之下，工作内容已知，但详细的进度活动未知。

3）工作分解结构词典。工作分解结构词典是针对每个工作分解结构组件，详细描述可交付成果、活动和进度信息的文件。工作分解结构词典为工作分解结构提供支持。工作分解结构词典中的内容可能包括（但不限于）：账户编码标识、工作描述、假设条件和制约因素负责的组织、进度里程碑、相关的进度活动、所需资源、成本估算、质量要求、验收标准、技术参考文献、协议信息。

（2）项目文件更新　可能需要更新的项目文件包括（但不限于）需求文件。可能需要在需求文件中反映经批准的变更。如果在创建工作分解结构过程中提交了变更请求并获得了批准，那么应该更新需求文件，以反映经批准的变更。

3.6　项目范围确认

3.6.1　项目范围确认的概念和依据

1. 项目范围确认的概念

范围确认（Scope Validate）是正式验收已完成的项目可交付成果的过程。

为了能使项目范围得以正式承认，项目组必须形成一些明确的正式文件，说明项目产品及其评估程序，以评估是否正确和满意地完成了这些产品。它是通过参与者（倡议者、委托人和顾客等）的行为正式确定项目范围的过程（见图 3-8）。

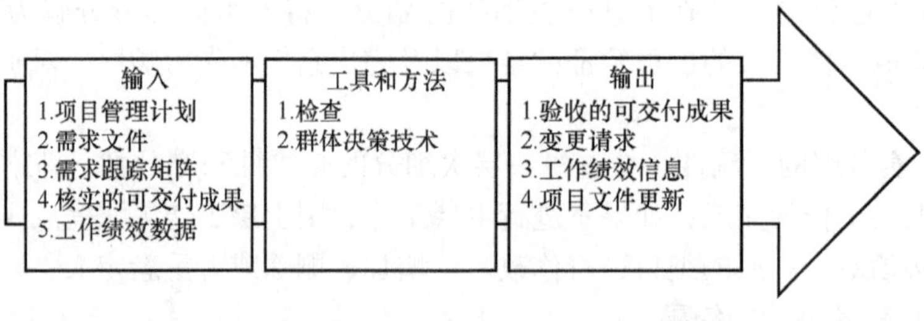

图 3-8　项目范围确认的输入、工具和方法、输出

2. 项目范围确认的依据

（1）项目管理计划　项目管理计划包含范围管理计划和范围基准。范围管理计划定义了项目已完成可交付成果的正式验收程序。范围基准包含批准的范围说明书、工作分解结构和相应的工作分解结构词典。只有通过正式的变更控制程序才可对基准进行变更。基准被用作比较的基础。

（2）需求文件　需求文件列明了全部项目需求、产品需求及对项目和产品的其他类型的需求，同时还有相应的验收标准。

（3）需求跟踪矩阵　需求跟踪矩阵连接了需求与需求源，用于在整个项目生命周期中对需求进行跟踪。

（4）核实的可交付成果　核实的可交付成果是指已经完成，并被控制质量过程检查为正确的可交付成果。

（5）工作绩效数据　工作绩效数据可能包括符合需求的程度、不一致的数量、不一致的严重性或在某时间段内开展确认的次数。

3.6.2　项目范围确认的方法和结果

1. 项目范围确认的方法

（1）检查

1）项目范围的核检。项目范围的核检主要包括以下内容：

① 项目目标是否完善和准确。

② 项目目标的指标是否可靠和有效（即，所需信息是否可以获得）。

③ 项目的约束和限制条件是否真实和符合实际情况。

④ 项目最重要的假设前提是否合理（即，不确定性较小）。

⑤ 项目的风险是否可以接受。

⑥ 项目成功的把握是否足够。

⑦ 项目范围定义是否能够保证项目目标的实现。

⑧ 项目范围定义所能够给出的项目效益是否高于项目成本。

⑨ 项目范围定义是否需要进一步进行深入研究。

2）项目工作分解结构的检核。项目工作分解结构的核检包括以下主要内容：

① 项目目标的描述是否清楚。

② 项目生成物（成果）的描述是否清楚。

③ 项目生成物（成果）是否都是为实现项目目标服务的。

④ 项目各项成果是否可以作为项目工作分解的基础。

⑤ 项目工作分解结构中的各个工作包是否都是为形成项目成果服务的。

⑥ 项目的目标层次描述是否清楚。

⑦ 项目工作分解结构的层次划分是否与项目目标层次的划分和描述统一。

⑧ 项目工作、项目成果与项目目标之间的关系是否一致和统一。

⑨ 项目工作、项目成果、项目目标和项目总目标之间的逻辑是否正确、合理。

⑩ 项目目标的指标值是否可度量。

⑪ 项目工作分解结构中的工作包是否有合理的数量、质量和时间度量指标。

⑫ 项目目标的指标值与项目工作绩效的度量标准是否匹配。

⑬ 项目工作分解结构的层次结构是否合理。

⑭ 项目工作分解结构中各工作包的工作内容是否合理。

⑮ 项目工作分解结构各工作包之间的相互关系是否合理。

⑯ 项目工作分解结构各工作包所需资源是否明确与合理。

⑰ 项目工作分解结构中的各项工作考核指标是否合理。

⑱ 项目工作分解结构的总体协调是否合理。

这两种核检的方法是项目范围确认中最常采用的项目范围定义审查方法，实践证明它们在项目范围管理中是行之有效的。

（2）群体决策技术　当由项目团队和其他干系人进行确认时，可以使用这些技术来达成结论。

2. 项目范围确认的结果

（1）验收的可交付成果　符合验收标准的可交付成果应该由客户或发起人正式签字批准。应该从客户或发起人那里获得正式文件，证明干系人对项目可交付成果的正式验收。这些文件将提交给结束项目或阶段过程。

（2）变更请求　对已经完成但未通过正式验收的可交付成果及其未通过验收的原因，应该记录在案；可能需要针对这些可交付成果提出变更请求以进行缺陷补救。变更请求应该由实施整体变更控制过程进行审查与处理。

（3）工作绩效信息　工作绩效信息包括项目进展信息，例如，哪些可交付成果已经开始实施，它们的进展如何；哪些可交付成果已经完成，或者哪些已经被验收。这些信息应该被记录下来并传递给干系人。

（4）项目文件更新　作为确认范围过程的结果，可能需要更新的项目文件包括定义产品或报告产品完成情况的任何文件。确认文件需要客户或发起人以签字或会签的形式进行批准。

3.7　项目范围控制

3.7.1　项目范围控制的内容和依据

1. 项目范围控制的内容

范围控制（Scope Control）是监督项目和产品的范围状态、管理范围基准变更的过程。本过程的主要作用是在整个项目期间保持对范围基准的一致性。

范围控制过程确保所有变更请求、纠偏措施或预防措施都能通过实施整体变更控制过程进行处理。范围控制过程应该与其他控制过程协调开展。未经控制的产品或项目范围的扩大（未对时间、成本和资源做相应调整）被称为范围蔓延。变更不可避免，因此在每个项目上，都必须强制实施某种形式的变更控制。

范围控制的输入、工具和方法、输出如图 3-9 所示。

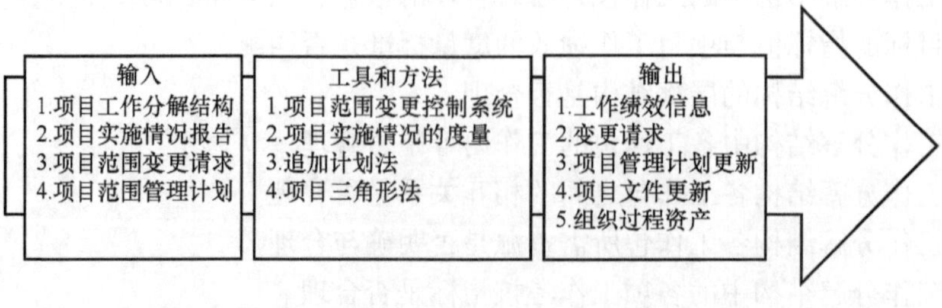

图 3-9　项目范围控制的输入、工具和方法、输出

2. 项目范围控制的依据

(1) 项目工作分解结构 项目工作分解结构定义了项目范围的内容和底线。当实际项目实施工作超出或达不到项目工作分解结构的范围要求时，就表明发生了项目范围的变更。项目范围变更发生后必须要对项目工作分解结构进行调整和更新。

(2) 项目的实施情况报告 项目实施情况报告一般包括两类信息或资料。其一是项目的实际进程资料，包括项目工作的实际开始和完成时间以及实际发生的费用等情况；另一类是有关项目范围、工期计划和成本预算的变更信息。例如，项目的哪些中间产品已完成，哪些还没有完成；项目的工期和预算是超过了项目计划还是未超过项目计划等。它还提醒项目组织注意那些会在未来引发问题和项目范围变更的因素和环节。

(3) 项目范围变更的请求 项目范围变更的请求可能以多种形式出现，可以是口头或书面的，可以是直接或间接的，可以由内部提出的，也可以是外部要求的，甚至是法律强制的。项目范围变更要求可能是要求扩大项目的范围，也可能是要求缩小项目的范围。绝大多数项目范围变更要求是由于以下原因引起的：

1) 某个外部事件。例如，政府有关法规的变更。

2) 在定义项目范围时的某个错误或疏漏。例如，在设计一个电信系统时疏忽了一个必备的特殊构件。

3) 增加项目价值的变更。例如，在一个环保项目中发现通过采用某种新技术可以降低项目成本，但在最初定义项目范围时新技术尚未出现，所以需要变更项目范围。

(4) 项目范围管理计划 项目范围管理计划是有关项目范围总体管理与控制的计划文件。这一文件的具体内容前文已有详细的论述。

3.7.2 项目范围控制的方法和结果

1. 项目范围控制的方法

(1) 项目范围变更控制系统 项目范围变更控制系统是开展项目范围控制的主要方法。这一系统给出了项目范围变更控制的基本控制程序、控制方法和控制责任。这一系统包括文档化工作系统，变更跟踪监督系统，以及项目变更请求的审批授权系统。在项目的实施过程中，项目经理或项目实施组织利用所建立的项目实施跟踪系统，定期收集有关项目范围实施情况的报告，然后将实际情况与计划的工作范围相比较，如果发现差异，则需要决定是否采取纠偏措施。如果决定采取纠偏措施，那么必须将纠偏措施及其原因写成相应的文件，作为项目范围管理文档的一部分。同时，要将项目范围的变更情况及时通知项目所有相关利益者，在获得他们一致的认可之后，才可以采取项目范围变更的行动。

(2) 项目实施情况的度量 项目实施情况的度量技术也是项目范围变更控制的一种有效的技术和方法。这一方法有助于评估已经发生项目范围变更的偏差大小。项目范围变更控制的一个重要内容就是识别已发生变更的原因，以及决定是否要对这种变更或差异采取纠偏行动，而这些都需要依赖项目实施情况度量技术和方法。

(3) 追加计划法 几乎没有项目能够完全按照项目计划实施和完成的，项目范围的变更可能要求对项目工作分解结构进行修改和更新，甚至会要求重新分析和制订替代的项目实施方案。项目范围的变更会引起项目计划的变更，即项目范围的变更会要求项目组织针对变更后的情况，制订新的项目计划，并将这部分计划追加到原来的项目计划中去。

（4）项目三角形法　项目三角形法是一种项目集成控制的技术方法，这种方法可以用于对项目范围进行有效的控制。所谓的“项目三角形”是指由项目时间、项目成本预算和项目范围所构成的三角形（见图3-10）。大多数项目都会有明确的完成日期、项目预算和项目范围的限制。项目时间、项目预算和项目范围三个要素被称为项目成功的三大要素。如果调整了这三个要素中的任何一个，另外两个就会受到影响。虽然这三个要素都很重要，可一般来说会有一个要素对一个项目的影响最大。例如，如果决定对项目工期计划做出调整以缩短工期，提前完成项目，那么就会面临增加项目成本或缩小项目范围的选择。如果需要调整项目计划以将项目成本控制在项目预算之内，那么其结果可能会延长项目工期或缩小项目范围。同样，如果希望扩大项目范围，那么项目就会耗费更多的时间和金钱。

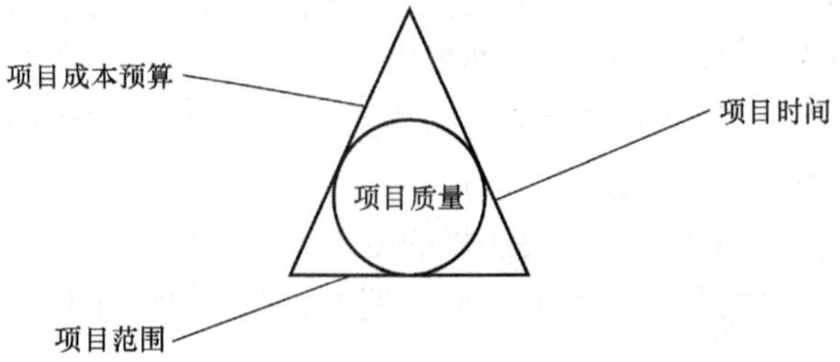

图3-10　项目三角形

在使用项目三角形法控制项目的范围变更时，首先应明确项目的时间、成本预算和范围三个要素中的哪一个对项目的成功最为重要。项目三角形法的主要做法如下：

1）调整项目三角形的时间边。当发现项目实际工期突破了项目工期预计时限时，有多种方法可以调整项目工期的长短。调整方法的选择主要取决于项目的限制条件（诸如预算、资源、范围和任务的灵活性限制等）。最有效的缩短工期的方法是调整项目关键路径上的任务。这方面的措施有缩短一些工作的作业工期、安排一些工作同步进行、增加资源以加快进度、缩小项目的范围等。当调整项目工期时，项目成本可能会增加，资源利用可能会不经济，而且项目范围也可能发生变更。因此，在变更项目工期以后还要完成下述2）~5）的工作。

2）调整项目三角形的成本边。当发现项目的实际成本超出了项目预算时，就需要重新调整项目的预算和成本。项目成本主要受项目资源配置的影响。所以，为了降低成本，首先可以缩小项目的范围，这样任务数量减少，占用的资源就会下降，成本就会降低。同时，还可以通过验证项目资源配置的优化情况，发现和消除存在的浪费，从而降低项目成本。另外，也可以通过采用价值工程的方法去分析是否存在替代资源，也许还会找到比较便宜的资源去替代昂贵的资源，这样也可以降低项目成本。在调整项目工期以保证项目不超出预算时，项目工期可能会延长或项目范围可能会缩小。

3）调整项目三角形的范围边。改变项目范围一般包括改变项目任务的数量或工期。项目范围和项目质量是密切相关的，在缩小范围的同时也会降低项目的质量标准，相反在扩大项目范围的同时，也可能会带来项目质量的提高。例如，如果取消一系列可选择性的项目任务，那么用于这些任务的资源就可以腾出来用于其他方面，而且它们也将不包括在这个项目的预算范围内了。如果增加一些可选择性的任务，就要投入更多资源和时间，从而就会扩大项目范围。另外，改变项目范围会影响项目关键路径的工期，使项目工期后延。通常的做法是，当发现必须按照项目工期完成项目，同时又必须将项目成本控制在预算之内时，这可以通过缩小项目范围去实现上述两项目标。当然，如果发现还有多余的时间或预算，就可以扩大项目范围，从而提高项目质量。

4）资源在项目三角形中的作用。在保持项目目标合理平衡的情况下，一般需要优化项目范围和计划以确保资源的有效利用。按照项目三角形，资源被看作项目成本。所以在调整项目资源时，项目成本将以资源的成本费率为基础相应上升或降低。但是，在调整资源时，项目工期也许会发生变更。例如，如果有资源不足而需要进行调配时，项目工期可能出现延迟；反之在有资源剩余时，就可以扩大项目范围，以便在资源的可利用时间内，更好地利用全部资源。

5）质量与项目三角形的关系。质量是项目三角形中的第四个要素，而且是处于中心位置的关键要素。项目三角形的三条边中任何一条边的改变都会影响项目质量。项目质量虽然不是三角形的“边”，但是却直接受三条边变化的影响，任何项目时间、成本预算和范围的变更，都会直接影响到项目质量。例如，如果发现项目工期比较松，时间富裕，就可以通过增加项目任务来扩大项目范围来使用这些时间，这种项目范围的扩大多数能够提高项目及其产出物的质量。反之，如果发现项目预算较紧，缺乏资金，就可以通过减少项目任务来缩小项目范围，随着范围的缩小，一般很难保证既定的项目质量，所以削减项目成本会导致项目质量的降低。

2. 项目范围控制的结果

（1）工作绩效信息　本过程产生的工作绩效信息是有关项目范围实施情况（对照范围基准）的、相互关联且与各种背景相结合的信息，包括收到的变更的分类、识别的范围偏差和原因、偏差对进度和成本的影响，以及对将来范围绩效的预测。这些信息是制定范围决策的基础。

（2）变更请求　对范围绩效的分析，可能导致对范围基准或项目管理计划其他组成部分提出变更请求。变更请求可包括预防措施、纠正措施、缺陷补救或改善请求。变更请求需经实施整体变更控制过程的审查和处理。

（3）项目管理计划更新

1）范围基准更新。如果批准的变更请求会对项目范围产生影响，那么范围说明书、工作分解结构及工作分解结构词典都需要重新修订和发布，以反映这些通过实施整体变更控制过程批准的变更。

2）其他基准更新。如果批准的变更请求会对项目范围以外的方面产生影响，那么相应的成本基准和进度基准也需要重新修订和发布，以反映这些被批准的变更。

（4）项目文件更新　可能需要更新的项目文件包括（但不限于）：

1）需求文件。

2）需求跟踪矩阵。

（5）组织过程资产更新　可能需要更新的组织过程资产包括（但不限于）：

1）造成偏差的原因。

2）所选的纠正措施及选择理由。

3）从项目范围控制中得到的其他经验教训。

本章小结

本章首先对于项目的范围管理进行概述，主要有项目范围管理的定义、项目范围管理的工作过程和项目范围管理的作用等。在之后的六节中，分别就项目范围管理的六个过程即项目范围规划、收集需求、项目范围定义、创建工作分解结构、项目范围确认和项目范围控制展开了论述，比较详尽地介绍了各个过程的依据、可采用的工具和方法以及各自的结果。本章中最为重要的知识点就是掌握工作分解结构的分解方法。

习题

一、判断题

1. 项目范围是指为了成功地实现项目目标所必须完成的最少的工作。

2. 收集需求是项目启动的首要工作。它处于项目生命周期的最初阶段。

3. 项目范围的变化一般不会影响项目的成本、进度、质量或其他项目目标。

4. 项目范围确认可以针对一个项目整体的范围进行确认，也可以针对某一个项目阶段的范围进行确认。

5. 项目范围说明书是项目范围定义的工作结果。

6. 工作分解结构建立的层次越多越好。

二、单选题

1. 有关项目范围的表述，正确的是（　　）。

A. 确定项目施工地点的范围

B. 确定项目干系人和施工地点的范围

C. 确定项目都要做什么工作的范围

D. 确定项目产品的范围

2. 收集需求时的依据包括（　　）。

A. 可交付成果　　B. 项目章程　　C. 项目范围说明书　　D. 项目管理计划

3. 项目范围确认时经常使用的工具是（　　）。

A. 促进研讨会　　B. 产品分析　　C. 核检表　　D. 偏差分析技术

4. 项目范围定义的结果是（　　）。

A. 需求跟踪矩阵　　B. 项目范围说明书　　C. 范围基准　　D. 项目干系人登记表

5. 工作分解结构（WBS）的工具是（　　）。

A. 专家分析法　　B. 促进研讨会　　C. 分解技术　　D. 头脑风暴法

6. 项目范围确认是指（　　）最终认可和接受项目工作范围的过程。

A. 项目干系人　　B. 客户　　C. 项目经理　　D. 发起人

7. 项目范围变更请求可以是（　　）。

A. 强制的或选择的　　B. 直接的或间接的　　C. 外部的或内部的　　D. 以上各项皆是

三、思考题

1. 项目范围管理的作用有哪些？

2. 简述项目范围管理的工作过程。

3. 创建工作分解结构的依据有哪些？

4. 项目范围确认的结果有哪些？
5. 项目范围控制的结果有哪些？

案例分析

案例一：甲公司的公路大桥建设项目为何延迟

甲公司2017年承建了一个公路大桥项目，合同规定工期为3年，工期若有延迟，则每延迟一个月需要支付约为客户付款额2%的罚金。该项目的记录表明，目前项目进度计划只完成了50%，而且存在很多问题。该公司的上级部门对该项目进行了深入调查，调查结果发现：该项目工程设计的变更次数太多，项目专业技术人员严重不足，工作质量不合格的比率非常高。

案例来源：骆珣．项目管理［M］．2版．北京：机械工业出版社，2016.

问题：

1. 作为项目经理，你认为导致该项目延迟的原因是什么？
2. 该项目在范围管理方面存在哪些问题？症结何在？

案例二：项目范围管理

甲信息技术有限公司2018年和M公司签订了一份新的合同，合同的主要内容是处理公司以前为M公司开发的信息系统的升级工作。升级后的系统可以满足M公司新的业务流程和范围。由于是一个现有系统的升级，项目经理张工特意请来了原系统的需求调研人员李工担任该项目的需求调研负责人。在李工的帮助下，很快地完成了需求开发的工作并进入设计与编码。由于M公司的业务非常繁忙，M公司的业务代表没有足够的时间投入到项目中，确认需求的工作一拖再拖。张工认为，双方已经建立了密切的合作关系，李工也参加了原系统的需求开发，对业务的系统比较熟悉，因此定义的需求是清晰的。故张工并没有催促业务代表在需求说明书中签字。

进入编码阶段后，李工因故移民加拿大，需要离开项目组。张工考虑到系统需求已经定义，项目已经进入编码期，李工的离职虽然会对项目造成一定的影响，但影响较小，因此很快办理好了李工的离职手续。

在系统交付的时候，M公司的业务代表认为已经提出的需求很多没有实现，实现的需求也有很多不能满足业务的要求，必须全部实现这些需求后才能验收。此时李工已经不在项目组，没有人能够清晰地解释需求说明书。最终系统需求发生重大变更，项目延期超过50%，M公司的业务代表也因为系统的延期表示了强烈的不满。

问题：

1. 请从项目范围管理的角度找出该项目实施过程中的问题。
2. 请结合你本人项目经验，谈谈应如何避免类似的问题。

案例三：焊接技改项目的范围

在2019年8月1日上午举行的项目启动会上，董事长到场重新强调了公司对该项目的重视，阐述了公司对项目的承诺，并对你和项目团队进行了鼓励。在董事长离开后，团队成员分别介绍了本次焊接技改项目自己所掌握的信息（预算情况和订单情况等）。后来又开了两次项目讨论会，作为项目经理的你最终敲定了焊接技改项目的目标和初步的项目计划。项目初步计划将以报告的形式送交公司党政联席会进行审定，若批准则执行，否则项目团队要根据意见再次修改。这个过程可能要重复多次，直到项目计划被批准。

在制订项目初步计划时，你需要规划出项目范围，并对项目范围细分，从而为每一个成员分配需要负责的具体工作（即，确定项目中要承担的任务或职责）。讨论会中大家展开了积极讨论。

张总工说道：“尽管我们项目是针对压力容器焊接问题的，但从工业工程的系统优化角度看，应该将项目范围扩展到原材料采购。如果材料不达标，焊接质量不会得到保证。每一个环节都是相互影响的嘛，如果只单纯盯着焊接工艺，我认为这个项目搞到最后有可能烂尾。”他看了一眼事业部的杨经理接着说道：“老杨，这回你的采购部跑不掉哦！”

“老张说的没错。”事业部杨经理接着说，“我再补充一点，我是做市场出身的，所以非常看重客户的想法，准确了解客户的需求非常重要。客户需要什么材料，我们不能擅自改变，就是要改变也要提出科学合理的依据。”杨经理停顿了一下，接着若有所思地说道：“嗯，市场部也跑不掉。”

生产部廖部长说：“看得出杨经理和张总工非常重视市场端，我这里从生产的角度谈谈看法。”他接着说道：“压力容器的制造和传统的批量生产不同，每个客户下的订单批量非常小，多数是 1 台或 2 台，但是我们的客户数特别多，显然，这是一种订单批量特别小，订单品种特别多且侧重定制的一种生产模式。粗略地看，这些订单生产流程相似，但具体工艺有显著区别。”他喝了一口水接着说：“因此，我建议项目范围最好按照生产流程划分，这样也能够把杨经理和张总工的意见都包含进去。”

你点了点头，心里想着：“是啊，项目各不相同哪能依葫芦画瓢。对于离散制造行业技改项目而言，按生产流程划分范围是值得考虑的。”

“我赞成老廖的看法。”焊接专家李主任看了看我们接着说道，“焊接工艺不仅涉及焊接方法本身，原材料、焊接后的热处理甚至焊条都会影响焊接效果。”他停顿了一下继续说道：“诸位，我昨天看了设计中心给的订单项目图纸，发现该项目对于焊接工艺不仅要求高，而且该产品的压力密封标准都高于市面上同级别的产品，因此我认为生产流程中焊接过程、热处理和压力测试都应该是本项目范围的重点。”

你整理了大家的意见，项目范围轮廓基本在你脑海里浮现出来。会后，你又与发言的几位成员单独沟通了一下。然后你绘制了如图 3-11 所示的焊接技改项目工作分解结构图。

盯着这个图，你心里的压力减轻许多，对焊接技改项目的轮廓和每位成员负责的任务更加清晰了。

案例来源：改编自工业工程领域企业生产实践。

问题：

1. 董事长到项目启动会上发言是否有必要？

2. 工作分解结构的作用是什么？为什么“你”制定出工作分解结构图后会感到压力减轻且项目轮廓清晰？

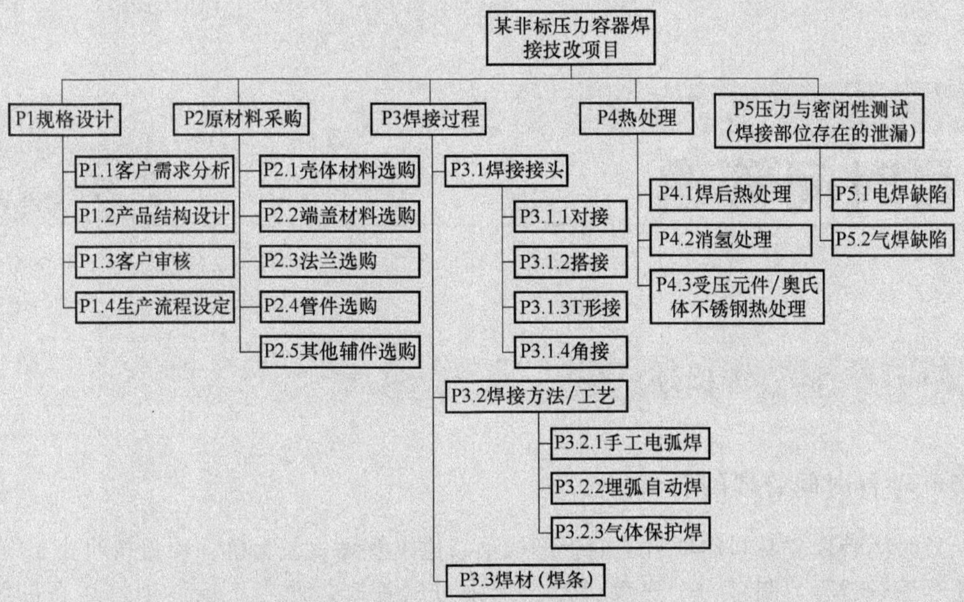

图 3-11　焊接技改项目工作分解结构图

第 4 章

项目时间管理

4.1 项目时间管理概述

4.1.1 项目时间管理的含义

项目时间管理，又叫作项目工期管理或项目进度管理，是为确保项目按时完工所进行的一系列管理过程。制订一个进度计划，加强进度控制，使之不偏离项目运行的轨道，顺利交接，按时完成。关于项目时间管理或者进度管理的概念，学者们主要提出了以下几种观点：

1）项目时间管理是为确保项目按时完工所必需的一系列管理的过程与活动。

2）项目时间管理是指在项目实施过程中，对各阶段的进展程度和项目最终完成的期限所进行的管理，其目的是保证项目能在满足其时间约束条件的前提下实现总体目标。

3）项目进度管理就是采用科学的方法确定进度目标，编制进度计划和资源供应计划，进行进度控制，在与质量、费用等项目目标协调的基础上，实现工期目标。

4）项目进度管理是指在项目的进展过程中，为了确保能够在规定的时间内实现项目目标，对项目活动进度及日程安排所进行的管理过程。

从上述学者对项目时间管理的定义中不难看出，项目时间管理是项目管理中的一个关键职能，对于项目进展的控制至关重要。项目时间管理是在项目范围确定以后，在权衡质量目标、成本目标、资源供给等一系列特定项目限制性条件后，为实现项目目标，特别是确保项目按时完工所开展的一系列管理活动和过程。

4.1.2 项目时间管理的工作过程

根据 PMBOK（Project Management Body of Knowledge，美国项目管理协会推出的项目管理知识体系）的观点，项目时间管理由 5 项任务组成：活动定义、活动顺序、活动时间的估计、项目进度编制和项目的进度控制。在 2004 年的版本中，这个过程变成了 6 个方面，本书在此次基础上，把项目时间管理中的进度管理过程归纳为 6 个方面：活动定义、活动排序、活动资源估算、活动时间估算、项目进度计划制订和进度控制，如图 4-1 所示。

1. 项目活动定义（Activity Definition）

根据项目章程、项目范围说明书、项目工作分解结构、项目假设及约束条件和历史信息来界定与确认项目团队成员和项目干系人为完成项目可交付成果而必须完成的各项具体活动，并对特定的项目目标所需的各种作业活动进行分析，形成文档。

2. 项目活动排序（Activity Sequencing）

识别项目活动之间的关联和依赖关系，并据此对项目活动的先后次序进行安排，形成相应的文档。

3. 项目活动资源估算（Activity Resource Estimating）

确定各项活动都需要什么资源，通常是指人员、材料和设备，以及需要的时间。从理论上讲，如果资源都是无限丰富的，这项工作是不需要做的。但在实际项目工作中，由于贵重的或者特殊的资源是紧缺的，而且项目不可能随时随地获得所需的资源，因此本来可以在预定时间内完成的工作可能会由于等待资源到位而加大时间需求。另外，如果关键资源的获得和使用只局限于一个特殊的时间段，那么其余使用非关键资源或者非紧缺资源的活动过早完成就没有意义了，拖后完成就更使项目在资源调动和使用上捉襟见肘了。

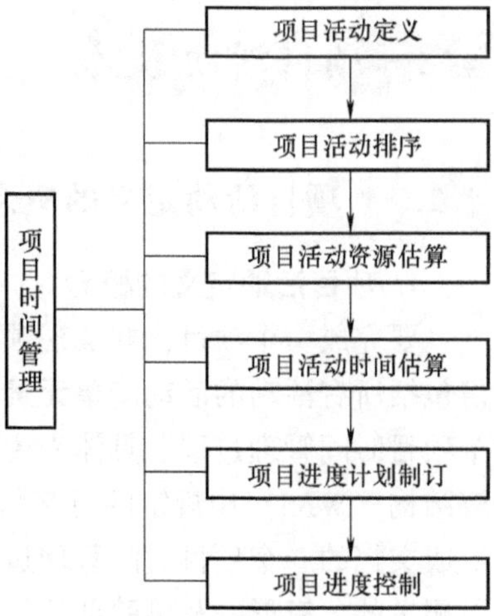

图 4-1　项目进度管理过程

4. 项目活动时间估算（Activity Duration Estimating）

项目活动时间估算是指具体估算出所有项目活动要耗用的时间。值得注意的是，此时每个项目活动需要多长时间只与本身的技术经济特性有关，与它所使用的资源是否到位以及可否连续使用有关，而与前后活动是否完成无关。这种估算是独立于其他活动而进行的。

5. 项目进度计划制订（Schedule Development）

在得到项目所有活动耗用的时间以及这些活动的前后排序之后，我们利用项目时间管理的特有工具就可以计算出整个项目什么时候可以完成，也就是项目的工期是多少。此外，我们还可以知道许多数据，比如所有活动最早什么时候可以开始，什么时候可以结束，以及最晚什么时候可以开始，什么时候可以结束，这样才不会影响到项目的既定工期。当我们知道这些数据后，项目的进度计划就生成了。这里必须注意，进度这个词代表了时间上的开始时刻和结束时刻，而不是时间段的概念。所以，制订项目进度计划一定包括定义项目的起止时间，以及所有活动的起止时间。

6. 项目进度控制（Schedule Control）

它是指控制和管理项目进度计划的实施和项目进度计划的变更，从实际项目的执行情况来看，计划的控制要远远难于计划的制订，以至于人们常说，我们宁可计划不太好但执行得很好，不要计划得很好但执行得不好。在项目管理中，仔细制订各种计划是一项基础工作，包括时间计划，也常常会耗用一定的资源，但这些计划能否发挥作用还有赖于对计划执行工作的控制能力。项目管理最忌讳的就是做完计划并且分配下去，然后等待项目的成功，特别对那些学过项目管理之后初干项目的人，更应该引起注意。

由上可见，对项目进度的管理就是要在规定的时间内，通过对项目的分解、活动定义、排序和时间估算，制订出合理、经济的进度计划，然后在该计划的执行过程中，检查实际进度是否与进度计划相一致，若出现偏差，要及时找出原因，采取必要的补救措施，从而保证项目按时完成。

4.2　项目活动定义

4.2.1　项目活动定义的概念和主要工作

1. 项目活动定义的概念

要完成一个项目，并实现项目的目标，事先确定实施项目所需要开展的活动，并拟出一份包括所有活动的活动清单无疑是必要的。项目活动定义就是为了完成这项工作所进行的一个项目时间管理过程。具体来说，项目活动定义（Project Activity Definition）就是对工作分解结构（WBS）中规定的可交付成果或半成品的产生所必须进行的具体活动进行定义，并形成文档的一个项目时间管理过程。可交付成果是为了完成项目或其一部分，而必须做出的可测量的、有形的及可验证的任何成果、结果或事项。活动通常具有预计的时间、预计的成本和预计的资源需求，而且通常可细分成单个任务。简单地说，活动就是需要消耗一定时间的一项明确工作，但不一定消耗人力，例如，等待混凝土变硬可以看作一项活动，它需要几天的时间，但不需要任何人工作。

2. 项目活动定义的主要工作

项目活动定义的主要工作见表 4-1。

表 4-1　项目活动定义的主要工作

依　　据	工具和方法	结　　果
范围基准 项目制约因素 组织积累的相关资料	活动分解技术 模板法 滚动计划法 专家判断法	活动清单 活动属性 里程碑清单

由图 4-2 可以更加清楚地了解在项目活动定义时的工作信息流向。

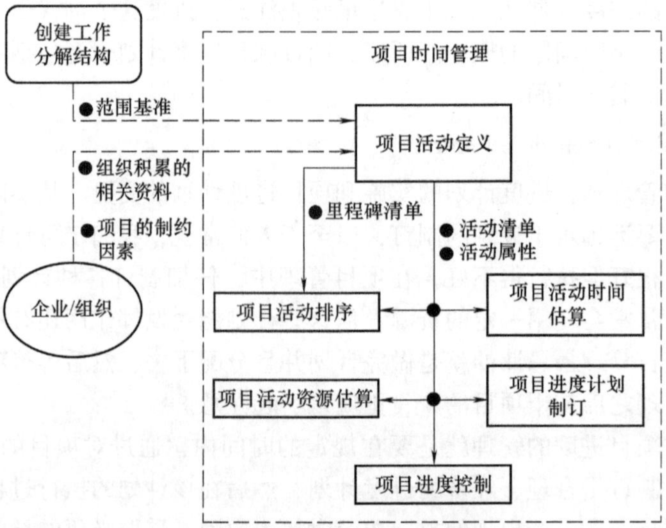

图 4-2　项目活动定义的工作信息流向示意图

4.2.2 项目活动定义的依据

1. 范围基准

项目可交付物、限制条件以及范围基准（这里的范围基准包括批准的详细项目范围说明书、与其对应的工作分解结构和工作分解结构词典）都需要在活动定义时加以考虑。

2. 项目制约因素

任何一个项目都会受到各种因素制约，这些因素是定义项目活动时必须考虑的关键因素。影响项目活动定义的制约因素主要包括项目管理信息系统与进度管理软件工具、组织的人事管理情况（如聘用与解聘政策、员工业绩评价与培训记录）、市场情况、干系人风险承受力和商业数据库（如标准的成本估算数据、行业风险研究信息与风险数据库）等。

例如，一个新药开发项目会受到缺乏相关专业人员的限制，所以在定义项目活动时就要对现有的人力资源因素（如技能、专业与知识、设计、开发、合同等）予以考虑。

3. 组织积累的相关资源

组织积累的相关资源还包括同活动规划有关的正式与非正式方针、程序与原则，这些因素都需要在活动定义中予以考虑。同时，通过以往类似项目吸取的经验教训和相关活动清单的历史信息，都可以在确定项目活动时予以参考。

4.2.3 项目活动定义的工具和方法

1. 活动分解技术

在工作分解结构的底层——工作包，通常还应进一步细分为更小的组成部分——活动，这是为完成工作包而必须开展的工作。活动是开展成本估算、编制进度计划以及执行和监控项目工作的基础。项目活动分解技术是为了使项目更易管理，以项目工作分解结构为基础，按照一定的层次结构把项目工作逐步分解为更小的、更易操作的工作单元。这种方法有助于找出实现工作分解结构规定的可交付成果所需完成的所有活动，并且可以对这些活动进行更有效的管理。

2. 模板法

模板法是使用已经完成的类似项目的活动清单或部分活动清单，作为一个新活动定义的模板。根据新项目的实际情况，在模板上调整项目活动，从而定义出新项目的所有活动。模板中的信息可能包括资源需求、风险识别、预期的可交付成果以及其他文字说明资料等。此外，模板法还可以用来识别典型的项目进度里程碑。

3. 滚动计划法

滚动计划法，也称为滑动计划法，是计划逐步完善的一种表现形式。它是一种动态的计划编制方法，其将计划期与会计年度脱离开，随着计划的执行，不断延伸补充计划，逐期向后滚动，使计划期限总是保持一个恒定的长度。根据项目的实际特点，计划编制的时间长度单位可以灵活变化，如可分为逐月滚动、逐季滚动和混合滚动等。

例如，路桥公司承接了一个立交桥的改扩建项目，历时 1 年，其任务为拆除旧桥并在原址上建一座三层走向的新立交桥，其在项目时间规划的编制上引入了滚动计划法。因拆除旧桥需在 1 个季度时间内完成，工作内容比较详细具体，如包括安装围挡、实施爆破、粉尘控制、清理现场、安全管理等，该工作计划的编制可以细致至每月。其后的立交桥架设修筑（如地基勘测、材料采购、梁柱浇筑、桥体合拢、管道敷设、路面铺设）计划编制可以较为粗略、笼统，但会随着工期进行相应调整，即在每次按照计划的执行情况和环境变化逐步调整、修订未来的计划时，均将后续计划按时间顺序向前推进一个计划期，即向前滚动一次，从而使制订出来的工作计划更加符合实际，极大地提高了工作计划的准确性。

该立交桥改扩建项目的滚动计划法编制过程如图 4-3 所示。

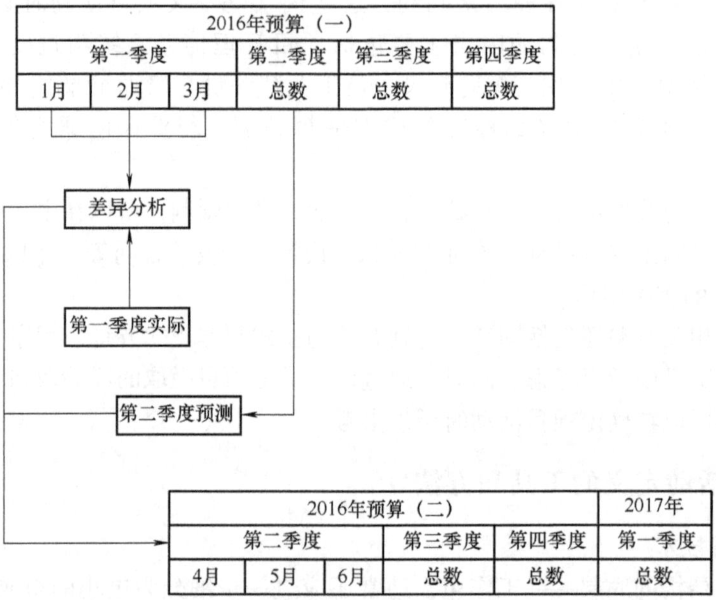

图 4-3 立交桥改扩建项目的滚动计划法编制过程

4.2.4 项目活动定义的结果

1. 活动清单

作为工作分解结构的补充，活动清单包括了项目所要进行的全部计划活动。在活动清单中需对每个活动做出详细的说明，从而保证项目团队明确项目需要进行的所有活动。在项目清单中，每项活动的工作范围一般附有实体数量，如应安装的管道长度、设计图张数、计算机程序语句行数等。

2. 活动属性

活动属性即一项活动的多方位、多角度特性，是对该活动进行的扩展表述。活动属性除了包括活动标志、活动编号、活动名称、紧前活动、紧后活动、逻辑关系、提前与滞后时间量、资源要求、强制性日期、制约因素和假设条件等，还包括工作执行负责人、实施工作的地区或地点以及计划活动的类型等。上述这些活动属性可以用于制订项目进度计划，并且依据活动属性的不同，还可以在项目文件中对项目活动进行排序和分类。

3. 里程碑清单

里程碑清单列出了项目中所有的里程碑，并指明了该里程碑是强制性的（属于合同要求），还是可供选择的（如可以根据项目要求或历史信息来确定）。

4.3　项目活动排序

4.3.1　项目活动排序的概念

活动排序（Activity Sequencing）是指识别项目活动清单中各项活动的相互关联与依赖关系，并据此对项目各项活动的先后顺序予以安排和确定，然后形成文档用以指导以后项目的具体实施工作。

项目活动的先后依赖关系有多种分析维度。例如，从与人的关系角度讲，可以分成两种依赖关系：一种是工作之间本身存在的、无法改变的、自然的逻辑关系，不以人的意志为转移，如设计和生产的关系，一般只有设计出来才能生产；另一种是可以人为确定的，如两项工作可先可后，或者先生产 A 产品还是先生产 B 产品可由管理人员根据实际情况加以确定。一般来说，项目活动排序的确定首先应分析确定工作之间本身存在的逻辑关系，在逻辑关系确定的基础上再加以主观分析和判断，以确定各活动之间的最终关系。

项目活动排序工作主要包括审查工作分解结构中的活动、产品说明书、假设和约束条件等。在厘清活动清单中各项活动的相互关系后，就可以根据这些活动的先后次序进行排序。只有对项目活动进行了正确的排序，才有可能制订出切实可行的进度计划。

项目活动排序的主要工作见表 4-2。

表 4-2　项目活动排序的主要工作

依　据	工具和方法	结　果
活动清单 活动属性 里程碑清单 项目范围说明书 组织积累的相关资源	箭线图法 节点图法 进度网络模板 确定依赖关系 利用时间提前量和滞后量	项目进度网络图 更新的项目文档

由图 4-4 可以更加清楚地了解在项目活动排序时的工作信息流向。

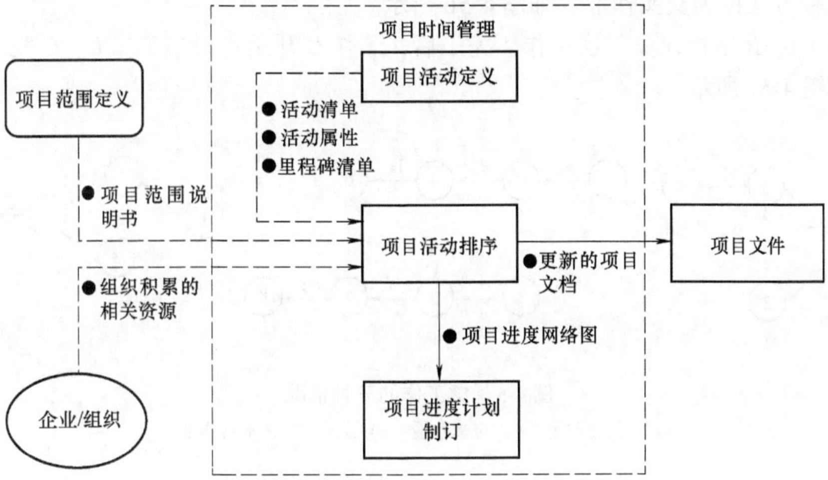

图 4-4　项目活动排序时的工作信息流向示意图

4.3.2 项目活动排序的依据

项目活动排序的依据包括活动清单、活动属性、里程碑清单、项目范围说明书及组织积累的相关资源。这些内容在本章前面的小节已经叙述，在此不再重复。

4.3.3 项目活动排序的工具和方法

1. 箭线图法

箭线图法（Arrow Diagramming Method，ADM），又称为双代号网络图法，它是用箭线代表活动，用节点表示活动之间的关系。双代号网络图由工作、节点、线路三个基本要素组成。

（1）工作（活动、作业或工序） 在双代号网络图中，工作用一根箭线和两个圆圈来表示。工作的名称写在箭线的上面，完成工作所需要的时间写在箭线的下面，箭尾表示工作的开始，箭头表示工作的结束。圆圈中的两个号码代表这项工作的名称。

在顺序关系中，只有当一项工作在另一项工作完成以后方能开始，并且中间不插入其他工作，则称另一项工作为该工作的紧前工作；反之，只有当一项工作在它完成以后，另一项工作才能开始，并且中间不插入其他工作，则称另一项工作为该工作的紧后工作。

工作通常可以分为两种：第一种为需要消耗的时间和资源，用实箭线表示；第二种为既不消耗时间，也不消耗资源，称为虚工作，用虚箭线表示。虚工作是人为的虚设工作，只表示相邻前后工作之间的逻辑关系。

引入虚工作的三种情况如下：

1）平行作业。当从某个节点出发有两道以上的平行作业，并且它们均要在完工之后才能进行下道工作时，则必须引用虚工作。例如，在图 4-5a 中，虚工作 *A*、*B* 工作平行作业完工后转入 *C* 工作。选择 *A*、*B* 两项工作中时间较长的一道工作与下一道工作衔接，而其他工作则通过虚工作与下一道工作衔接。

2）交叉作业。对需要较长时间完成的相邻几道工作，只要条件允许，可不必等待紧前工作全部完工后再转入下一道工作，而是分批、分期地将紧前工作完成的部分工作转入下一道工作，这种方式称为交叉作业，如图 4-5b 所示。

3）工作 *A*、*B* 平行作业，当工作 *A* 完工后，工作 *C* 开始；而当工作 *B*、*C* 完工后，工作 *D* 开始，如图 4-5c 所示。

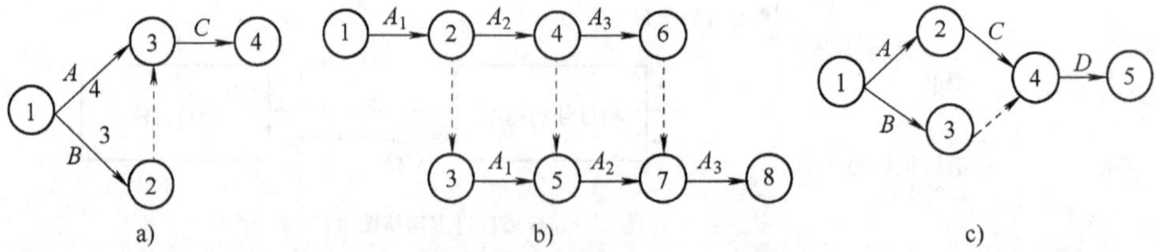

图 4-5 虚工作的三种情况

a）平行作业 b）交叉作业 c）工作 *A*、*B* 平行作业

（2）节点 在网络图中，箭线的出发和交汇处画上圆圈，用以标志该圆圈前面一项或

若干项工作的结束和允许后面一项或若干项工作开始的时间点称为节点。在双代号网络图中，节点不同于工作，它不需要消耗时间或资源，它只标志着工作的结束和开始的瞬间，起着连接工作的作用。

起点节点是指网络图的第一个节点，表示执行项目计划的开始，没有内向箭线。终点节点是指达到了项目计划的最终目标，没有外向箭线。除起点节点和终点节点外，其余称为中间节点，它既表示完成一项或几项工作的结果，又表示一项或几项紧后工作开始的条件。

（3）线路　在网络图中，从起点节点开始，沿箭线方向连续通过一系列箭线与节点，最后到达终点节点的通路称为线路。

网络图的编制过程其实就是网络模型的建立过程。它是利用网络图编制网络计划，以实现对项目时间及资源合理利用的第一步。

双代号网络图的绘制原则如下：

1）必须正确地表达各项工作之间的相互制约和相互依赖关系。

2）网络图应只有一个起点节点和一个终点节点（多目标网络计划除外）。除终点和起点节点外，不允许出现没有内向箭线的节点和没有外向箭线的节点。图4-6a所示就为错误的情况。

3）在网络图上，除了起点和终点外，其他所有事件前后都要用箭线连接起来，不可中断，在图中不可有缺口。图4-6b所示就为错误的情况。

4）网络图中不允许出现从一个节点出发顺箭线方向又回到原出发点的循环回路。图4-6c所示就为错误的情况。

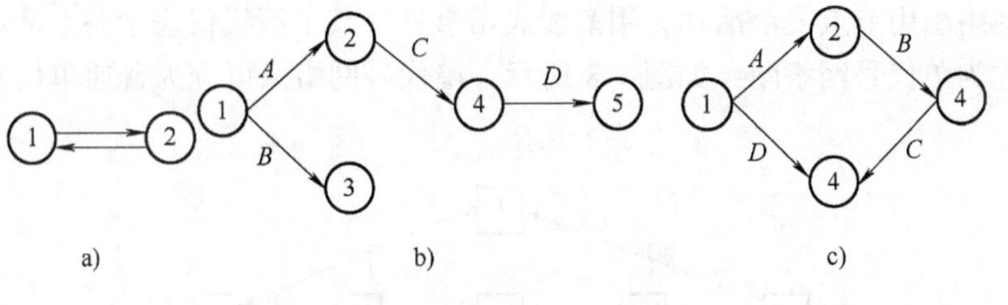

图4-6　双代号网络图的几种错误情况

5）在网络图中不允许出现重复编号的节点。一条箭线和其相关的节点只能代表一项工作，不允许代表多项工作。

6）网络图中的箭线应保持自左向右的方向，不应出现箭头向左或偏向左方的箭线。

7）网络图中不允许出现没有箭尾节点的箭线和没有箭头节点的箭线。

8）网络图中所有节点都必须编号，并应使箭尾节点的代号小于箭头节点的代号。

双代号网络图的绘制步骤如下：

1）根据已知的紧前工作确定出紧后工作。

2）从左到右确定出各工作的起点节点位置号和终点节点位置号。

3）根据节点位置号和逻辑关系绘出初步网络图。

4）检查逻辑关系有无错误，如果与已知条件不符，则可加虚工作加以改正。

现举例说明双代号网络图的画法，某项目的活动关系见表4-3。

表 4-3 某项目的活动关系（一）

活动名称	紧前活动	紧后活动
A	—	B、E
B	A	C
C	B	D
D	C	F
E	A	F
F	D、E	—

根据表 4-3 的资料，用节点表示出活动之间的关系，如图 4-7 所示。

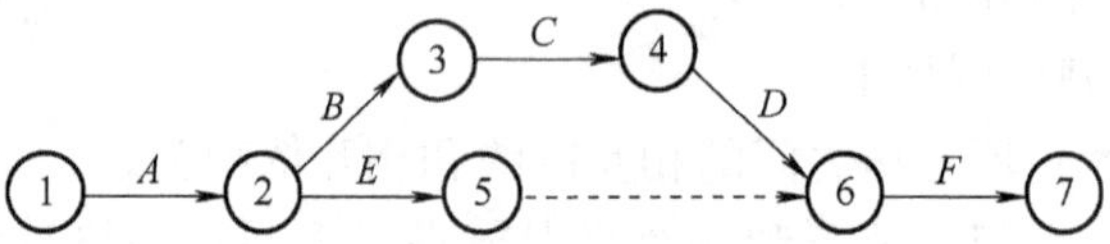

图 4-7 某项目的箭线图

在箭线图中，活动由两个节点中间的箭线来表示，所以项目的活动可以由两个节点的数字来表示，如活动 B 可以表示为活动（2，3），活动 C 可以表示为活动（3，4）。由于活动 D 和 E 分别完成于节点 6 和 5，所以用一个虚工作（表示不存在的活动，有助于表示其他活动的关系）把它们连接起来，表示活动 F 要在活动 D 和 E 完成之后才能进行。

2. 节点图法

节点图法（Precedence Diagramming Method，PDM）又称为顺序图法或单代号网络图法。

单代号网络图用节点表示活动，用箭线表示事件，其中箭线仅表示各个活动之间的先后顺序，所以称为单代号网络图，如图 4-8 所示。单代号网络又可分为普通单代号网络和搭接网络。

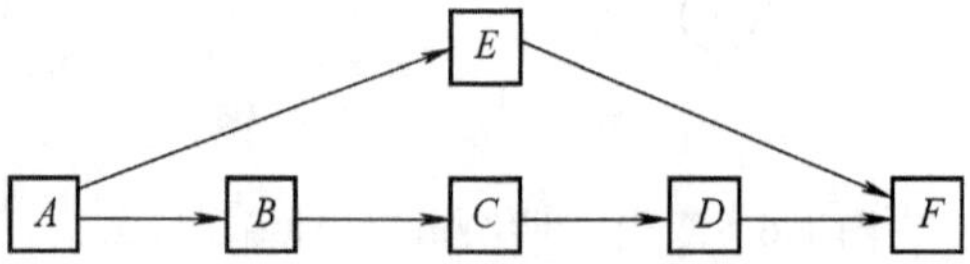

图 4-8 单代号网络图

在使用单代号网络图的过程中，当有多个活动不存在前导活动时，通常把它们表示成从一个叫作“起点”的节点引出。类似地，当多个活动没有后续活动时，通常把它们表示成从一个叫作“终点”的节点上。

相邻两项工作同时开始即为平行关系。如相邻两项工作先后进行即为顺序关系。如果前一工作结束，后一工作马上开始则为紧连顺序关系。如果后一工作在前一工作结束后隔一段时间才开始则为间隔顺序关系。

单代号网络中，活动之间的依赖关系包括四种类型：

1）结束—开始：A 活动必须结束（或 A 活动结束延迟一定时间），然后 B 活动才能开始，如图 4-9a 所示。例如，在装修项目中，地面水泥施工后（延迟 1 ~ 2 天水泥干透），才允许铺设木地板。

2）开始—开始：*B* 活动开始前 *A* 活动必须开始（或 *A* 活动开始延迟一定时间），如图 4-9b 所示。例如，对于某一项目管理活动，时间管理活动开始时，成本管理必须开始，至少要同时开始。

3）结束—结束：*A* 活动结束前（或 *A* 活动需提前 *B* 活动结束一定时间），*B* 活动必须结束，如图 4-9c 所示。例如，厨房装修时，热水器输水管的安装必须在厨房粉刷完毕之前结束，否则，还得打洞弄坏墙壁。

4）开始—结束：*B* 活动在 *A* 活动开始之前（或 *A* 活动开始延迟一定时间）不能结束，如图 4-9d 所示。

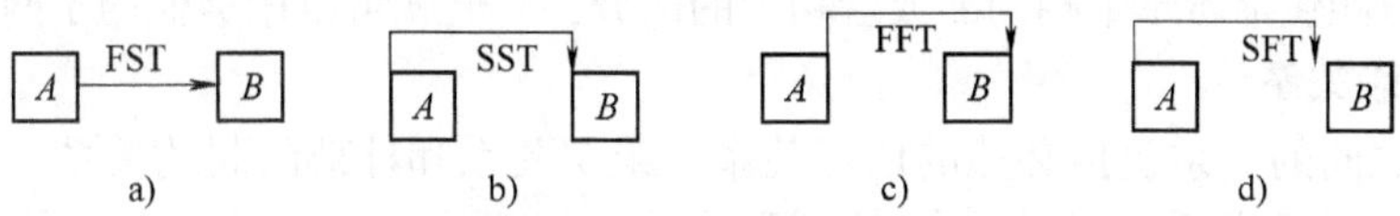

图 4-9 四种依赖关系图

a）结束—开始 b）开始—开始 c）结束—结束 d）开始—结束

在节点图中，结束—开始型最常用，开始—开始型和结束—结束型是最自然的，开始—结束型完全是理论上的，现实中比较少见。

利用单代号网络建立网络图，比双代号网络图更加直观。单代号网络绘制原则如下：

网络图中有多项起始工作或结束工作时，应在网络图的两端分别设置一项虚拟工作作为该网络图的起点节点和终点节点。

其他绘制原则与双代号网络图的绘制原则相同。其绘制步骤如下：

1）列出工作清单，包括工作之间的逻辑关系，找出每一项工作的紧前工作有哪些。

2）根据工作清单，先绘制没有紧前工作的工作节点。

3）逐一检查工作清单中的每项工作，如该工作的紧前工作节点已全部绘制在图上，则绘制该工作节点，并用箭线和紧前工作连接起来。

4）重复上述步骤，直至绘制出整个计划的所有工作节点。

5）绘制没有紧后工作的工作节点。

6）绘制起点节点和终点节点。

现举例说明节点图的绘制方法。某项目的活动关系见表 4-4。

表 4-4 某项目的活动关系（二）

活动名称	紧前活动	紧后活动	搭接关系
A	—	*B*、*E*	
B	*A*	*C*	SST
C	*B*	*D*	
D	*C*	*F*	FFT
E	*A*	*F*	
F	*D*、*E*	—	

根据表 4-4 的资料，用节点图表示出活动之间的关系，如图 4-10 所示。

3. 进度网络模板

项目团队可以用一些标准的网络图或者过去完成的项目网络图作为新项目网络图的模

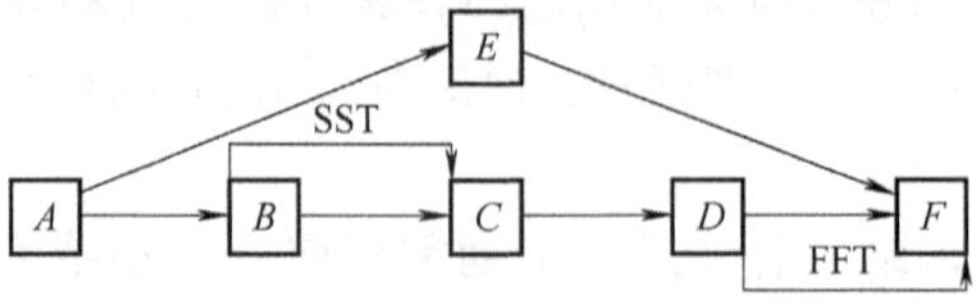

图 4-10 某项目的节点图

板，根据新项目的实际情况来调整这些模板，可以高效、准确地画出新项目的网络图。网络图模板可能包括整个项目的网络或者子网络。子网络对于整个项目网络图的编制是非常有用的，一个项目可能包括若干个相同的或者相近的部分，它们就可以用类似的子网络加以描述。

4. 活动依赖关系

项目活动之间的关系包括必然的依存关系、组织关系和外部的制约关系。

（1）必然的依存关系　必然的依存关系是活动相互关系确定的基础，是活动之间所存在的内在关系，通常是不可调整的，所以必然的依存关系的确定相对比较明确、容易，通过技术和管理人员的交流就可完成。比如，建造一座楼，需要先打好地基，然后才能进行上部结构的施工。

（2）组织关系　活动的组织关系是指那些无逻辑关系。由于其活动先后关系具有随意性、人为性，活动组织关系的确定一般比较难，它通常取决于项目管理人员的知识和经验。因此，项目管理人员必须科学、合理地确定项目活动的组织关系。

（3）外部的制约关系　项目活动外部的制约关系是指项目活动和非项目活动之间的关系。比如，项目的某些活动需要政府的同意才能动工，因此，在项目活动计划的安排过程中也需要考虑到外部活动对项目活动的一些制约及影响因素。

5. 利用时间提前量与滞后量

项目管理团队要确定可能要求加入时间提前量与滞后量的依赖关系，以便准确地确定逻辑关系。时间提前量与滞后量以及有关的假设都应形成文件。利用时间提前量可以提前开始紧后活动，利用时间滞后量可以推迟后续活动。

4.3.4 项目活动排序的结果

1. 项目进度网络图

项目进度网络图是表示项目活动的顺序以及这些活动相互之间的逻辑关系（或依赖关系）的图形，如节点图或箭线图。它们可由计算机或手工绘制。图中既可以包括整个项目的全部细节，也可以仅包括项目的主要活动。同时，项目进度网络图还应附有相关说明，对一些重要的排序应做详细的说明。

2. 更新的项目文档

项目活动排序结束时需要根据情况对活动清单、活动属性等文档进行更新。

4.4 项目活动资源估算

4.4.1 项目活动资源估算的概念

项目活动资源估算（Activity Resources Estimating）就是要确定完成项目活动所需资源的种

类，以及每种资源的需要量，从而为项目成本的估算提供信息。也就是说，项目活动资源估算就是回答项目活动在特定的时间，需要投入何种资源以及每种资源的需要数量。在进行项目活动资源估算之前，首先要对项目中所需要的资源进行分类，对资源分类的方法有很多，本书仅按照项目中所需的资源的特点将其分为两类：可以无限使用的资源和只能有限使用的资源。

1. 可以无限使用的资源

这类资源供给充足，而且价格很低，在项目的执行过程中，对成本来说没有数量限制，可以根据项目的需要任意使用。比如，简单的劳动力、普通的设备等。

2. 只能有限使用的资源

这类资源是指价格比较昂贵，在项目的实施过程中，不可能完全得到的资源或者使用数量有明确标准的资源，如大型的进口设备。

在进行项目活动资源估算时，对不同种类的资源必须进行不同的管理。对于可以无限使用的资源，不必专门进行严格、全面的跟踪管理，以免导致过高的管理成本；对于只能有限使用的资源，要进行全面的跟踪管理。

项目活动资源估算的主要工作见表4-5。

表4-5　项目活动资源估算的主要工作

依　据	工具和方法	结　果
活动清单 活动属性 资源日历 项目的制约因素 组织积累的相关资源	专家判断法 多方案选择 定额法 自下而上估算法 项目管理软件 资源计划矩阵 资源数据表 资源需求横道图	活动资源需求 资源分解结构 更新的项目文档

由图4-11可以更加清楚地了解在项目活动资源估算时的工作信息流向。

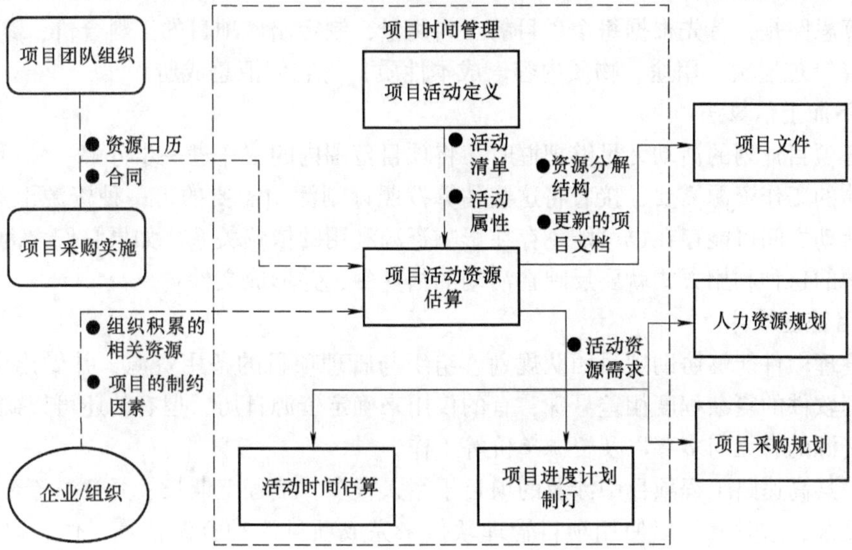

图4-11　项目活动资源估算的工作信息流向示意图

4.4.2 项目活动资源估算的依据

1. 项目活动资源估算的主要依据

项目资源估算依据中的活动清单、活动属性、项目的制约因素以及组织积累的相关资源在前面相关章节均有重复，这里不再赘述，下面主要介绍项目资源日历。

2. 项目资源日历

项目资源日历类似于资源的可利用情况，它记录了确定使用某种具体资源（如人力资源、设备和材料等）的信息，这些信息包括具体资源的属性（资源的来源或技术水平）、可利用的时间以及每一资源可供使用的数量等。项目资源日历一般根据资源的种类标识及各自可以使用的时间，可以针对某个活动或整个项目。

4.4.3 项目活动资源估算的工具和方法

1. 专家判断法

专家判断法是由项目时间管理专家运用他们的经验和专业特长对项目活动资源的需求做出判断和估计的方法。在资源计划和估计中，任何拥有专业知识的人群或者个人都能提供这样的专家建议。专家判断法的主要优点是不需要过多的历史信息资料，适合于创新性强的项目，可以最大限度地发挥专家个人的能力。

2. 多方案选择

通常，每项计划活动都可利用多种方式来完成。例如，项目活动可以利用各种类型的资源、不同水平的技术人员或不同类型的机器设备，操作工具可以是手工操作或自动化工具，有关资源可以自制或直接购买等。项目团队可以通过制订多种资源计划，由有经验的专家或技术团队成员进行选择，来得到最优的资源计划方案。

3. 定额法

定额法是根据定额进行项目活动资源估算的一种方法。定额是在合理的劳动组织和合理地使用材料和机械的条件下，预先规定完成单位合格产品消耗的资源数量标准。具体说来，定额的测算思路是，首先根据每个项目的工料用量，制定出该项目的工料合价；其次再按照不同类别（管理层次、用途、物质内容、成本性质）将它们汇总成册。

4. 自下而上估算法

当估算项目计划的活动无足够把握时，将项目范围内的工作进一步分解。然后估算下层每项更具体的工作资源需要，接着将这些估算按照计划活动需要的每一种资源汇集出总量。这些项目活动之间可能存在也可能不存在影响资源利用的依赖关系。如果它们之间存在依赖关系，资源的这种利用方式就要反映在活动的估算中，并形成文件。

5. 项目管理软件

项目管理软件能够协助项目团队规划、组织与管理项目的备用资源，并做出资源估算。因项目管理软件的复杂程度相差悬殊，有的仅用来确定资源日历，但有的还可以确定资源分解结构、资源的有无与多寡以及资源单价等工作。

例如，某高速路工程项目中涉及的项目干系人很多，工程工期长、复杂，资金数目巨大而且来源复杂，这时就可以使用项目管理软件来完成项目活动资源估算工作，以提高工作效率。

6. 资源计划矩阵

资源计划矩阵是在项目工作分解结构的基础上，结合每项工作所需要的资源需求量绘制得出的。资源计划矩阵的样式见表4-6，该表的缺点是无法囊括信息类资源。

表4-6　资源计划矩阵的样式

工　作	资源需求量					相关说明
	资源1	资源2	…	资源 $m-1$	资源 m	
工作1						
工作2						
⋮						
工作 $n-1$						
工作 n						

7. 资源数据表

资源数据表与资源计划矩阵的区别在于：前者表示的是在项目进展各个阶段的资源使用和安排情况，后者表示的则是对项目各项工作所需资源的统计汇总说明。资源数据表的样式见表4-7。

表4-7　资源数据表的样式

资源需求种类	资源需求总量	时间安排（不同时间资源需求量）					相关说明
		1	2	…	$T-1$	T	
资源1							
⋮							
资源 $m-1$							
资源 m							

8. 资源需求横道图

资源需求横道图直观地显示了资源在各个阶段的需求情况，它比资源数据表更为直观、简洁，该图的缺点是无法显示资源配置效率方面的信息。图4-12是资源需求横道图的示例。

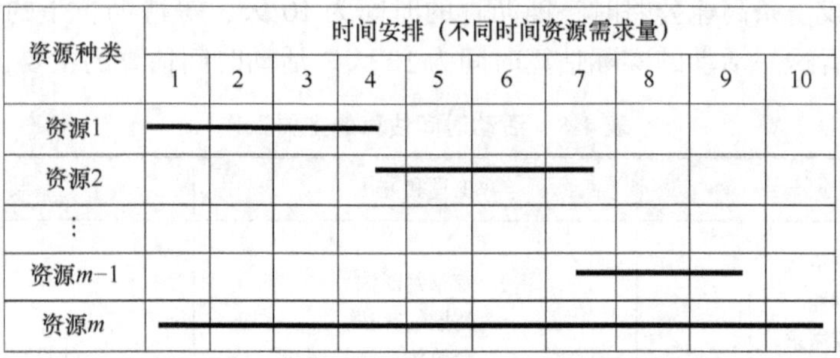

图4-12　两种以上资源需求横道图

4.4.4　项目活动资源估算的结果

1. 活动资源需求

项目活动资源估算的结果就是识别并说明工作细目中每一活动所需要使用的资源种类与

数量。具体来说，活动资源需求就是表明项目的各项活动在何时需要何种资源以及当项目的几项活动共用一种资源时，如何进行合理的资源平衡的文档。

项目活动的时间取决于资源的数量和质量。大多数项目活动的时间将受到分配给该工作的资源数量的影响，一般来说，当人力资源减少一半时，工作的延续时间将会增加一倍。另外，大多数项目活动的时间也受到项目所能够得到的资源质量的影响，如对于同一个活动，高级工人花费的时间肯定比普通工人花费的时间少。

2. 资源分解结构

资源分解结构是按照资源种类和形式而划分的资源层级结构。

3. 更新的项目文档

完成项目活动资源估算后，活动清单、活动属性和资源日历等相关项目文档都需要更新。

4.5 项目活动时间估算

4.5.1 项目活动时间估算的概念

活动时间估算（Activity Durations Estimating），也称为活动工期估计，是指依据项目范围、资源和相关信息，对完成项目的各种活动所需要的时间做出估算。

在对项目时间进行估算时，首先应分别估算项目中的各项活动所需的时间，然后根据项目活动排序来确定整个项目所需的时间。在进行活动时间估算时，需要考虑活动工作范围、所需资源类型及数量、资源日历等因素。在此应遵循的一项重要原则是进行活动时间估算工作应由项目团队中那些熟悉项目活动特征的人员来承担。同时，活动时间估算既要考虑活动所消耗的实际工作时间，也要考虑间歇时间。若项目活动时间估算过短，则会使项目团队处于被动、紧张状态；若项目活动时间估算过长，则项目会延迟完成。

例如，在建设一条高速公路时，铺沥青的时间为 10 天，等待沥青干的时间是 2 天，所以，该项目铺沥青这一活动的实际估算时间为 12 天。活动时间估算的主要工作见表 4-8。

表 4-8 活动时间估算的主要工作

依　据	工具和方法	结　果
活动清单 活动属性 活动资源需求 资源日历 项目范围说明书 项目的制约因素 组织积累的相关资源	专家判断法 类推估算法 参数估算法 三点估计法 群体决策技术 储备分析	估算出的活动时间 更新的项目文档

由图 4-13 可以更加清楚地了解在项目活动时间估算时的工作信息流向。

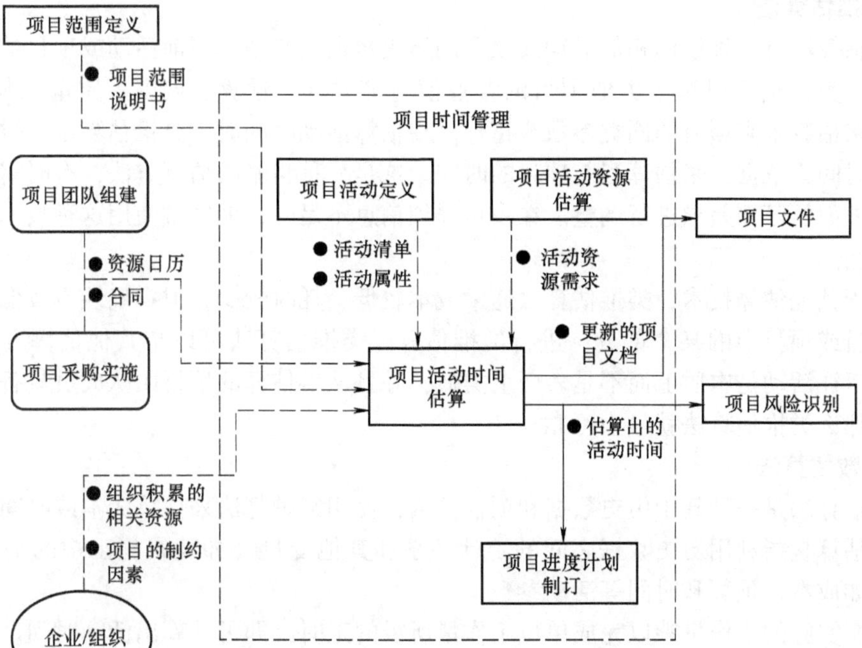

图4-13 项目活动时间估算时的工作信息流向示意图

4.5.2 项目活动时间估算的依据

活动时间估算的依据包括活动清单、活动属性、活动资源需求、资源日历、项目范围说明书、项目的制约因素、组织积累的相关资源等。其中，活动清单、活动属性、活动资源需求、资源日历在本章前面的小节有相关说明，在此不再重复。这里仅对组织积累的相关资源和项目范围说明书做些补充说明。

1. 组织积累的相关资源

参与项目的组织可能保留有以往项目结果的记录，而许多已经完成的类似项目对估算现有项目活动时间的确很有帮助。现有的项目组织积累的相关资源也可以用来估算活动时间，如项目日历（编排开展计划活动的工作日或轮流班次，以及不开展计划活动的非工作日的日历）。

2. 项目范围说明书

在估算活动时间时，应考虑项目范围说明书提供的制约因素与假设条件。这些制约因素与假设条件包括合同的条款和要求、项目报告时间的长短、信息的可获取性等。

4.5.3 项目活动时间估算的工具和方法

1. 专家判断法

通过借鉴历史信息，专家判断法能提供活动时间估算所需的信息，或根据以往类似项目的经验，给出活动时间的上限。专家判断法也可用于决定是否需要联合使用多种估算方法，以及如何协调各种估算方法之间的差异。

2. 类推估算法

类推估算法是一种使用相似活动或项目的历史数据，来估算当前活动或项目的时间或成本的技术。类比估算以过去类似项目的参数值（如时间、预算、规模、质量和复杂性等）为基础，来估算未来项目的同类参数或指标。在估算活动时间时，类推估算法以过去类似项目的实际时间为依据，来估算当前项目的时间。这是一种粗略的估算方法，有时需要根据项目复杂性方面的已知差异进行调整。在项目详细信息不足时，就经常使用这种技术来估算项目活动时间。

相对于其他估算技术，类推估算法通常成本较低、耗时较少，但准确性也较低。可以针对整个项目或项目中的某个部分，进行类推估算。类推估算法可以与其他估算方法联合使用。如果以往活动是本质上而不是表面上类似，并且从事估算的项目团队成员具备必要的专业知识，那么类推估算法就最为可靠。

3. 参数估算法

参数估算法是一种基于历史数据和项目参数，使用某种算法来计算成本或时间的估算技术。参数估算是指利用历史数据之间的统计关系和其他变量（如建筑施工中的平方英尺），来估算诸如成本、预算和时间等活动参数。

把需要实施的工作量乘以完成单位工作量所需的工时，即可计算出活动时间。例如，对于设计项目，将图纸的张数乘以每张图纸所需的工时；或者对于电缆敷设项目，将电缆的长度乘以敷设每米电缆所需的工时。又例如，如果所用的资源每小时能够敷设 25m 电缆，那么敷设 1000m 电缆的持续时间是 40h（1000m 除以 25m/h）。

参数估算法的准确性取决于参数模型的成熟度和基础数据的可靠性。参数估算法可以针对整个项目或项目中的某个部分，并可与其他估算方法联合使用。

4. 三点估算法

通过考虑估算中的不确定性和风险，可以提高活动时间估算的准确性。这个概念源自计划评审技术（PERT）。PERT 使用以下三种估算值来界定活动时间的近似区间：

（1）最可能时间（t_M） 基于最可能获得的资源、最可能取得的资源生产率、对资源可用时间的现实预计、资源对其他参与者的可能依赖及可能发生的各种干扰等，所估算的活动时间。

（2）最乐观时间（t_O） 基于活动的最好情况，所估算的活动时间。

（3）最悲观时间（t_P） 基于活动的最差情况，所估算的活动时间。

基于活动时间在三种估算值区间内的假定分布情况，使用公式来计算期望持续时间 t_E。基于三角分布和贝塔分布的两个常用公式如下：

1）三角分布 $t_E=(t_O+t_M+t_P)/3$。

2）贝塔分布（源自传统的 PERT） $t_E=(t_O+4t_M+t_P)/6$。

基于三点的假定分布计算出期望持续时间，并说明期望持续时间的不确定区间。

5. 群体决策技术

基于团队的方法（如头脑风暴法、德尔菲法或名义小组技术）可以调动团队成员的参与，以提高估算的准确度，并提高对估算结果的责任感。选择一组与技术工作密切相关的人员参与估算过程，可以获取额外的信息，得到更准确的估算。另外，让成员参与估算，能够提高他们对实现估算的责任感。

6. 储备分析

在进行活动时间估算时，需考虑应急储备（有时称为时间储备或缓冲时间），并将其纳入项目进度计划中，用来应对进度方面的不确定性。应急储备是包含在进度基准中的一段持续时间，用来应对已经接受的已识别风险，以及已经制定应急或减轻措施的已识别风险。应急储备与“已知—未知”风险相关，需要加以合理估算，用于完成未知的工作量。应急储备可取活动时间估算值的某一百分比、某一固定的时间段，或者通过定量分析来确定，如蒙特卡洛模拟法。

随着项目信息越来越明确，可以动用、减少或取消应急储备。应该在项目进度文件中清楚地列出应急储备。

也可以估算项目所需要的管理储备。管理储备是为管理控制的目的而特别留出的项目时段，用来应对项目范围中不可预见的工作。管理储备用来应对会影响项目的“未知—未知”风险。管理储备不包括在进度基准中，但属于项目总持续时间的一部分。依据合同条款，使用管理储备可能需要变更进度基准。

4.5.4　项目活动时间估算的结果

1. 估算出的活动时间

项目活动时间估算是对完成某项活动所需要的工作时间进行定量估计，并且标示项目活动时间的变动范围。例如，2 周 ±2 天（每周 5 个工作日）表示该活动至少需要 8 天，最多不超过 12 天。超过 3 周的概率为 15%，表明该活动在 3 周内（含 3 周）完工的概率为 85%。

2. 更新的项目文档

项目团队在估算时间后，活动时间的假设条件等可能需要更新，可能需要更新的项目文件包括（但不限于）：

1）活动属性。

2）为估算活动时间而制定的假设条件，如技能水平、可用性，以及估算依据。

4.6　项目进度计划制订

4.6.1　项目进度计划制订的概念

进度计划制订（Schedule Development）就是根据项目的活动定义、活动排序及活动时间估算的结果和所需要的资源所进行的进度计划编制的工作。其主要任务是确定各项目活动的起始和完成日期、具体的实施方案和措施。

制订项目进度计划的目的是控制项目的时间，从而节约时间，而项目的主要特点之一就是有严格的时间期限要求，因此项目进度计划在项目管理中具有重要的作用。

制订进度计划时，项目主管要组织有关职能部门参加，明确对各部门的要求，各职能部门据此可拟订本部门的项目进度计划。

项目进度计划目前多采用网络计划技术的形式，这一形式有助于明确反映项目各活动之间的相互关系，有利于项目执行过程中各工作之间的协调与控制。

项目进度计划在定稿前，其编制过程必须反复进行，为进度计划编制提供输入的过程也需要随之反复进行，尤其是活动时间估算和成本估算的过程。

项目进度计划制订的主要工作见表 4-9。

表 4-9 项目进度计划制订的主要工作

依 据	工具和方法	结 果
活动清单 活动属性 项目进度网络图 活动资源需求 资源日历 项目范围说明书 活动时间估算 项目的制约因素 组织积累的相关资源	进度网络分析 关键路径法 关键链法 资源均衡分析 假设场景分析 时间提前量和滞后量利用 进度压缩 计划评审技术 图表评审技术	项目进度计划 进度基准 进度数据 更新的项目文档

由图 4-14 可以更加清楚地了解在项目进度计划制订时的工作信息流向。

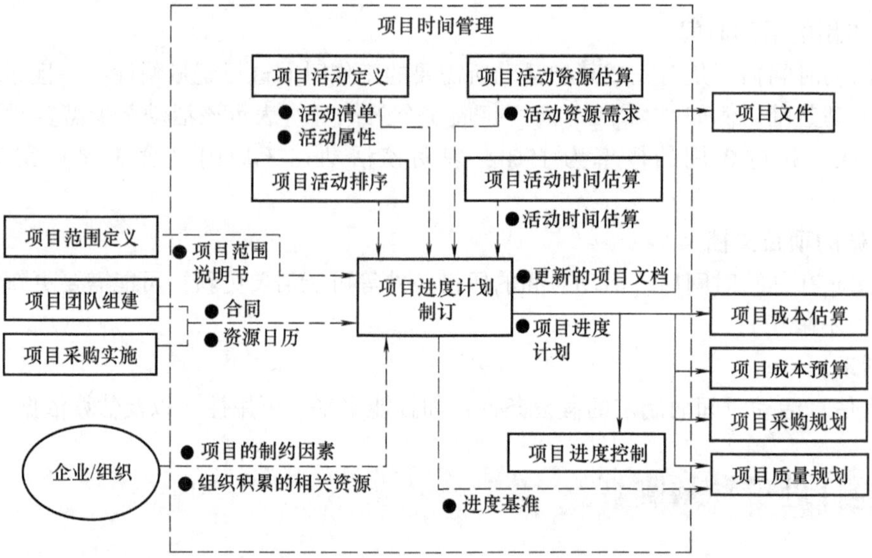

图 4-14 项目进度计划制订时的工作信息流向示意图

4.6.2 项目进度计划制订的依据

项目进度计划制订的依据包括活动清单、活动属性、项目进度网络图、活动资源需求、资源日历、项目范围说明书、活动时间估算、项目的制约因素和组织积累的相关资源等。

其中以上这些依据皆在本章前面的小节有相关说明，在此不再重复。

4.6.3 项目进度计划制订的工具和方法

1. 进度网络分析

进度网络分析是创建项目进度模型的一种技术。它通过多种分析技术，如关键路径法、关键链法、假设情景分析和资源优化技术等，来计算项目活动未完成部分的最早和最晚开始日期，以及最早和最晚完成日期。某些网络路径可能含有路径汇聚或分支点，在进行进度压缩分析或其他分析时应该加以识别和利用。

2. 关键路径法

关键路径法（Critical Path Method，CPM）是一种运用特定的、有顺序的网络逻辑来预测总体项目历时的项目网络分析技术。它可以确定项目每项活动最早开始时间、最早完成时间、最迟开始时间和最迟完成时间四个参数。

（1）项目活动的开始时间和完成时间　它们可分为以下两种：

最早开始时间（Early Start Time，ES）：某项活动开始的最早时间。

最早完成时间（Early Finish Time，EF）：某项活动能够完成的最早时间。

计算网络图中各项活动的最早开始和完成时间的具体原则如下：

1）对于一开始就进行的活动，其最早开始时间为0。

2）某项活动的最早开始时间必须等于或晚于直接指向这项活动的所有活动的最早完成时间中的最晚时间。

3）计算每项活动的最早开始时间和最早完成时间时，以项目预计开始时间为参照点进行正向推算，对中间活动，该活动的最早开始时间就是其前置活动的最早完成时间中的最晚时间。

4）根据项目的最早开始时间来确定项目的最早完成时间。最早完成时间可在这项活动最早开始时间的基础上加上这项活动的工期估计进行计算，活动期望工期以DU（duration），即EF = ES + DU。

（2）项目活动的最迟完成时间和最迟开始时间　它们可分为以下两种：

最迟完成时间（Late Finish Time，LF）：在完工时间内为完成活动必须完成的最迟时间。

最迟开始时间（Late Start Time，LS）：在完工时间内为完成活动必须开始的最迟时间。

计算网络图中各项活动的最迟开始和完成时间的具体原则如下：

1）对于最后完成的活动，其最迟完成时间就是项目规定的完工期。

2）某项活动的最迟完成时间必须等于或早于该活动直接指向的所有活动最迟开始时间的最早时间。

3）计算每项活动的最迟开始时间和最迟完成时间时以项目预计完成时间为参照点进行逆向计算，对中间活动，该活动的最迟完成时间就是其后置活动的最迟开始时间的最早时间。

4）最迟开始时间可在该活动最迟完成时间的基础上减去该活动的工期得出，即LS = LF − DU，如图4-15所示。

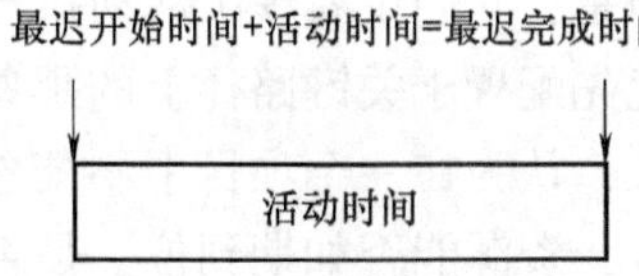

图4-15　最迟开始时间、最迟完成时间关系图

计算出项目各项活动的最早开始时间、最早完成时间、最迟开始时间和最迟完成时间后，当采用节点图法绘制网络图时，每项节点规定的格式如图4-16所示。

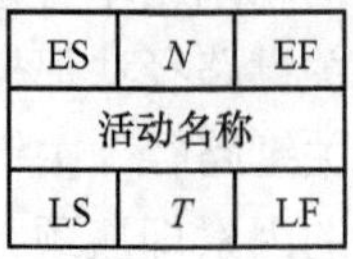

图4-16　节点格式图

N—节点序号　T—任务工期

注意：此处的节点序号只起编号作用，并不代表活动完成的先后次。

（3）时差　时差也称为“浮动时间”或“宽裕时间”，

它表明项目活动或整个项目的机动时间。时差分为两种类型：活动总时差和单时差。活动总时差是指在不影响项目在规定时间范围内完成的情况下，项目活动最迟开工时间和最早开工时间的间隔；活动的单时差则是指在不影响下一个活动最早开工的前提下，该活动的完成所拥有的机动时间。可见总时差是单时差的综合，而不是单时差的简单相加。在实际项目中，对这两个时差没有特意的区分，统称为时差。时差越大，表示项目的时间潜力也越大。时差可以通过下式来表示：

$$\text{时差}(F) = LF - ES - DU$$

或者

$$\text{时差}(F) = LF - EF$$

若项目某条路径的总时差为正值，这一正的总时差可以由该路径上所有的活动共用，当该路径上的某项活动不能按期完成时，可以利用该路径的总时差，而不必担心影响项目的进度；如果项目某条路径的总时差为负值，则表明该路径上的各项活动要加快进度，减少在该路径上花费的时间总量，否则项目就不能在规定的时间范围内顺利完成；如果项目某条路径的总时差为零，则表明该路径上的各项活动不用加速完成但是也不能拖延时间。

（4）项目的关键路径　若将项目网络图中每条路径所有活动的历时分别相加，最长的路径就是关键路径。关键路径上的活动称为关键活动，关键路径的节点称为关键节点，关键活动的总时差为零。因此，关键路径就是网络图中由一系列活动构成的活动工期最长的那条路径。如果关键路径上的某项活动未如期完成，所有处于其后的工作活动都要往后拖延，最终的结果是项目不能按计划完成。反之，如果关键路径上的某项活动能够提前完成，那么整个项目也有可能提前完成。由此可知，在编制项目进度计划时，关键路径上的活动是关注的重点。

除找出所有活动的历时相加最长的路径外，还有一种常用的方法是找出那些具有最小时差的活动，即用每项活动的最迟完成时间减去最早完成时间，然后找出时差值最小的各项活动，所有这些活动都是关键路径上的活动。

3. 关键链法

关键链法（Critical Chain Method，CCM）是一项根据项目拥有的有限资源来调整项目进度计划的网络分析技术。

在项目进度计划制订的工具和方法中，应用最为广泛的是关键路径法和计划评审技术。但是，它们仅考虑了活动执行时间和活动之间的紧前、紧后约束关系，并将项目拥有的资源优先配置于关键路径上的那些活动。而关键链法则考虑了活动所需的时间和资源的双重约束，认为在一个项目中不能忽视资源的制约，特别是一些关键资源。因为对于一个项目而言，资源能否如期到位、是否超负荷运行都会制约该项目的如期完成。

决定关键链的依赖关系有两种：一种是活动本身的逻辑依赖关系；另一种是活动资源依赖关系（一项活动的开始必须等待另外一项活动释放资源）。关键链的确认使用了活动网络，而活动网络本身是基于资源估算安排的，这种估算安排首先就需要考虑资源的约束，而并非像关键路径法那样在后期才进行资源均衡。形象地说，关键链的结构类似于考虑了资源约束的关键路径。关键链法将项目视为一个链条，链条的强度取决于链条最弱的环节。环链中的制约因素即瓶颈，就是关键链。项目中的各种计划和方法都应围绕瓶颈来展开，并时刻注意新瓶颈的出现，关注非关键路径变成关键链的可能性。

约束理论中的“鼓—缓冲—绳”法（Drum-Buffer-Rope，DBR）是关键链的技术基础。

“鼓”反映了项目对瓶颈资源的利用程度；“缓冲”是在非瓶颈活动与瓶颈活动之间插入的时间缓冲，防止不确定性因素造成的影响传递给后续活动；“绳”相当于信息传递工具，类似于 JIT（Just In Time）中的“看板”，以确保非瓶颈活动的进度从属于瓶颈活动的进度。

关键链法将约束理论的管理逻辑应用于项目进度管理中，即在有限资源约束条件下，运用消除不良工作行为的理念来编制项目进度计划，并利用集中管理缓冲时间的思路来保证整个项目的执行，使项目能顺利或提前完工。关键链法的实施步骤为：首先，根据活动时间估算、给定的依赖关系和制约因素，绘制项目进度网络图；其次，计算关键路径。在确定了关键路径之后，再考虑资源的可用性，制订出资源约束型进度计划——该进度计划中的关键路径通常与原来的路径不同。

4. 资源均衡分析

在制订项目进度计划时，常常通过资源均衡分析（Resource Leveling Analysis）达到资源和进度之间的平衡。资源均衡分析是指通过确定出项目所需资源的确切投入时间，并尽可能均衡使用各种资源来满足项目进度计划的一种方法。该方法也是均衡各种资源在项目各阶段投入的一种常用方法。

在前面的分析中，假设资源可在需要的时候随处获得，但是在实际中，几乎任何项目都不可能达到前面假设的条件，因此在项目进展中需要考虑资源的可获得性、资源的功能以及它们与项目进度之间的关系等问题。也就是说，项目团队不得不考虑成本、时间和员工的熟练程度等相关因素对项目的制约，即资源的约束问题。因此，资源均衡分析的首要工作就是进行资源约束分析。

（1）活动之间的技术限制分析　可以通过网络图表示出各个活动之间的逻辑关系，从而来配置资源。从技术的角度看，这些活动应该是按照顺序进行的。图 4-17 表示的是必须按顺序进行的制造设备的三种活动——购买材料、加工零件和组装设备。在技术上，这三种活动必须按先后顺序进行，组装设备不可能在购买材料和加工零件之前进行。

图 4-17　制造设备的技术顺序

（2）资源限制分析　项目网络图除了表明活动之间的技术限制以外，还必须考虑资源限制问题。例如，图 4-18 表示了在无资源约束的情况下可以同时进行的三种活动——装修房间、装修厨房、装修花园，即这些活动的开始阶段是不依赖其他活动而完成的。但是如果该装修项目只由一个施工队来装修，并假设这个施工队不可能同时进行三种装修活动，那么这三种装修活动就不能同时开始，必须有先后次序（图 4-19 表示出其中一种可能性），因而就出现了资源约束问题。

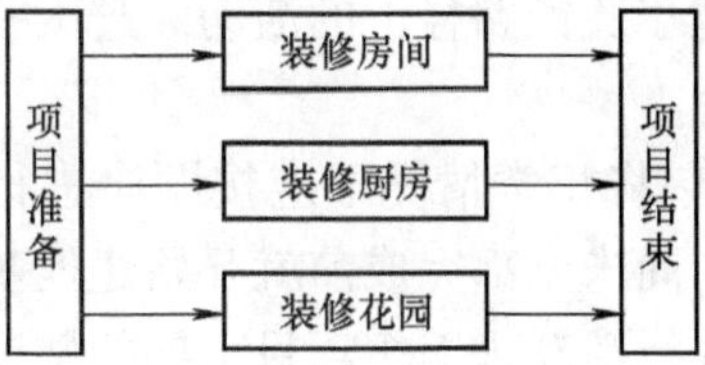

图 4-18　无资源约束的活动网络图

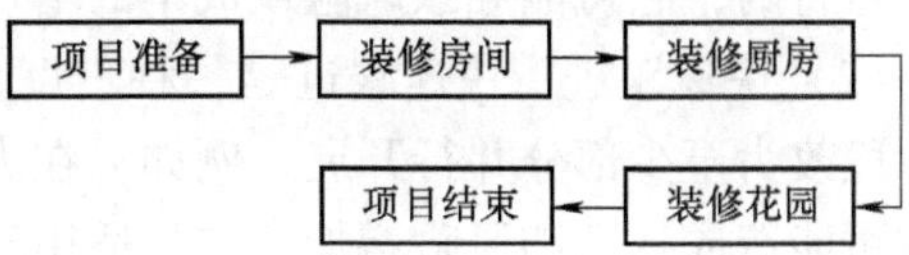

图 4-19　有资源约束的活动网络图

上述讨论的用于资源约束分析的思路，对于仅需几种资源的小型项目来说十分奏效，但对于需要很多种类资源的复杂的大中型项目而言就不宜采用了。

在资源约束分析完成之后，就可以进行资源均衡分析的第二步工作，即绘制资源需求横道图。资源需求横道图是揭示某个特定项目所需的人工、材料等各种资源在项目生命周期的每个时间段的需求或占用情况的一种图形，此图上表示的每类资源都可以表示为时间（项目进度）的函数。

资源需求横道图的表现形式有两种，一种形式如图 4-12 所示，它是可以用一张图同时表示两种以上的资源随着时间推进的需求情况。另一种形式如图 4-20 所示，在该种表示方式的图中，对应着每一种类型的资源，均需要绘制出一幅独立的资源需求横道图。虽然这种形式的图比较容易理解，但绘图的工作量较大。它不适用于资源需求种类很多的项目。

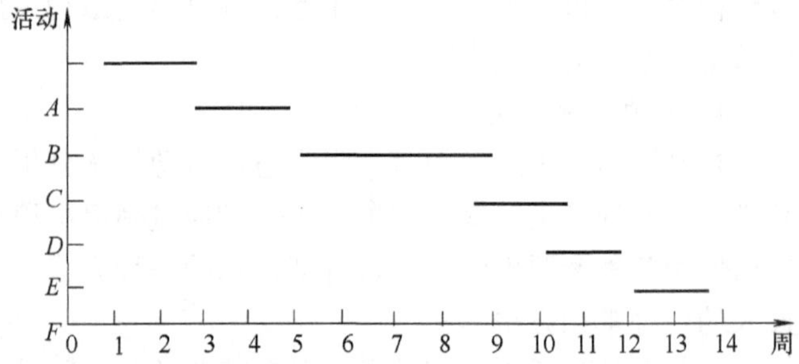

图 4-20　某项目资源需求横道图

5. 假设场景分析

假设场景分析就是对"某一情景出现时应当如何处理"这样的问题进行分析，即基于已有的项目进度计划考虑各种不同的情景，如某项设计的延期，某产品交付日期的拖延等。假设场景分析的结果可用于评估项目进度计划在不利条件下的可行性，以便编制相应的应急计划。在假设场景分析时也会运用模拟技术，即对项目活动做出多种假设，并计算项目在各种假设前提下的各种持续时间。最常用的模拟技术是蒙特卡洛分析，这种方法为每一计划活动确定一种活动持续时间的概率分布，然后利用这些分布来计算整个项目持续时间的概率分布，以判断项目在规定时间完成的可能性。

6. 提前量和滞后量利用

提前量和滞后量是网络分析中使用的一种调整方法，通过调整紧后活动的开始时间来编制一份切实可行的进度计划。提前量用于在条件许可的情况下提早开始紧后活动；滞后量是在某些限制条件下，在紧前和紧后活动之间增加一段不需工作或资源的自然时间。

7. 进度压缩

进度压缩是指在不缩减项目范围的前提下，缩短进度工期，以满足进度制约因素、强制日期或其他进度目标。进度压缩包括（但不限于）：

（1）赶工　赶工是指通过增加资源，以最小的成本增加来压缩进度工期的一种技术。赶工的例子包括：批准加班、增加额外资源或支付加急费用来加快关键路径上的活动。赶工只适用于那些通过增加资源就能缩短持续时间的，且位于关键路径上的活动。赶工并非总是切实可行的，它可能导致风险或成本的增加。

（2）快速跟进　快速跟进是一种进度压缩技术，它将正常情况下应按顺序进行的活动或阶段改为至少部分并行开展。例如，在大楼的建筑图尚未全部完成前就开始建地基。快速跟进可能造成返工和风险增加。它只适用于能够通过并行活动来缩短项目工期的情况。

8. 计划评审技术

计划评审技术（Program Evaluation and Review Technique，PERT）是项目时间管理的另一项技术，是指当项目的某些或者全部活动时间估算存在很大的不确定性时，综合运用关键路径法和加权平均时间估算法，用来估计项目时间的网络分析技术。这种网络分析技术适用于不可预知因素较多、从未做过的新项目和复杂项目。

计划评审技术网络图的画法与前面介绍的网络图画法相同，其区别主要在于活动的时间估计和分析。PERT 经常基于三点估算法估计时间，三点估算法在上节已具体介绍，这里不再赘述。

9. 图表评审技术

图表评审技术（Graphical Evaluation and Review Technique，GERT），也称为随机网络技术，它可以对网络逻辑关系和时间估算进行概率处理，对项目活动的处理有很大的随机性：有的活动可能根本无须实施，有的活动可能实施好几次，而也有一些活动只实施一部分。它主要由节点和箭线组成。

（1）节点　图表评审技术的节点由输出和输入组成，它表示一定的逻辑关系，从而可以处理活动的复杂关系。节点的类型见表 4-10。

表 4-10　节点的类型

输入 输出	“互斥或”关系	“可兼或”关系	“与”关系

肯定型			
概率型	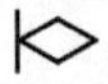		

注：输入表示三种内向活动与节点的关系。

“互斥或”关系表示几个内向活动中只有一个能够实现，当该活动完成后，节点才能实现。

“可兼或”关系表示任何内向活动完成后，就可使节点实现，因此完成的内向活动的结束时间就是该节点的实现时间，但该节点的其他内向活动仍在进行。

“与”关系表示所有内向活动结束时，节点才能实现。因此，最后完成的内向活动的结束时间是该节点的实现时间。此时，该节点的外向（输出）才能开始进行。关键路径法和计划评审技术的节点输入都表示“与”关系。

节点输出与外向活动的关系包括：

1）肯定型是指节点的实现使所有的外部活动都能开始进行，关键路径法和计划评审技术的节点输出是肯定型的，每个外向活动的实现概率都是 1。

2）概率型是指节点外向活动中只有一个能进行，且有一定的实现概率。这种节点所有外向活动的概率之和为 1。

（2）箭线　箭线表示活动情况的变化，主要标注活动发生的概率、持续时间和成本等因素。

图表评审技术与节点图、箭线图很相似，不同点是图表评审技术允许出现回路，这在节点图、箭线图中是不允许的。图表评审技术估算活动的时间非常复杂。难以借助数学方法加以分析，一般要借助计算机来完成，在此不再介绍。

图表评审技术的优点在于，它试图将风险与时间的估计联系起来。图表评审技术的缺点在于，由于它需要几个时间估计值，所以工作量较大。

关键路径法、计划评审技术和图表评审技术三种项目进度计划方法的比较见表 4-11。

表 4-11 关键路径法、计划评审技术和图表评审技术三种项目进度计划方法比较

网络计划方法	类　型	活动的流向	活动的时间	逻辑关系
关键路径法	肯定型	所有活动均由起点流向终点，无回路	确定	所有的活动都必须实现
计划评审技术	概率型	所有活动均由起点流向终点，无回路	服从概率分布，用平均值来表示	一般的活动必须实现，但条件变化时可预测概率
图表评审技术	概率型	活动的流向不受限制，允许存在回路	服从概率分布，按照随机变量分析	节点与活动有不同的逻辑关系，不一定都实现

4.6.4 项目进度计划制订的结果

1. 项目进度计划

项目进度计划至少包括每项活动的计划开始日期与计划完成日期。如果早期阶段进行了资源规划，在资源分配未确认、计划开始与计划完成日期未确定之前，项目进度计划属于初步进度计划。

在项目目标进度计划中，明确了每项活动的目标开始日期与完成日期。项目进度计划既可简要概括，也可详细具体。虽然可用表格形式，但更常见的做法是用横道图、里程碑图和项目进度网络图等图形表示。下面仅介绍前两种：

（1）横道图　横道图通过日历形式列出项目活动工期及其相应的开始日期和结束日期，为反映项目进度信息提供了一种标准格式。

在横道图中，项目活动在左侧列出，时间在表的顶部列出，可以依据计划的详细程度，以年、月、周、天或小时作为度量项目进度的时间单位。横道图可以明显地表示出各种活动所持续的时间，横道线显示了每项活动的开始时间和完成时间，横道线的长短代表活动持续时间的长短。其优点是简单、明了、直观，易于编制。但是，横道图不能系统地把项目各项活动之间的复杂关系表示出来，难以进行定量分析和计算，同时也没有指出影响项目进度的关键所在。因此，横道图一般适用于比较简单的小型项目，对于复杂的项目就显得难以应对。

（2）里程碑图　里程碑图与横道图类似，但仅标示出主要可交付成果以及关键的外部接口的规定开始日期与完成日期。

2. 进度基准

进度基准是根据进度网络分析得出的一种特有的项目进度计划。该进度计划在获得项目管理团队的认可与批准之后，可以作为进度基准使用，并标明基准开始日期和基准完成日期。

3. 进度数据

项目进度计划的辅助数据至少应包括进度里程碑、活动清单、活动属性以及所有已识别的制约因素与假设条件的文字性记录等。这些数据均可视为进度数据。例如，在软件开发项目中，进度数据可能包括人力资源直方图、现金流量预测以及订货与交货进度表等。

4. 更新的项目文档

项目进度计划结束时，需要根据情况对活动属性、资源需求、项目日历和风险日志等文档进行更新。

4.7 项目进度控制

4.7.1 项目进度控制的概念

项目进度控制（Schedule Control）是对项目进度计划的实施与项目进度计划的变更所进行的管理控制工作。项目进度控制的主要内容包括：对项目进度计划影响因素的控制（事前控制），对项目进度计划完成情况的绩效度量，对项目实施中出现的偏差采取纠偏措施，以及对项目进度计划变更的管理控制等。

项目进度控制的主要工作见表4-12。

表4-12 项目进度控制的主要工作

依 据	工具和方法	结 果
项目管理计划 项目进度计划 工作绩效数据 组织积累的相关资源	进度报告 绩效衡量技术 进度比较横道图 偏差分析技术 变更控制系统 项目管理软件 资源均衡分析 假设场景分析 利用时间提前量和滞后量 进度压缩 进度计划工具	更新后的项目管理计划 变更请求 可供吸取的经验教训 更新的组织积累的相关资源 更新的项目文档

由图4-21可以更加清楚地了解在项目进度控制时的工作信息流向。

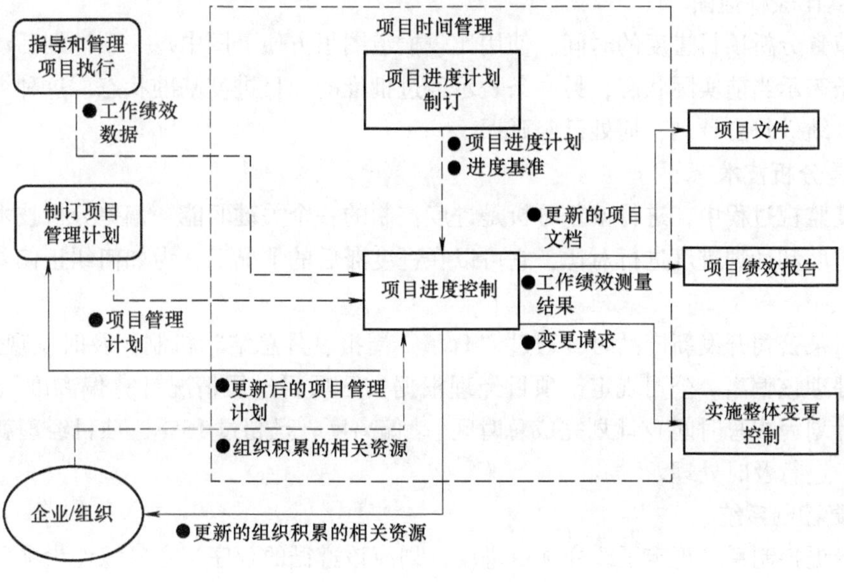

图4-21 项目进度控制的工作信息流向示意图

4.7.2 项目进度控制的依据

1. 项目管理计划

项目管理计划的进度基准信息可用于实施进度控制，进度基准是进度控制的主要依据，为衡量进度的执行情况提供了基准尺度。

2. 工作绩效数据

工作绩效数据提供了有关进度绩效的信息，如哪些计划已按期完成，哪些还未按期完成。绩效数据还可以提醒项目团队注意将来可能在进度实施方面出现的问题。

3. 组织积累的相关资源

组织积累的相关资源详细解释见项目整体管理的相关内容。在此，组织积累的相关资源包括现有的与成本控制相关的正式或非正式的准则、程序，同进度管理、进度控制工具及监控和报告方法等相关的内容。

4.7.3 项目进度控制的工具和方法

1. 进度报告

进度报告及当前进度状态包括如下一些信息，如实际开始日期与完成日期，以及未完计划活动的剩余持续时间。如果使用了挣值分析等绩效测量方法，则进度报告也可能含有正在进行的计划活动的完成百分比。为了便于定期报告项目的进度，组织内参与项目的各个单位可以在项目生命周期内自始至终使用统一的模板。模板可以用纸，也可用计算机文件。

2. 绩效衡量技术

绩效衡量技术的结果是进度偏差（SV）与进度绩效指数（SPI）。进度偏差与进度绩效指数用于估计实际发生的项目进度偏差的大小。进度控制的一个重要作用是判断已发生的进度偏差是否需要采取纠正措施。

3. 进度比较横道图

为了节省分析项目进度的时间，使用比较横道图很方便。图中每一项计划活动都画两条横道。一条表示当前实际状态，另一条表示经过批准的项目进度基准状态。这种方法直观地显示出何处绩效符合计划，何处已经延误。

4. 偏差分析技术

在进度监视过程中，进行偏差分析是进度控制的一个关键职能。偏差分析技术就是将项目的实际进度和计划进度进行对比，它可以在进度滞后的情况下，为如何纠正偏差提供有用的信息。

例如，某公司开发新产品时，通过“日填、周报、月总结”机制，及时发现进度偏离，然后及时处理该偏离。公司规定，项目经理根据实际项目进展情况计算偏离度[(实际完成总时间－计划完成总时间)/计划完成总时间]。偏离度一旦超过15%，项目经理就必须上报公司领导，进行及时处理。

5. 变更控制系统

进度变更控制系统规定了改变项目进度计划应该遵循的程序，它应该作为项目整体变更控制系统的一部分，与其有机地结合起来。

6. 项目管理软件

对进度控制来说，项目管理软件也是一种有效的工具，特别是对一些复杂的项目而言。项目管理软件可以绘制网络图、确定项目关键路径、创建横道图、PERT视图等，并可用来报告、浏览和筛选具体的项目时间管理信息。

7. 资源均衡

资源均衡用来分配日常工作中用到的资源，详见项目进度计划制订。

8. 利用时间提前量和滞后量

利用时间提前量可以提前开始紧后活动，利用时间滞后量可以推迟紧后活动，从而合理控制项目的进度。

此外，有些编制项目进度计划的工具和方法同样可以用来实施项目进度控制，如假设场景分析、进度压缩方法，前面已介绍，在此不再重复。

4.7.4 项目进度控制的结果

1. 更新后的项目管理计划

这是根据项目进度计划实施中的各种变化和纠偏措施，对项目进度计划进行修订以后所形成的新的项目进度计划。它是对原有项目进度计划进行全面修订后给出的结果。

2. 变更请求

这里的变更请求是指为纠正项目进度计划实施情况与计划要求之间的偏差，所提出的变更请求。在项目进度管理中需要采取各种纠偏措施去保证项目的工期进度和项目按时完工，所以项目进度计划中要采取的纠偏措施也是项目进度控制的重要工作结果之一。

3. 可供吸取的经验教训

在项目实施过程中，有关项目进度计划控制方面的各种可供吸取的经验教训也是项目进度计划控制工作的结果之一。这方面的内容包括有关项目进度计划变动的原因、采取纠偏措施的理由以及项目进度计划失控的经验和教训等。

4. 更新的组织积累的相关资源

这是项目进度计划控制工作最主要的结果，正是由于项目进度计划控制工作的开展才使得项目进度计划的实施结果得以提高和改善，才使得项目实施工作能够按照计划（包括最初的和更新后的计划）去完成。

5. 更新的项目文档

需要根据项目的实际情况对涉及进度数据和项目其他数据的文档进行更新。

本章小结

项目时间管理、项目成本管理、项目质量管理并称为项目管理的“三大管理”。本章首先介绍了项目时间管理的含义和时间管理的工作过程，之后分节较为详尽地阐述了项目活动定义、项目活动排序、项目活动资源估算、活动时间估算、项目进度计划制订和进度控制各个过程的依据、采用的工具和方法以及得到的结果。本章重点应掌握的方法是节点图法、箭线图、横道图、关键路径法、计划评审技术和关键链等方法的绘制与应用。

习　题

一、判断题

1. 在节点图中，箭线代表活动。
2. 在箭线图中，虚活动不占用时间和资源。
3. 活动时间估算仅考虑活动所消耗的实际工作时间。
4. 计划评审技术的活动工期不是固定的，而是用期望值表示的。
5. 计划评审技术的活动工期估算比关键路径法更符合实际。
6. 图表评审技术是随机型的，不是肯定型的。

二、单选题

1. 下列表述正确的是（　　）。

A. 活动排序就是把要完成的活动按工作量大小排好，以便一项一项地完成

B. 活动排序就是确定各活动之间完成的先后顺序

C. 活动排序就是按照各种计划一项一项地完成

D. 活动排序是按照活动的必然依存关系进行排序的

2. 某项任务工期的最乐观时间为 3 天，正常时间为 6 天，最悲观时间为 9 天，此任务的预期工期为（　　）。

A. 3 天　　B. 6 天　　C. 9 天　　D. 8.5 天

3. 应用进度变更控制系统的一个好处是它包含（　　）。

A. 进度变更所必须遵循的程序

B. 对于报告进度执行情况的需要

C. 评估进度变更偏差的方法

D. 对于测量进度执行情况的需要

4. 在 CPM 网络中，*A* 为 *B* 的紧前活动，则表示（　　）。

A. 活动 *A* 完工后 *B* 马上就要开始

B. 活动 *A* 完成是 *B* 开始的充分条件

C. 活动 *B* 在活动 *A* 完成后才能开始

D. 活动 *A* 和 *B* 同为关键路径或非关键路径

5. 项目进度控制过程将集中于哪些活动上？（　　）

A. 比计划开始早的　　B. 比计划开始晚的

C. 与项目计划有偏离而无论早或晚的　　D. 只是关键路径上的

6. 网络图（　　）。

A. 说明了项目小组成员的沟通情况

B. 提供了管理流程信息

C. 提供了有关进度的信息

D. 是制定横道图的一种工具

7. 活动逻辑关系中的“结束（*A*）—开始（*B*）”关系是指（　　）。

A. 活动 *A* 不结束，活动 *B* 不能开始

B. 活动 *A* 结束时，活动 *B* 必须已经开始

C. 只有活动 *B* 开始后，活动 *A* 才能结束

D. 活动 *A* 结束与活动 *B* 开始必须同时进行

8. 有关关键路径的正确描述是（　　）。

A. 关键路径是指在项目开始到完成的多条路径中耗时最长的那条路径

B. 关键路径是指在项目开始到完成的多条路径中耗时最短的那条路径

C. 网络图中最多存在一条关键路径

D. 关键路径上的某活动延误一天，不影响整个项目的完工时间

三、思考题

1. 你是如何理解项目时间管理的？

2. 项目时间管理与其他项目专项管理是什么关系？有什么不同之处？

3. 项目时间管理与项目集成管理是什么关系？为什么？

4. 项目时间管理有哪些基本特性？什么决定了它会有这些特性？

案例分析

案例一：A公司丽水家园项目工期的拖延

A公司承接了某房地产开发项目——丽水家园一期，由小周担任项目经理。通常，同类项目的正常工期是24个月，但该项目的客户对完工时间要求很苛刻，合同工期仅为18个月，而且该项目所附加的特殊功能又很多。对此，小周有点“挠头”：“怎么办好呢？又不能因缩短工期而影响项目的建筑质量啊！”经过一番思量后，他认为只有在合理工期的基础上运用项目时间管理的知识，尽量压缩工期才能满足客户的要求。

在项目的计划阶段，小周虽然意识到了项目时间的重要性和紧迫性，但是由于经验性色彩占主导因素，使得做出来的进度计划表（横道图）非常粗糙，在项目实施过程中遇到了许多问题。临近合同规定的项目交付期时，小周才意识到是项目进度计划方面存在问题。然而，亡羊补牢为时已晚，因为他未在项目初期制订一个适宜的项目进度计划，在实际过程中也没有对进度计划及时进行完善，从而导致未能在规定的合同期内交付项目可交付成果。正是应了这一句：“完成一个有粗略计划的项目需要的时间是预期的三倍，而完成一个有详细计划的项目需要的时间仅仅是预期的两倍。”更为可悲和无奈的是，A公司为此还不得不赔偿客户一笔数目庞大的项目违约金。

案例来源：骆珣．项目管理教程［M］．2版．北京：机械工业出版社，2010.

问题：

1. 该项目的主要干系人都有哪些？

2. 该项目的项目时间管理是如何进行的？效果怎么样？

案例二：项目进度计划

某信息技术有限公司是一家从事制造行业信息系统集成的公司。最近，公司承接一家企业的信息系统集成的业务。经过公司董事会的讨论，决定任命你作为新的系统集成项目的项目经理，在你接到任命后，开始制定进度表，这样项目才可以依照进度表继续下去。

在与项目团队成员探讨后，假设已经确认了12项基本活动。所有这些活动的名称、完成每项活动所需的时间以及与其他活动之间的约束关系见表4-13。

表 4-13 工作分解结构

活动名称	必需的时间（天）	前置任务
A	3	
B	4	
C	2	*A*
D	5	*A*
E	4	*B*、*C*
F	6	*B*、*C*
G	2	*D*、*E*
H	4	*D*、*E*
I	3	*G*、*F*
J	3	*G*、*F*
K	3	*H*、*I*
L	4	*H*、*I*

问题：

1. 本题中的关键路径有几条？并给出关键路径。

2. 你要花多长时间来计划这项工作？如果在活动 *B* 上迟滞了 10 天，对项目进度有何影响？作为项目经理，你将如何处理这个问题？

案例三：资源冲突与项目进度计划制订

围绕已经制定的工作分解结构图，你细化了项目具体工作范围，界定了具体项目活动，明确了各成员所承担的任务等。其中：

市场部和设计中心共同负责“P1 规格设计”，由张总工、杨经理和许主任负责。

采购部负责“P2 原材料采购”，由杨经理负责。

生产部负责“P3 焊接过程”“P4 热处理”和“P5 压力与密闭性测试”，由廖部长、许主任和姜院长负责。

任务由多人负责的，将进一步根据下一层任务特点划分给不同成员，直到所有任务都落实到位。由于成员都是各职能部门主管，因此他们又会根据所分配的任务结合部门情况布置给专业人员。

接下来你遇到了一个棘手的问题。由于你的成员都是各部门的主管，并不只负责焊接技改一个项目。各个部门人手有限，还有别的项目、任务或活动要做，有成员开始抱怨任务重，无法按计划开展工作。确实，每个部门就好比是一个资源，不同项目都要占用该资源。资源冲突会影响你所承担项目进度计划的实施，最终可能导致焊接技改项目的延迟，这可能是董事会或者是你最不愿意接受的结果。当然也可以使用董事会给予的优先调度权，但这种“抢占”会导致其他项目延迟，各职能部门也不见得会积极配合，这样的优先调度权应该少用或者在最关键的时刻用。现在你需要一个更科学合理的方法来优化全局资源，实现优先调度。假设各成员所在部门有如下项目要完成，各项目任务的估计时间（周）见表 4-14。

表 4-14 项目任务估计时间表 (单位：周)

项目名	规格设计	原材料采购	焊接过程	热处理	压密测试	交付时限
A0093	5	10	2	1	1	第23周
B1200	7	5	5	1	2	第15周
B1201	12	10	3	2	4	第38周
焊接技改	6	8	6	1	4	第30周

你清楚地意识到这是一个具有资源约束的多项目规划问题，采用传统的关键路径法是不适合的。要想一个办法对这些资源进行安排，使资源在特定时间段只为一个项目服务，并在不同项目之间设置缓冲区，避免因为一个项目的延迟而影响另外一个项目的交付时间。

通过查阅文献资料并向新盘集团技术发展委员会中的专家学者请教，你很快找到了解决多项目资源冲突时进度计划制订的办法，其步骤为：

1）减少项目任务安全时间，降低任务工期估值（原工期50%估算），根据任务及资源相互关系，确定每个项目的关键任务，设定项目缓冲（PB）和汇流缓冲（FB）。

2）设定任务优先权，将冲突资源上的项目任务错开，避免资源冲突。

3）前后两个项目中的约束资源间加入产能缓冲（CB）平衡资源的共享。

4）绘制横道图，根据项目任务的起止时间，确定整个项目进度计划。

当然，人们常说计划赶不上变化，要最大程度确保计划正确执行，还需要不断调整。因此需要对PB、FB和CB管理，及时更新每个项目进程和缓冲消耗情况。当项目实际执行过程中发生资源冲突，需根据某种规则进行优先调度（例如，按照完工程度、缓冲消耗量，或者完工程度与缓冲消耗量比值）。

案例来源：改编自工业工程领域企业生产实践。

问题：

1. 请查阅资料，结合本章内容说说案例中“你”用了什么方法解决了资源冲突下的项目进度计划制订难题？

2. 请查阅资料，归纳一下横道图的特点，解释一下横道图与项目进度计划之间的联系。

第 5 章

项目成本管理

5.1 项目成本管理概述

5.1.1 项目成本管理的概念

项目成本管理是指根据企业的总体目标和项目的具体要求，在项目实施的过程中，对项目成本进行有效的组织、实施、控制、跟踪、分析和考核等管理活动，以达到强化经营管理，完成成本管理制度，提高成本核算水平，降低项目成本，实现目标利润，创造良好经济效益的过程。项目成本管理的中心任务是在健全的成本管理经济责任下，以最短的时间、最高的质量、最低的成本完成项目。

5.1.2 项目成本管理的目的

1）对项目所需要的资源做出正确的估计，以供组织进行适当的评价和准备。

2）为项目的资源使用做出预算安排。

3）对项目实施当中资源的使用进行控制。

5.1.3 项目成本管理的基本过程

1. 成本估算

成本估算过程是估计项目的总成本，该活动大多在立项前后进行。一方面可以用于干系人在前期对项目进行评价；另一方面，干系人根据成本估算的结果来最终批准项目实施的总预算。

2. 成本预算

成本预算过程则是把获得批准的总预算成本分配到每一个具体活动中，对项目的各项资源投入进行仔细计划，形成项目的成本基准计划。

成本估算和成本预算两个过程名称相似，但作用和目的并不相同。成本估算是为了获得项目的总成本，其目的是申请资源。成本预算则是根据被批准的总预算来详细分配资源到每一个活动中，并以此作为后续成本控制的基准。

3. 成本控制

成本控制是指根据项目成本基准计划监控项目的实际支出和预算计划之间的偏差，并及时采取纠正措施。

5.2　规划成本管理

5.2.1　规划成本管理的概念和依据

1. 规划成本管理的概念

规划成本管理是项目成本管理的工作过程的第一步，目的是为如何开展项目成本管理工作提供指南和方向。

2. 规划成本管理的依据

规划成本管理的依据包括项目管理计划、项目章程、项目制约因素、组织积累的相关资源。

项目管理计划：它是项目管理过程中最为重要的一项计划，也被称为项目主计划。项目管理计划是一个全面集成、综合协调项目各方面的影响和要求的整体计划，是指导整个项目实施和管理的根本依据和方案。

项目章程：它是整个项目管理过程中最重要的项目文件。项目章程一经批准，则标志着项目的正式启动。

项目制约因素：

1）政府或行业标准。

2）项目管理信息系统。

3）基础设施。

4）人事管理。

组织积累的相关资源：

1）标准化的指导方针、工作说明、建议评价标准及绩效考核标准。

2）项目管理计划模板。

3）变更控制程序：包括正式的公司标准、政策、计划、程序以及任意将要修改的项目文档和变更批准程序。

4）历史项目档案。如范围基准、成本基准、进度基准、质量基准、项目日历、项目进度网络图、风险登记表、风险应对措施、风险的影响等。

5）历史信息和经验教训知识库。

6）配置管理知识库：包括所有正式的公司标准、政策、程序和项目文档。

5.2.2　规划成本管理的方法和结果

1. 规划成本管理的方法

（1）专家判断法　拥有与特定的范围管理计划相关的专业学历、知识、技能、经验或培训经验，任何组织和个人都可以提供专家判断工作。

（2）会议　项目团队可以过参加项目会议的方式来制订范围管理计划。参会的人员可以包括项目经理、项目发起人、项目团队成员、关键干系人、范围管理各工作过程的负责人以及其他必要的人员。

2. 规划成本管理的结果

(1) 范围管理计划　范围管理计划是由项目经理及其团队编制的。项目范围管理计划用于指导如何对项目范围进行定义、记录、确认和控制。范围管理计划是制订项目管理计划过程和其他范围管理过程的基础。范围管理计划是项目管理计划的子计划，它可以是正式的或非正式的，既可以非常详细，也可以高度概括，具体可依据项目的实际情况来定。

范围管理计划应对以下工作的管理过程做出规定：制订详细的项目范围说明书；根据详细的项目范围说明书创建工作分解结构；维护和批准工作分解结构；正式验收已完成的项目可交付成果；在实施整体变更控制过程的同时，对详细项目范围说明书进行相应的变更。

(2) 需求管理计划　需求管理计划也是项目管理计划的组成部分，它是一份描述在整个项目中，如何分析、记载和管理项目阶段的各种需求的文档。

需求管理计划的主要内容包括：如何规划、跟踪和报告各种需求活动；如何安排配置管理活动；如何对不同需求按照优先顺序进行排序；如何制定产品测量指标以及为何使用这些指标；用来规定哪些需求属性将被列入跟踪矩阵中的维度。

5.3 项目成本估算

5.3.1 项目成本估算的概念

1. 项目成本估算的含义

项目成本估算是项目成本管理的一项核心工作，其实质是通过分析去估计和确定项目成本的工作。这项工作是确定项目成本预算和开展项目成本控制的基础和依据。

项目成本估算是指根据项目的资源需求和计划，以及各种资源的价格信息，估算和确定项目各种活动的成本和整个项目总成本的项目管理工作。当项目有承发包合同时应仔细区分项目造价与项目成本这两个概念，因为项目造价中不仅包括项目的成本，还包括承包商的赢利部分。

项目成本估算根据估算精度的不同可分为多种项目估算，一般情况下有初步项目成本估算、技术设计后的成本估算和详细设计后的项目成本估算等几种不同精度的项目成本估算。因为在项目初始阶段许多项目的细节尚未确定，所以只能粗略地估计项目的成本；但是在项目完成了技术设计（属于一种较为详细的设计）之后就可以进行更详细的项目成本估算；等到项目各种细节已经确定之后就可以进行详细的项目成本估算了。因此，项目成本估算在一些大型项目的成本管理中都是分阶段做出不同精度的成本估算的，而且这些成本估算是逐步细化和精确的。

项目成本估算既包括识别各种项目成本的构成科目，也包括估计和确定各种成本的数额大小。例如，在大多数项目应用领域中，人工费、设备费、管理费、物料费、开办费等都属于构成项目成本的科目（其下面可以进一步细分出二级科目）；而项目各项工作需要发生的费用多用来确定数额的大小。项目成本估算也包括综合分析和考虑各种可选择项目成本方案与估算的协调问题。例如，在许多项目应用领域中，如果在设计阶段增加一些工作会提高项目设计成本，但是设计质量的提高可能会大大减少项目实施的成本。因此在项目成本估算过程中必须考虑项目设计成本与项目实施成本的这种关系，努力使项目预期的收益最大。

2. 项目成本的构成

项目成本是指项目形成全过程所耗用的各种费用的总和。项目成本是由一系列的项目成本科目构成的。主要的项目成本科目如下

（1）项目定义和决策成本　由于项目定义和决策的好坏对项目实施和项目建成后的经济和社会效益会产生重要影响，所以为了对项目进行科学的定义和决策就必须开展实地调查研究工作，收集和掌握第一手的信息资料并进行可行性研究，以便最终做出选择。要完成这些工作就需要耗用许多人力、物力资源，就需要花费许多的资金，这些就构成了项目成本中的项目定义和决策成本。

（2）项目设计和计划成本　项目进入设计和计划阶段同样需要花费许多的成本。不管是工程建设项目，还是新产品开发项目及科学研究项目，任何一个项目都要开展项目设计和计划。这些设计和计划工作同样要产生费用，它们是项目成本的一个重要组成部分。

（3）项目采购成本　所谓项目采购成本，是指为了获得项目所需的各种资源，项目组织必须开展的询价、选择供应商、订货、运输、广告、承发包、招投标等一系列工作的花费。

（4）项目实施成本　在项目实施的过程中，为了生成项目产出物所耗用的各种资源而形成的费用被称为项目实施成本。这主要包括在项目实施过程中所耗费机器设备的成本和在项目实施中所消耗的劳动成本。实际上，除了前面三种项目成本科目，其他的都属于项目实施成本的范畴。因此，项目实施成本是项目总成本的主要部分，占总成本的90%以上，从这个意义上讲，项目成本管理实际上是项目实施成本的管理。

3. 项目成本的影响因素

（1）质量对成本的影响　质量总成本由质量故障成本和质量保证成本组成。质量越低，引起的质量不合格损失越大，即故障成本越大；反之，则故障成本就越低。质量保证成本是指为保证和提高质量而采取相关的保证措施而耗用的开支，如购置设备改善检测手段等。这类开支越大，质量保证程度越可靠；反之，质量就越低。

（2）工期对成本的影响　虽然在招标书、投标时已经给出明确的工期，但由于工期在工程施工中会受到气候、环境、设计方、业主、监理方、施工协作方及其他施工方、外界行政管理等诸多因素的不确定性影响，从而造成工期对效益产生较多不确定的影响。

（3）价格对成本的影响　在设计阶段对成本的影响主要反映在施工图预算上，而预算取决于设计方案的价格，价格直接影响到工程造价。因此，在做施工图预算时，应做好价格预测，特别是准确估计由于通货膨胀使建材、人工费的涨价率，以比较准确地把握成本水平。

（4）管理水平对成本的影响　对预算成本估算偏低，例如征地费用或拆迁费用大大超出计划而影响成本。由于资金供应紧张或材料、设备供应发生问题，从而影响工程进度，延长工期，造成建设成本增加。更改设计可能增加或减少成本开支，但又往往会影响施工进度，给成本控制带来不利影响。

5.3.2　项目成本估算的依据和方法

1. 项目成本估算的依据

项目成本估算的依据有范围基准、项目进度计划、项目人力资源计划、风险登记册、项目的制约因素、组织积累的相关资源。该部分内容已在5.2.1节进行了阐述，这里仅做补充。

（1）项目进度计划　项目进度计划决定成本估算的主要因素是资源的类型和数量，以

及这些资源用于项目工作的持续时间。活动资源估算涉及确定完成计划活动所需人员、设备、材料的数量及其可用性。因此，计划活动资源及其各自持续时间是项目成本估算过程的主要依据。它和成本估算紧密联系。如果项目估算考虑了包括利息等的融资成本和在计划活动持续时间内按时间使用资源，则活动时间估算将影响项目成本估算。计划活动持续时间也能影响对时间敏感的活动成本估算。

（2）项目人力资源计划　项目人力资源计划中的项目人员属性和人工费率等信息都将是编制项目成本估算的必要组成部分。

（3）风险登记册　风险登记册是项目风险管理中最重要的一项输出成果。除规划风险管理过程外，它出现在风险识别、实施风险定性分析、实施风险定量分析中。掌握风险登记册内容的演变过程，对理解项目风险管理非常有帮助。

（4）项目的制约因素

1）市场条件。在市场中从何处、在何种条件和条款下能够得到何种产品、服务和结果等。

2）商业数据库。商业数据库可跟踪反映技能和人力资源成本，提供材料和设备的标准成本。从商业数据库经常可获得资源成本率信息。公布的卖方价格清单是另外一种数据来源。

2. 项目成本估算的方法

项目成本估算的方法有类比估算法、参数估计法、工料清单法和软件工具法等。

（1）类比估算法　这是一种在项目成本估算精确度要求不高的情况下使用的项目成本估算方法。这种方法也被叫作自上而下法，是一种通过比照已完成的类似项目实际成本，估算出新项目成本的方法。类比估算法通常比其他方法简便易行，费用低，但它的精度也低。有两种情况可以使用这种方法：其一是以前完成的项目与新项目非常相似；其二是项目成本估算专家或小组具有必需的专业技能。类比估算法是最简单的成本估算技术，它将被估算项目的各个成本科目与已完成同类项目的各个成本科目（历史数据）进行对比，从而估算出新项目的各项成本。这种方法的局限性在于很多时候没有真正类似项目的成本数据，因为项目的独特性和一次性使多数项目之间不具备可比性。类比估算法的优点是这种估算是基于实际经验和实际数据的，所以可信度较高。

（2）参数估计法　参数估计法，也叫作参数模型法，是利用项目特性参数建立数学模型来估算项目成本的方法。例如，工业项目可以使用项目生产能力作为参数，民用住宅项目可以使用每平方米单价等作为参数去估算项目的成本。参数估算法很早就开始使用了，如赖特 1936 年在航空科学报刊中提出了基本参数的统计评估方法后，又针对批量生产飞机提出了专用的参数估计法的成本估算公式。参数估计法使用一组项目费用的估算关系式，通过这些关系式对整个项目或其中大部分的费用进行一定精度的估算。参数估计法重点集中在成本动因（即影响成本最重要因素）的确定上，这种方法并不考虑众多的项目成本细节，因为是项目成本动因决定了项目成本总量的主要变化。参数估计法能针对不同项目成本元素分别进行计算。参数估计法是许多国家规定采用的一种项目成本的估算和分析方法，它的优点是快速并易于使用，只需要一小部分信息，并且其准确性在经过模型校验后能够达到较高精度。这种方法的缺点是：如果不经校验，参数估计模型可能不精确，估算出的项目成本差距会较大。

（3）工料清单法　工料清单法也叫作自下而上法，这种方法首先要给出项目所需的工料清单，然后再对工料清单中各项物料和作业的成本进行估算，最后向上滚动相加得到项目总成本。这种方法通常十分详细而且耗时，但是估算精度较高。它可对每个工作包进行详细分析并估算其成本，然后统计得出整个项目的成本。这种方法的优点是对使用工料清单为项目成本估计提供了相对详细的信息，所以它比其他方式的成本估算更为精确。这种基于项目详细工料资源需求清单的项目成本估算方法能够给出一个项目最接近实际成本的成本估算。这种方法的缺点是要求有详细的工料消耗和占用量信息，这种信息本身就需要大量的时间和经费的支持。另外，这种成本估算方法所需的工料消耗与占用数据本身也需要有数据来源，而且这些数据经常是过时的数据，所以这种方法往往需要在成本估算中做出各种各样的项目成本费率调整。

（4）软件工具法　这是一种运用现有的计算机成本估算软件确定项目成本的方法。项目管理技术的发展和计算机技术的发展是密不可分的，计算机的出现和运算速度的迅猛提升使得使用计算机估算项目成本变得可行以后，涌现出了大量的项目成本估算软件。目前项目成本管理软件根据功能和价格水平被分为两个档次：一种是高档项目成本管理软件，这是供专业项目成本管理人士使用的软件。这类软件功能强大，价格高，能够较好地估算项目的成本。另一类是低档项目成本管理软件。这类软件虽然功能不是很齐全，但价格较便宜，可用于进行一些中小型项目的成本估算。大部分项目成本管理软件都有项目成本估算的功能，但是这种功能很大程度上还要依靠人的辅助来完成，而且人的作用仍然占据主导地位，这是这种方法的主要缺陷。

（5）WBS 法　利用 WBS 法，先把项目任务进行合理的细分，分到可以确认的程度，如某种材料、某种设备、某一活动单元等。然后估算每个 WBS 要素的费用。采用这一方法的前提条件或先决步骤是：

1）对项目需求做出一个完整的限定。

2）制定完成任务所必需的逻辑步骤。

3）编制 WBS 表。

项目需求的完整限定应包括工作报告书、规格书以及总进度表。工作报告书是指实施项目所需的各项工作的叙述性说明，它应确认必须达到的目标。如果有资金等限制，该信息也应包括在内。规格书是对工时、设备以及材料标价的根据。它应该能使项目人员和用户了解工时、设备以及材料估价的依据。总进度表应明确项目实施的主要阶段和分界点，其中应包括长期订货、原型试验、设计评审会议以及其他任何关键的决策点。如果可能，用来指导成本估算的总进度表应含有项目开始和结束的日历时间。

一旦项目需求被勾画出来，就应制定完成任务所必需的逻辑步骤。在现代大型复杂项目中，通常用箭头图来表明项目任务的逻辑程序，并以此作为下一步绘制 CPM 或 PERT 图以及 WBS 表的根据。

编制 WBS 表最简单的方法是依据箭头图，把箭头图上的每一项活动当作一项工作任务，在此基础上再描绘分工作任务。

进度表和 WBS 表完成之后，就可以进行成本估算了。在大型项目中，成本估算的结果最后应以下的报告形式表述出来：

1）对每个 WBS 要素的详细费用估算。还应有一个各项分工作、分任务的费用汇总表，以及项目和整个计划的累积报表。

2）每个部门的计划工时曲线。如果部门工时曲线含有“峰”和“谷”，应考虑对进度表作若干改变，以得到工时的均衡性。

3）逐月的工时费用总结。以便项目费用必须削减时，项目负责人能够利用此表和工时曲线作权衡性研究。

4）逐年费用分配表。此表以 WBS 要素来划分，表明每年或每季度所需费用。此表实质上是每项活动的项目现金流量的总结。

5）原料及支出预测。它表明供货商的供货时间、支付方式、承担义务以及支付原料的现金流量等。

采用这种方法估算成本需要进行大量的计算，工作量较大，所以只计算本身也需要花费一定的时间和费用。但这种方法的准确度较高，用这种方法做出的这些报表不仅仅是成本估算的表述，还可以用来作为项目控制的依据。最高管理层则可以用这些报表来选择和批准项目，评定项目的优先性。以上介绍了五种成本估算的方法。除此之外，在实践中还可将几种方法结合起来使用。例如，对项目的主要部分进行详细估算，其他部分则按过去的经验或用因素估算法进行估算。

5.3.3 项目成本估算的结果

1. 项目成本估算文件

这是通过采用前述项目成本估算方法而获得的项目成本估算最终结果文件。项目成本估算文件是对完成项目所需费用的估计和计划安排，是项目管理文件中的一个重要组成部分。项目成本估算文件要对完成项目活动所需资源、资源成本和数量进行概略或详细的说明。这包括对项目所需人工、物料、设备和其他科目成本估算的全面描述和说明。另外，这一文件还要全面说明和描述项目的不可预见费等内容。项目成本估算文件中的主要指标是价值量指标，为了便于在项目实施期间或项目实施后进行对照，项目成本估算文件也需要使用其他的一些数量指标对项目成本进行描述。例如，使用劳动量指标（工时或工日）或实物量指标(吨、公斤、米等)。在某些情况下，项目成本估算文件将必须以多种度量指标描述，以便于开展项目成本管理与控制。

2. 相关支持细节文件

(1）项目范围的描述　因为项目范围是直接影响项目成本的关键因素，所以这一文件通常与项目工作分解结构和项目成本估算文件一起提供。

(2）项目成本估算的基础和依据文件　项目成本估算的基础和依据文件包括制定项目成本估算的各种依据性文件、各种成本计算或估算的方法说明以及各种参照的国家规定等。

(3）项目成本估算各种假定条件的说明文件　项目成本估算各种假定条件的说明文件包括在项目成本估算中所假定的各种项目实施的效率、项目所需资源的价格水平、项目资源消耗的定额估计等假设条件的说明。

(4）项目成本估算可能出现的变动范围的说明　项目成本估算可能出现的变动范围的说明主要是关于在各种项目成本估算假设条件和成本估算基础与依据发生变化后，项目成本可能会发生什么样的变化，多大的变化的说明。

3. 项目成本管理计划

这是关于如何管理和控制项目成本变动的说明文件，是项目管理文件的一个重要组成部分。项目成本管理计划文件可繁可简，具体取决于项目规模和项目管理主体的需要。一个项目开始实施后有可能会发生各种无法预见的情况，从而危及项目成本目标的实现（如，某些原材料的价格可能会高于最初估计的成本价格）。为了防止、预测各种意外情况，就需要对项目实施过程中可能出现的成本变动，以及需要采取的相应措施进行详细的计划和安排。项目成本管理计划的核心内容就是这种计划和安排，以及有关项目不可预见费的使用管理规定等。

5.4 项目成本预算

5.4.1 项目成本预算的概念

成本预算是指把整个项目估算费用分给项目的各个工作单元（工作包），建立费用基线，并以此为依据度量和控制项目费用现行情况的项目管理工作。成本预算包括：根据项目成本估算向项目各个工作单元与活动分配预算定额，确定项目的总预算，制定项目费用控制标准，规定项目不可预见费的划分和使用规则等。

预算还和组织的管理方式紧密相关。预算计划反映了项目后续的活动级别，如果预算被批准和认可，项目经理就应该得到有效的授权，在预算之内安排和执行相关的项目活动。如果企业不重视预算，就意味着每一项后续项目活动需要的资源投入都可能被管理层重新进行评估，降低了项目的执行效率。一般来说，在强矩阵或项目型组织中，项目经理拥有较大的权力来制定预算，并且被授权按照预算来安排资源。

5.4.2 项目成本预算的作用

1. 有利于资源的充分利用

项目成本预算是按照计划对项目资源进行分配，用以保证各项项目工作能够获得所需要的各种资源，并使资源得到充分利用，提高资源的使用效率。

2. 项目成本预算也是一种控制机制

项目成本预算作为项目各项具体工作的全部成本定额，是度量项目各项工作在实际实施过程中资源使用数量和效率的标准，项目工作所花费的实际成本应该尽量在预算成本的限度以内。必须在完成项目目标的前提下尽可能节约资源，严格控制资源的使用。另外也要看到，由于项目在实施过程中会面临种种不确定性，可能遇到很多不可预测的事件，项目实际成本偏离项目预算计划也是难免的，因此需要根据实际情况，对项目各项工作的成本预算进行适当的调整。

3. 项目成本预算为项目管理者监控项目施工进度提供了一把标尺

项目费用总要和一定的施工进度相联系，在项目实施的任何时点上，都应该有确定的预算成本支出。根据项目预算成本的完成情况和完成这些预算成本所消耗的实际工期，并与完成同样预算成本的计划工期相比较，项目管理者可以及时掌握项目的进度情况。如果成本预算和项目进度没有联系，那么管理者就有可能忽视一些潜在的危险，例如，实际实施费用已经超过了项目进度所对应的成本预算，但是还没有超出项目的总预算，从而有可能因偏差的日积月累最终造成项目的失败。

5.4.3 项目成本预算的方法

1. 自上而下估算法

自上而下估算法也称为类比估算法，其过程是由上到下一层层地进行的，它是一种最简单的成本估算方法，通常采用专家评定法。常常在项目的初期或信息不足时采用此种方法。它是将以前类似项目的实际成本的历史数据作为估算依据，并以此来估算项目成本的一种方法。采用类比估算法所需要的成本通常低于其他方法，但其精确度通常也较差。

2. 自下而上估算法

自下而上估算法也称为工料清单估算法，它首先估算各项活动的独立成本，然后将各项活动的估算成本自下而上汇总，从而估算出项目的总成本。

3. 两种方法的利弊分析

两种预算方法各有利弊。自上而下的方法可以确保预先分配的总预算不会被超支，但在分配上却可能犯“官僚主义”，产生计划和实际之间的偏差，从而使得一线执行人员得不到足够的资源。如果采用自下而上的方法，大多数一线人员由于过分担心不确定性因素的影响，会有意地超额估计所需要的资源来缓冲风险，这就导致自下而上的方法往往会产生超出期望的总预算。

因此，大多数组织会混合采用自上而下和自下而上两种方法。一方面可以控制总预算不超支，另一方面也综合考虑来自一线人员的实际需求。无论怎样，制定预算的过程都体现参与各方进行利益博弈和均衡的过程。具体预算的步骤为：首先，需要考虑项目的直接成本，如完成项目活动所需要的物质资源、人力资源等；其次，要考虑的是项目需要外购的产品或者服务的支出；再次，要考虑需要被摊销的间接成本；最后，要考虑项目为了应付意外和风险所需要准备的风险准备金和风险储备金。

5.5 项目成本控制

5.5.1 项目成本控制的概念

项目成本控制是指在项目实施过程中，通过开展项目成本管理努力将项目的实际成本控制在项目预算范围内的一项管理工作。随着项目的进展，根据项目实际发生成本的情况，不断修正原先的成本估算，并对项目的最终成本进行预测等工作也都属于项目成本控制的范畴。

项目成本控制涉及对那些可能引起项目成本变化的影响因素的控制（事前控制），项目实施过程中的成本控制（事中控制）和项目实际成本发生以后的控制（事后控制）这三个方面的工作。要实现对项目成本的全面控制，最根本的任务是要控制项目各方面的变动和变更，以及项目成本的事前、事中和事后控制。

项目成本控制的具体工作包括：监视项目的成本变动，发现项目成本控制中的偏差，采取各种纠偏措施防止项目成本超过预算，确保实际发生的项目成本和项目变更都能够有据可查；防止不正当或未授权的项目变更所发生的费用被列入项目成本预算，以及采取相应的成本变动管理措施等。有效控制项目成本的关键是要经常及时地分析项目成本的实际状况，尽早地发现项目成本出现的偏差和问题，以便在情况变坏之前能够及时采取纠正措施。一旦项目成本失控是很难挽回的，所以只要发现项目成本的偏差和问题就应该积极地着手去解决它，而不是寄希望于随着项目的展开一切都将会变好。项目成本控制问题越早发现和处理，对项目范围和项目进度的冲击就会越小，项目就越能够达到整体的目标要求。

5.5.2 项目成本控制的方法

项目成本控制是一个系统工程，因此研究成本控制的方法非常重要。最常用的几种项目成本控制的方法有：

1. 项目成本分析表法

项目成本分析表法是指利用项目中的各种表格进行成本分析和成本控制的一种方法。应用成本分析表法可以很清晰地进行成本比较研究。常见的成本分析表有月成本分析表、成本日报或周报表、月成本计算及最终成本预测报告表。

每月编制月成本计算及最终成本预测报告表，是项目成本控制的重要内容之一。该报告主要事项包括项目名称、已支出金额、已竣工尚需的预计金额、盈亏预计等。月成本计算及最终成本预测报告要在月末会计账簿截止的同时完成，并随时间推移使精确性不断增加。表5-1显示了工程项目的月成本计算及最终成本预测报告表的格式。

表5-1 月成本计算及最终成本预测报告表的格式

序号	科目编号	名称	支出金额	调整			现在的成本			到竣工尚需的金额			最终预算工程成本			合同预算金额			预算比较	
				金额		备注	金额	单价	数量	金额	单价	数量	金额	单价	数量	金额	单价	数量	盈	亏
				增	减															

2. 时间—成本累计曲线

对项目成本目标按时间进行分解，并在此基础上编制成本基准计划。常用的一种成本基准计划是利用时间—成本累计曲线（S形曲线）表示，如图5-1所示。

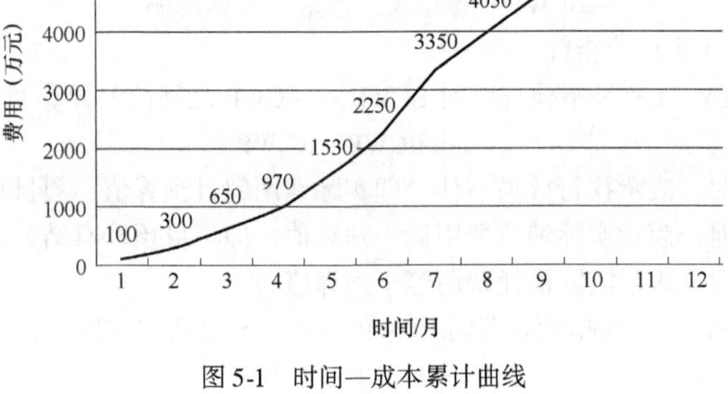

图5-1 时间—成本累计曲线

绘制时间—成本累计曲线的步骤如下：

1）建立工作分解结构，计算每一个工作包的实际成本，并将其分配到各个工作包的整个工期中去。

2）根据项目实际情况，计算每单位时间内完成工作所花费的成本。

3）计算规定时间 t 内完成工作量的累计成本，其计算方法为

$$Q_t = \sum_{n=1}^{t} q_n$$

式中，Q_t 为某时刻 t 之前完成工作量的累积成本；q_n 为单位时间 n 的成本；t 为某规定计划时刻。

4）按各规定时间的 Q_t 值，绘制 S 形曲线。

这样绘制出的 S 形曲线是理想情况下的支出曲线。在实际情况中，实际支出可能会超过理想情况，也可能比理想情况低。如果高于理想情况，则可能是某个环节计划不周或者管理不善，造成成本增加；如果低于理想情况，则可能是工程进度落后于计划，该完成的工作未能完成。

时间—成本累计曲线图上实际支出与理想情况任何一点偏差，都是一种警告信号，发现偏差时要查明原因，判定是正常偏差还是不正常偏差，然后采取措施处理。

在时间—成本累计曲线图上，根据实际支出情况的趋势可以对未来的支出进行预测，将预测曲线与理想曲线进行比较，可以获得很有价值的成本控制信息，这对项目管理有帮助。

3. 挣值法

挣值（Earned Value，EV）是一种与速度、技术绩效有关的资源规划管理技术。挣值测量涉及三个关键值，即已安排工作的预算费用、已完成工作的预算费用和完成工作实际费用。通过这三个基本值的对比，可以对项目的实际进展情况做出明确的测定和衡量，有利于对项目进行监控，也可以清楚地反映出项目管理和项目技术水平的高低。

（1）挣值法的 3 个基本参数

1）计划工作量的预算费用 BCWS。将项目计划消耗的成本预算在计划的周期内，按月进行分配，然后逐月累加，即可生成项目 BCWS 曲线。BCWS 曲线是项目控制的基准曲线。

2）已完成工作量的实际费用 ACWP。将项目过程中的实际费用逐项记录，并逐月累加，即可生成项目的 ACWP 曲线。ACWP 主要反映项目执行的实际消耗指标。

3）已完成工作量的预算成本 BCWP。它是指项目实施过程中某阶段实际完成工作量按预算定额计算出来的工时或费用，即挣得值。BCWP 的计算公式为

$$\text{BCWP} = \text{已完成工作量} \times \text{预算定额}$$

（2）挣值法的 4 个评价指标

1）费用偏差 CV。CV 是指检查期间 BCWP 与 ACWP 之间的差异。其计算公式为

$$\text{CV} = \text{BCWP} - \text{ACWP}$$

当 CV 为负值时，表示执行效果不佳，即实际费用超过预算值，项目超支。

当 CV 为正值时，表示实际消耗费用低于预算值，即项目预算有结余。

当 CV 等于零时，表示实际消耗费用等于预算值。

2）进度偏差 SV。SV 是指检查期间 BCWP 与 BCWS 之间的差异。其计算公式为

$$\text{SV} = \text{BCWP} - \text{BCWS}$$

当 SV 为正值时，表示进度提前。

当 SV 为负值时，表示进度延误。

当 SV 等于零时，表示实际进度与计划进度一致。

3）成本执行指数 CPI。CPI 是指 BCWS 与 ACWP 值之比。其计算公式为

$$CPI = BCWS/ACWP$$

当 CPI >1 时，表示低于预算，即实际费用低于预算费用。

当 CPI <1 时，表示超出预算，即实际费用高于预算费用。

当 CPI =1 时，表示实际费用与预算费用一致。

4）进度执行指数 SPI。SPI 是指项目挣得值 BCWP 与 BCWS 之比，即 SPI = BCWP/BCWS。

当 SPI >1 时，表示进度提前，即实际进度比计划进度快。

当 SPI <1 时，表示进度延误，即实际进度比计划进度慢。

当 SPI =1 时，表示实际进度等于计划进度。

（3）挣得值评价曲线　挣得值评价曲线如图 5-2 所示。

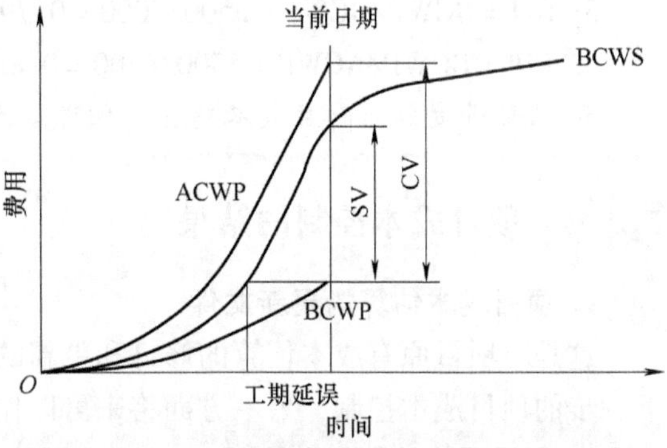

图 5-2　挣得值评价曲线图

挣值法实际上是一种综合的绩效度量技术，既可用于评估项目成本变化的大小、程度及原因，又可用于对项目的范围、进度进行控制，将项目范围、费用、进度整合在一起，帮助项目管理团队评估项目绩效。该方法在项目成本控制中的作用有：确定偏差产生的原因、偏差的量级和决定是否需要采取行动纠正偏差。

【例 5-1】　某项目由 4 项活动组成，各项活动的时间和成本见表 5-2；总工时为 4 周，项目最初估量所需要的总成本为 10000 元，以下是第三周周末的状态。

表 5-2　各项活动的时间和成本

活　动	预计时间和成本	第一周	第二周	第三周	第四周	第三周周末的状态
计划	1 周，2000 元					活动已完成，实际支付成本 2000 元
设计	1 周，2000 元					活动已完成，实际支付成本 2500 元
编程	1 周，3000 元					活动仅完成 50%，实际支付成本 2200 元
测试和实施	1 周，3000 元					没开始

要求回答以下问题：

1. 成本偏差（CV）是多少？
2. 进度偏差（SV）是多少？
3. 进度执行指数（SPI）是多少？
4. 成本执行指数（CPI）是多少？
5. 进度执行指数（SPI）和成本执行指数（CPI）说明了什么？

解：

1. BCWS = 第一周(2000 元) + 第二周(2000 元) + 第三周(3000 元) = 7000 元

BCWP = 第一周全部完成(2000 元) + 第二周全部完成(2000 元) + 第三周完成 50%(1500 元) = 5500 元

ACWP = 第一周(2000 元) + 第二周(2500 元) + 第三周(2200 元) = 6700 元

CV = BCWP - ACWP = 5500 元 - 6700 元 = -1200 元

2. SV = BCWP - BCWS = 5500 元 - 7000 元 = -1500 元

项目成本处于超支状态，项目实施落后于进度状态。

3. SPI = BCWP/BCWS = 5500/7000 = 0.79

4. CPI = BCWP/ACWP = 5500/6700 = 0.82

5. 项目进度落后而且成本超支，但进度比成本落后更多。

5.5.3　项目成本控制的结果

1. 项目成本估算的更新文件

这是对项目原有成本估算的修订和更新的结果文件。这一文件中的信息一方面可以用于下一步的项目成本控制，另一方面将来可以作为项目历史数据和信息使用。

2. 项目预算的更新文件

这是对项目原有成本预算的修订和更新的结果文件，是项目后续阶段成本控制的主要依据。这一文件同样有作为项目成本控制使用和作为历史数据和信息使用方面的作用。

3. 项目活动方法改进文件

这是有关项目具体活动的方法改进与完善方面的文件。它也包括两个方面的信息：其一是项目活动方法与程序的改进方面的信息；其二是项目活动方法改进所带来的项目成本降低方面的信息。

4. 经验教训

这是有关项目成本控制中的失误或错误以及各种经验与教训的汇总文件。这种经验与教训汇总文件的目的是总结经验和接受教训，以便改善下一步的项目成本控制工作。项目经理应及时组织项目成本控制的评估会议，并就项目成本控制工作做出相应的书面报告。

本章小结

本章首先介绍了项目成本管理的概念、目的及基本过程，之后又分节具体介绍了规划成本管理、成本估算、成本预算、成本控制各个环节的相关内容。本章应重点掌握的是成本控制的方法应用。

习　题

一、判断题

1. 项目成本与价值的关系公式为：项目价值 = 项目成本/项目功能。

2. 项目业主所承担的风险预备费的大小既取决于项目合同方式，又取决于项目环境条件的发展变化所造成的风险大小。

3. 项目活动的优化分析需要考虑到充分必要性和科学适用性。

4. 项目集成管理是一种为实现项目各方面客观存在的特定合理配置关系，所开展的一种全面性、综合平衡性、整体性的科学集成管理工作。

5. 项目业主与承包商的成本预算之间不存在紧密关系。

二、单选题

1.（　　）通过估算最小任务的成本，再把所有任务的成本向上逐渐相加，从而计算出整个项目的总成本。

A. 总分预算估算法　　B. 自下而上估算法　　C. 参数模型估算法　　D. 自上而下估算法

2. 若已知 BCWS = 220 元、BCWP = 200 元、ACWP = 250 元。根据偏差分析法，此项目的 SV 和项目状态分别是（　　）。

A. 20 元，项目提前完成　　B. －20 元，项目比原计划滞后

C. －30 元，项目提前完成　　D. 800 元，项目按时完成

3. 若已知 BCWS = 220 元、BCWP = 200 元、ACWP = 250 元，则此时项目 CPI 与成本绩效分别是（　　）。

A. 0.2，实际成本与计划一致　　B. 0.8，实际成本比计划成本低

C. 0.8，实际成本超过计划成本　　D. 1.2，实际成本比计划成本低

4. 若已知 BCWS = 220 元、BCWP = 200 元、ACWP = 250 元，则此时项目 CV 是（　　）。

A. 30 元　　B. 50 元　　C. －30 元　　D. －50 元

5. 如果一个工作包原计划花费 1500 元完成，但是，到计划期花费了 1350 元却只完成了 2/3，则成本偏差是（　　）。

A. 150 元　　B. －350 元　　C. －150 元　　D. －500 元

6. 如果某项目进度的 BCWS 为 100 元，BCWP 为 110 元，这表明该项目目前状态为（　　）。

A. 落后于进度计划　　B. 超前于进度计划　　C. 超出预算　　D. 在预算之内

7. 下列选项（　　）表明你的项目超过预算 20%。

A. BCWS = 100 元，BCWP = 120 元　　B. ACWP = 120 元，BCWP = 100 元

C. BCWS = 100 元，ACWP = 120 元　　D. ACWP = 100 元，BCWP = 120 元

8. 挣值是（　　）。

A. 已完成工作量的预算成本　　B. 计划工作量的预算成本

C. 完成工作量的实际成本　　D. 工作完成时的成本

三、思考题

1. 项目成本管理的概念是什么？

2. 项目成本估算与项目成本预算的区别是什么？

3. 简述项目成本控制的方法。

4. 成本控制的作用是什么？

案例分析

案例一：C 公司的成本估算

C 公司主要致力于为国内教育提供信息化服务，成立业内一流的研发中心，不断研究和

推出深受用户欢迎的软件产品，客户遍布中国各个省（市、自治区）。C公司创立9年来，通过不断加强和改进技术管理来完善产品和提升服务品质，已成为中国教育软件研发领域首家通过CMM3评估项目的公司。

李工是C公司的项目经理，1个月前刚接手某高校学生管理系统研发项目。完成项目需求调研后，李工开始制订详细的进度和成本计划。表5-3和表5-4分别是李工用两种方法做的项目成本估算，估算货币单位为元。

表5-3 项目成本估算（一）

WBS	名　称	估算值（元）	合计值（元）	总 计 值
1	学生管理系统			*A*
1.1	招生管理		40000	
1.1.1	招生录入	16000		
1.1.2	招生审核	12000		
1.1.3	招生查询	12000		
1.2	分班管理		81000	
1.2.1	自动分班	30000		
1.2.2	手动分班	21000		
1.3	学生档案管理	30000		
1.4	学生成绩管理		81000	
1.4.1	学生信息管理	23000		
1.4.2	考试成绩输入	30000		
1.4.3	考试信息统计	28000		

表5-4 项目成本估算（二）

成本参数	单位员工时数	参与人数
项目经理（30元/h）	500h	1
分析人员（20元/h）	500h	2
编程人员（13元/h）	500h	2
一般管理费（元）	21350元	
额外费用（25%）	16470元	
交通费（1000元/次，4次）	4000元	
计算机费（2台，3500元/台）	7000元	
打印与复印费	2000元	
总项目费用	*B*	

案例来源：邱菀华．现代项目管理学［M］．3版．北京：科学出版社，2013.

问题：

1. 请简要说明信息系统管理过程进行成本估算的基本方法。
2. 试分析信息系统项目成本估算过程中的主要困难和应该避免的常见错误。

案例二：新建数码产品制造流程成本估算方法选择

小陈被任命为W公司一个新建数码产品制造流程的项目经理。该数码产品具有很高的价格敏感性。W公司已经在计量方面做了很多工作，而且建立了自己的敏感度模型，所以公司能够根据定价方式的变化精确地预测销售数量的变化。

W公司的决策层认为所有在项目中影响该数码产品的各项成本都应该按照敏感度模型的分析运作，由此分析产品的收益并快速做出项目取舍的决策。W公司的做法使得小陈为提交成本预算必须承受很大的压力，而且公司已经撤换了四位在可行性研究阶段表现不佳的项目经理，而且他们都是小陈熟识的同事。

小陈现在面临的问题是：怎样才能编制出一个准确反映该项目全新制造过程的成本估算。该数码产品制造流程只对原流程五个阶段中的一个做了改动，因此小陈能对其他四个没有改动的流程阶段获得详细的成本信息，但是改动的阶段很多工作不是很清晰，而且这一阶段还会对其他四个阶段产生一些影响，影响的程度也没有得到明确界定。最重要的是，改动的流程阶段几乎占整个制造成本的40%。

问题：

1. 目前该项目的成本管理中存在的问题是什么？
2. 你认为小李应该采用哪种成本估算方法才可能得出较准确的估算结果？

案例三：焊接技改项目成本估算

客户昨天与事业部联系，需要修改产品设计方案中一个受压元件的参数值。设计中心与研究院研究认为只有替换材料才能达到客户新要求，然而生产部确认该材料的焊接难度非常大，焊材要求高、用量大。这属于焊接优化问题，应该放入焊接技改项目预算中。焊接技改项目本身成本是20万元。现在客户提出新要求，各部门上报的成本费用和工时变化如下：

1）产品设计：需要100h（误差为±20%），每小时人工费用为75元。

2）焊接人工：根据技工能力，耗时在600～800h，一般为700h。每小时人工费90元。

3）总材料费：市场价为5万元，供应商最低报价3.2万元，最高报价6.5万元。

4）车间工时损失（新方案改变导致生产不能按计划执行）估计有80h，最少70h，最多可达到120h。单位工时成本约100元。

现在你非常担心项目自身成本加上这次新要求下的成本会超过公司给予的项目总额度。

案例来源：改编自工业工程领域企业生产实践。

问题：

1. 假设新要求下项目总成本超过公司给予的经费限额，请从管理学角度谈谈应该怎么办？
2. 案例中的“你”有哪些办法来控制项目成本？

第6章 项目质量管理

6.1 项目质量管理概述

6.1.1 质量的含义

国际标准化组织（ISO）2005年颁布的ISO 9000：2005《质量管理体系基础和术语》中对质量的定义是：一组固有特性满足要求的程度。

美国著名的质量管理专家朱兰（J. M. Juran）博士从顾客的角度出发，提出了产品质量就是产品的适用性。即产品在使用时能成功地满足用户需要的程度。用户对产品的基本要求就是适用，适用性恰如其分地表达了质量的内涵。

ISO 8402对质量的定义：质量反映实体满足明确或隐含需要能力的特性总和。质量就其本质来说是一种客观事物具有某种能力的属性，由于客观事物具备了某种能力，才可能满足人们的需要，需要由两个层次构成。

6.1.2 质量管理的基本概念

朱兰对质量管理的基本定义：质量就是适用性的管理，市场化的管理。

费根堡姆的定义：质量管理是“为了能够在最经济的水平上并考虑到充分满足顾客要求的条件下进行市场研究、设计、制造和售后服务，把企业内各部门的研制质量、维持质量和提高质量的活动构成为一体的一种有效的体系。”

国家标准的定义：质量管理是“在质量方面指挥和控制组织的协调的活动”。

国际标准化组织认为：质量管理是指确定质量方针、目标和职责，并通过质量体系中的质量策划、控制、保证和改进来使其实现的全部活动。

6.1.3 项目质量管理的概念

项目质量管理是项目质量所进行的指挥、协调和控制等活动，具有项目过程的一次性，项目产品的独特性和项目交付逐步形成的特点。进行项目质量管理的目的是确保项目按规定的要求满意地实现，它包括使项目所有的功能活动能够按照原有的质量及目标要求得以实施，项目的质量管理是一个系统过程，在实施过程中，应创造必要的资源条件，使之与项目质量要求相适应。项目各参与方都必须保证其工作质量，做到工作流程程序化、标准化和规范化，围绕一个共同的目标——实现项目质量的最佳化，开展质量管理工作。要使质量符合要求或标准，必须对质量进行有效的管理，它包括质量策划、质量控制、质量保证三部分，有时也将质量审核单独列出。

一般情况下，在项目质量管理中同样要使用全面质量管理（Total Quality Management，TQM）的思想。所谓全面质量管理的思想，国际标准化组织认为："是一个组织以质量为中心，以全员参与为基础，目的在于通过让顾客满意和本组织所有成员及社会受益而达到长期成功的一种质量管理模式"。从这一定义中可以看出，全面质量管理的指导思想分两个层次：其一，一个组织的整体要以质量为核心，并且一个组织的每个员工都要积极参与质量管理；其二，全面质量管理的根本目的是使全社会受益和使组织本身获得长期成功。确切地说，全面质量管理的核心思想是质量管理的全员性（全员参与质量管理的特性）、全过程性（认真管理好质量形成的全过程）和全要素性（认真管理好质量所涉及的各个要素）。

6.2 项目质量计划

6.2.1 项目质量计划的概念和依据

1. 项目质量计划的概念

项目质量计划是指为实现项目的目标，而对项目质量管理进行规划，它包括制定项目质量的目标、确定拟采用质量体系的目标及其所要求的活动。项目质量管理的基本原则之一是：项目质量是通过质量计划的实施和所开展的质量保障与控制活动达到的，而不是通过质量检查得到的。因此，项目质量管理是从对项目质量的计划安排开始，通过对于项目质量计划的实施和开展项目质量保障与控制活动而得以实现。

质量计划的目的主要是确保项目的质量标准能够满意地实现，其关键是在项目的计划期内确保项目按期完成，同时处理好与其他项目计划之间的关系。

2. 项目质量计划的依据

（1）质量方针　质量方针是项目实施组织管理层就质量问题阐明的所有打算和努力方向。通常质量方针总能为制定质量目标提供框架，例如，某项目实施组织提出"顾客满意"的质量方针，该项目质量管理负责人提出"下一道工序就是我的顾客，提供无可挑剔的交付成果"的质量方针，与实施组织的质量方针保持一致。

质量方针是由项目组织的最高管理者发布的该组织总的质量宗旨和方向，它是项目质量管理的起点，项目质量管理必须贯彻组织的质量方针。项目质量方针主要包括项目设计的质量方针、项目实施的质量方针和项目完工交付的质量方针三个部分。项目团队应充分了解项目的质量方针，并可以根据项目的实际情况，对项目的质量方针进行适当的调整。

（2）范围说明书　项目的范围说明书不但规定了项目的应交付成果，同时也规定了项目的目标，是项目质量计划的关键依据。项目管理班子在确定项目质量目标时，要全面考虑范围问题，包括项目功能、特征、性能、可靠性和安全性等。项目组织必须意识到定义项目质量需求的作用，并及时准确地将顾客的需求和期望通知项目班子，项目班子应对项目的性质和功能做出正确的判断，由项目经理全权负责项目质量管理。

（3）成果说明书　成果说明书是对项目说明书中的项目成果做进一步的说明，一般包括技术说明和可能影响项目质量的其他注意事项。

（4）标准和规范　不同行业和领域的项目都有相应的质量要求，项目管理班子在进行质量计划时，应明确这些标准和规范对项目质量产生的重要影响。如市政工程项目的质量计划就应该依据相应的施工规范、工程项目管理规范、设计规范、国家强制性规范等一系列国家、行业、地方标准和法律法规。

6.2.2 项目质量计划的方法与结果

1. 项目质量计划的方法

（1）成本效益分析　成本效益分析是通过比较项目的全部成本和效益来评估项目价值的一种方法，成本效益分析作为一种经济决策方法，将成本费用分析法运用于政府部门的计划决策之中，以寻求在投资决策上如何以最小的成本获得最大的收益。常用于评估需要量化社会效益的公共事业项目的价值。非公共行业的管理者也可采用这种方法对某一大型项目的无形收益（Soft Benefits）进行分析。在该方法中，某一项目或决策的所有成本和收益都将被一一列出，并进行量化。

（2）基准对照　基准对照又称对标法，指通过将项目的实际做法或计划做法与其他项目的做法进行对照，产生改进的方法，或者提供一套度量绩效的标准。其他项目既可在实施组织内部，也可在其外部；既可在同一应用领域，也可在其他领域。

（3）质量成本　质量成本是指企业为了保证和提高产品或服务质量而支出的一切费用，以及因未达到产品质量标准，不能满足用户和消费者需要而产生的一切损失。质量成本一般包括：为确保与要求一致而做的所有工作叫作一致成本，以及由于不符合要求而引起的全部工作叫作不一致成本，这些工作引起的成本主要包括：预防成本、鉴定成本、内部损失成本和外部损失成本。其中预防成本和鉴定成本属于一致成本，而内部损失成本和外部损失成本，又统称为故障成本，属于不一致成本。

具体而言，预防成本是检验费用和为减少质量损失而发生的各种费用，是在结果产生之前为了达到质量要求而进行的一些活动的成本，它包括质量管理活动费和行政费、质量改进措施费、质量教育培训费、新产品评审费、质量情报费及工序控制费。

鉴定成本是按照质量标准对产品质量进行测试、评定和检验所发生的各项费用，是在结果产生之后，为了评估结果是否满足要求进行测试活动而产生的成本，包括部门行政费、材料工序成品检验费、检测设备维修费和折旧等。

故障成本是在结果产生之后，通过质量测试活动发现项目结果不满足质量要求，为了纠正其错误使其满足质量要求发生的成本，分为两部分：内部损失和外部损失。内部损失是指产品出厂前的废次品损失、返修费用、停工损失和复检费等；外部损失是在产品出售后由于质量问题而造成的各种损失，如索赔损失、违约损失和“三包”损失等。上述概念也可用公式表示如下：质量成本 = 预防成本 + 鉴定成本 + 内部损失成本 + 外部损失成本。

在质量管理工作中，最基本的一个问题是使质量和成本达到一个最佳平衡。由于项目的类型各有不同，很难确定一个均适用的最佳标准。一般来说，质量成本与质量水平之间是存在一定联系的。项目的质量水平越高，项目的预防和鉴定成本等就越高。而随着项目质量的提高，项目的内部、外部损失成本会下降。因此，应存在一个最佳区域和最佳质量点，在这一质量水平上，质量成本最低。质量与成本的关系如图 6-1 所示。

说明：图 6-1 中 C_1 为预防成本曲线，C_2 为鉴定成本曲线，C_3 为故障成本曲线。当产品质量为 100% 不合格时，其预防费用为零。随着质量升高，预防、鉴定费用逐渐增高；当质量

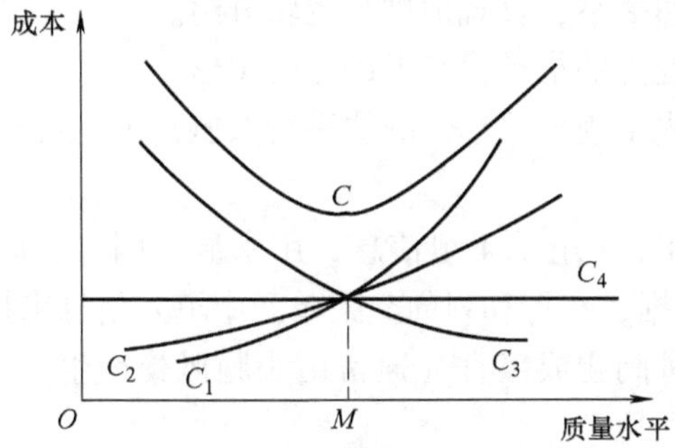

图6-1　质量与成本关系图

C_1—预防成本　C_2—鉴定成本　C_3—故障成本　C_4—基本生产成本

为100%合格时，预防成本很高。故障成本曲线C_3的变动规律是：当产品质量较低时，故障损失大；当质量提高到100%合格时，故障损失为零。C_4为基本生产成本线，不随质量成本而变化，属于不变成本。C为总成本曲线，任一点的总成本为C_1、C_2、C_3、C_4之和。当质量水平较低或较高时，总成本都比较高，在M点或M点附近区域总成本最低，它就是最佳质量水平。这两种分析方法的本质也是一致的，只是应用场合不同而需要提供不同成本信息。

根据国内外成功的经验，质量成本比例最佳值为C_3占50%，C_2占40%，C_1占10%，即质量管理成本占50%，损失成本占50%为宜。

（4）实验设计　实验设计是一种统计方法，用来识别哪些因素会对正在开发的流程或产品的特定变量产生影响。使用实验设计来确定测试的类型、数量以及这些测试对质量成本的影响。实验设计有助于产品或过程的优化，通过对实验数据的分析，可以了解产品或流程的最优状态，找到显著影响产品或流程的最优状态，找到显著影响产品或流程状态的因素，揭示因素之间的相互影响和协调作用。

在一般项目的实施和科研活动中，为保证质量和降低成本，经常会遇到如何选择最优方案的问题。例如，怎样选择合适的配方、合理的工艺参数、最佳的生产条件，以及怎样安排核查方案能做到节省成本。这一类问题在数学上称为最优化或称优选法，实验设计法是这类决策优化的方法之一，它特别适用于对于质量方案和质量管理方案的优化分析。常用的实验设计法有：对分法、均分法和0.618法（又叫黄金分割法）等。这些方法都可以用于计划和安排科学研究和技术开发之类项目的质量计划。

（5）质量标杆法　质量标杆法是指利用其他项目的实际的或计划质量结果或质量计划，作为新项目的质量比照目标，通过对照比较制订出新项目质量计划的方法，它是项目质量管理中常用的有效方法之一。这里所说的其他项目可以是项目组织自己以前完成的项目，也可以是其他组织完成的或正在进行的项目。通常的做法是以标杆项目的质量方针、质量标准和规范、质量管理计划、质量核检清单、质量工作说明文件、质量改进记录和原始质量凭证等文件为蓝本，运用相关技术和工具，结合新项目的特点来制定新项目的质量计划文件。

（6）其他质量计划工具　为更好地定义质量要求并规划有效的质量管理活动，也经常使用其他质量计划工具，包括（但不限于）以下几种：

1）头脑风暴法。又称智力激励法或自由思考法。

2）亲和图。基于自然关系，直观地进行逻辑分组。

3）力场分析。显示变更的推动力和阻碍力的图形。

4）名义小组技术。先由规模较小的群体进行头脑风暴，提出主意，再由规模较大的群体对主意进行评审。

5）矩阵图。包括 2 组、3 组或 4 组信息，用来显示因素、原因与目标之间的关系。用行和列来安排矩阵中的数据，在行和列的交叉单元中填入信息来描述相关变量之间的关系。

6）优先矩阵。对各种问题或事宜（通常由头脑风暴产生），按其重要性进行排序的一种方法。

2. 项目质量计划的结果

（1）质量管理计划　质量管理计划描述项目管理团队将如何执行其质量政策，主要内容有项目质量目标及其分解，项目质量管理机构设置，项目各级人员的质量职责，质量控制依据的规范、规程、标准和文件，质量控制程序等。项目质量管理计划可以是正式或非正式的，在内容描述上可以非常详细也可以是高度概括的，这取决于项目的具体需要。质量管理计划制订后应进行评审，以确保决策是基于准确信息的，减少返工造成的成本超支和进度延误，见表 6-1。

表 6-1　项目质量管理计划

项目名称：管理学院会议室装修项目　准备日期：2011 年 1 月 5 日

1. 质量角色和责任	
角色	责任
（1）	
（2）	
2. 质量保证工作：描述用于质量保证活动的过程、程序、方法、工具和技术	
3. 质量控制方法：描述用于质量控制活动的过程、程序、方法、工具和技术	
4. 质量提高方法：描述用于质量提高活动的过程、程序、方法、工具和技术	

（2）操作性定义　操作性定义是用非常专业化的术语描述各项操作规程的含义，以及如何通过质量控制程序对它们进行检测。例如，仅仅把满足计划进度时间作为管理质量的检测标准是不够的，项目管理小组还应指出是否每项工作都应准时开始，抑或只要准时结束即可；是否要检测个人的工作，抑或仅仅对特定的子项目进行检测。如果确定了这些标准，那么哪些工作或工作报告需要检测。在一些应用领域，操作性定义又称为公制标准。

（3）质量核检清单　质量核检清单是一种结构化的质量管理工具，它可用于检查各个项目流程步骤的质量计划执行情况和质量控制的实际结果，它也是项目质量计划文件的组成部分之一。质量核检清单常见的形式是分别开列的一系列需要检查核对的工作与对象的清单。质量核检清单通常可以由工作分解结构的细化和转换得到。随着项目种类和所属专业领域的不同，质量核检清单的内容也会有很大差别，所以在项目计划编制中要根据具体项目所属专业领域和项目本身的特性，确定出相应的质量核检清单，作为项目质量计划的重要内容之一。

（4）对其他程序的输入　质量计划程序可以在其他领域提出更长远的工作要求。

6.3　项目质量保证

6.3.1　项目质量保证的概念和内容

1. 项目质量保证的概念

项目质量保证是指通过项目质量计划，规定在项目实施过程中执行公司质量体系，针对项目特点和用户特殊要求采取相应的措施，使用户确信项目实施能符合项目的质量要求。项目的质量保证活动，主要由项目质量经理负责组织实施。

2. 项目质量保证的内容

（1）清晰的质量要求说明　质量保证的首要工作是提出项目的质量要求，既包括清晰明确的项目最终产出物的质量要求，也包括项目中间产出物和项目过程的质量要求。这些项目产出物和过程既包括项目工作的里程碑，又包括项目活动所生成的可交付产品。对于项目产出物的质量要求越详细和具体，项目的质量保证也就会越周密和可靠。

（2）科学可行的质量标准　项目质量保证工作还需要依赖科学可行的项目质量标准，项目质量管理需要进行科学可行质量管理标准的设计，即根据以前的经验和各种各样的国家、地区、行业质量标准设计出的适合于具体项目质量保证的项目工作（过程）和项目产出物的质量标准。项目环境和一般运营企业的环境有很大差别，在项目环境中许多工作都是一次性和不重复的，所以项目必须根据各种资料和信息，制定出具体科学而可行的质量标准，通过项目质量保证确保项目质量（因为很多项目没有返工和重做的改进机会），这对于项目的质量保证来说是至关重要的一项工作。

（3）组织和完善项目质量体系　这是项目质量保证中的组织工作，这一工作的目标是建立和健全一个项目的质量保证体系的组织机构，并通过这一质量体系去开展项目质量保证的各项活动。一般说来，任何项目的质量保证如果没有一套健全的质量体系是无法实现的。由于这个原因，在项目质量保证中最为重要的工作之一是建立和不断健全项目的质量体系。项目质量体系是为实施项目质量管理所需的组织结构、工作程序、质量管理过程和质量管理各种资源所构成的一个整体。一个项目组织只有建立了有效的质量体系，才能够全面地开展项目质量管理活动，因为质量体系是质量管理的基础，是质量管理工作的组织保障。

（4）配备合格和必要的资源　在项目质量保证中需要使用各种各样的资源，这包括人力资源、物力资源和财力资源等。因此项目质量保证的另一项工作内容就是为项目质量保证配备合格和必要的资源。如果项目聘用的人员不熟悉项目的专业工作，不管是缺乏经验还是缺少培训都会给项目的质量带来问题。同样，如果缺少足够的资金和必需的设备，项目质量管理人员就很难开展项目质量的保障和控制活动，这也会给项目质量造成问题。所以在项目质量保证中必须开展配备合格和必要的资源这项工作。例如，不管是对于专业人员还是对于技术工人在他们承担项目工作之前，必须经过严格的考核和培训，而对于各种物料和设备在投入使用之前必须经过严格的测试与检查等。

（5）持续开展有计划的质量改进活动　项目质量保证是为了保证项目产出物能够满足质量要求，通过质量体系所开展的各种有计划的、系统的活动。项目质量保证的一项核心工作是持续开展一系列有计划的，为确保项目实际质量而开展的审核、评价和质量改进工作。其中，最主要的是持续的质量改进工作。质量改进是为了向项目组织及项目业主/客户提供更多的利益，由项目组织所采取的旨在提高项目活动效益和效率的各种措施。实际上项目质量改进是一种持续改进与完善的项目活动，包括对于项目工作（过程）和项目产出物的持续改进和完善，包括对于项目作业与作业方法的持续改进与完善和对于项目管理活动的持续改进和完善。

（6）项目变更的全面控制　要开展项目质量保证和实现规定的项目质量就必须开展对于项目变更的全面控制。这并不是说所有的项目的变更都必须避免和消除，因为有些项目变更是为提高项目质量服务的，是为更好地满足项目业主/客户的需求服务的，这种项目变更对于项目质量管理而言是可取的。但是有些项目变更却会严重影响项目的质量。例如，项目范围的缩小、项目资源的降级替代、项目预算的消减、项目工期的缩短等，都会对项目质量产生不利的影响，所以都需要进行全面的控制。一般对于项目每个变更都需要仔细定义其目的，仔细分析它对项目质量的影响，仔细设计相应的质量保证对策，所有这些工作都属于项目质量保证的重要领域。

6.3.2 项目质量保证的依据和方法

1. 项目质量保证的依据

项目质量保证的依据有质量管理计划、质量测量指标、过程改进计划、工作绩效信息、批准的变更要求、质量控制度量的结果、实施的变更要求、实施的纠正措施、操作说明等。

2. 项目质量保证的方法

项目质量保证经常要运用项目质量计划的方法和项目质量控制的方法。项目质量计划的方法在前面进行过阐述。项目质量控制的方法在下一节进行说明。此外，这里还要介绍几种常用方法。

质量保证最主要的方法是质量审核和过程分析。

（1）质量审核　质量审核是一种独立的结构化审查，用以确定项目活动是否遵循了组织和项目的政策、过程和程序。通过质量审核评价审核对象的现状对规定要求的符合性，并确定是否需要采取改进纠正措施，以保证项目质量符合要求，保证设计、实施与组织过程符合规定要求，保证质量体系有效运行并不断完善。

质量审核的分类包括质量体系审核、项目质量审核、过程质量审核、监督审核、内部质量审核、外部质量审核。质量审核可以是有计划的，也可以是随机的，它可以由专门的审计人员或者第三方质量系统注册审核。

（2）过程分析　过程分析是指按照过程改进计划中列明的步骤，从组织的技术角度识别所需的改进。其中，也包括对遇到的问题、约束条件和无价值活动进行检查。过程分析包括根源分析，即分析问题或情况，确保促成该问题或情况的根本原因，并为类似问题制定纠正措施。

进行过程分析时，可以首先进行质量活动分解，即对与质量有关的活动进行逐层分解，直到最基本的和比较容易控制的质量活动，从而对项目质量进行有效的保证。

6.3.3 项目质量保证的结果

项目质量保证的结果是多方面的，但最主要的还是提高和改善项目的实际质量。这种项目质量的提高和改善涉及项目工作效率和效果的提高、项目相关利益主体的整体利益的扩大、项目产出物的质量等级的提高、各种不必要项目变更的避免和整个项目集成管理的改善等方面。

项目质量保证的另一个结果，是为未来开展的项目提供相应的质量保证工作的经验和教训。这种经验和教训可以作为项目历史信息的一个很好的组成部分，以便为将来的项目质量管理服务。

6.4 项目质量控制

6.4.1 项目质量控制的概念和依据

1. 项目质量控制的概念

项目质量控制就是对项目的实施情况进行监督、检查和测量，并将项目实施结果与事先制定的质量标准进行比较，判断其是否符合质量标准，找出存在的偏差，分析造成偏差的原因。项目质量控制贯穿于项目实施的全过程。项目质量控制的对象包括产品成果，如可交付成果报告、项目管理成果。

2. 项目质量控制的依据

（1）项目质量实测结果 项目质量实测结果包括项目实施过程中的和项目产出物的最终结果，据此就可以与项目的质量要求和控制标准进行比较分析，采取相应纠正措施，使项目质量处于受控状态。

（2）项目质量计划 项目的质量计划是针对具体项目的要求，以及应重点控制的环节所编制的对设计、采购、实施、检验等质量环节的质量控制方案。项目质量计划的格式和详细程度没有统一规定，但应与用户的要求、项目组织的操作方式和活动的复杂程度等相适应。计划应尽可能简单明了。

（3）项目质量要求与控制标准 没有具体的质量要求和质量控制标准就无法实现对质量的控制。将项目质量的实测结果、质量要求与控制标准进行对比，对于有误差的环节应采取积极的相应措施，使质量始终处于受控状态。

6.4.2 项目质量控制的方法和结果

1. 项目质量控制的方法

（1）鱼刺图 鱼刺图又称石川图或因果图，其形状像鱼刺，如图6-2所示，它可以直观显示导致潜在问题的各种因素。沿着某条线不停地问“为什么”，就可以发现某个可能的原因。鱼刺图是分析质量问题产生原因的工具，也可以用于风险分析。

（2）散点图 散点图显示两个变量之间的关系，通过散点图可以分析两个变量是否存在关系及其密切程度。当X值增大时，Y值有相应增大或减小的趋势，则认为两个变量之间存在相关关系，否则不相关，如图6-3所示。

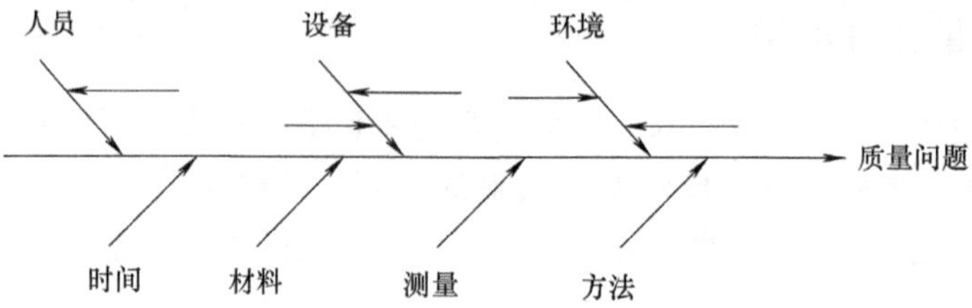

图 6-2　质量问题分析鱼刺图

（3）控制图法

1）控制图（Control Chart）又叫管制图，是对过程质量特性进行测定、记录、评估，从而监察过程是否处于控制状态的一种用统计方法设计的图，如图 6-4 所示。

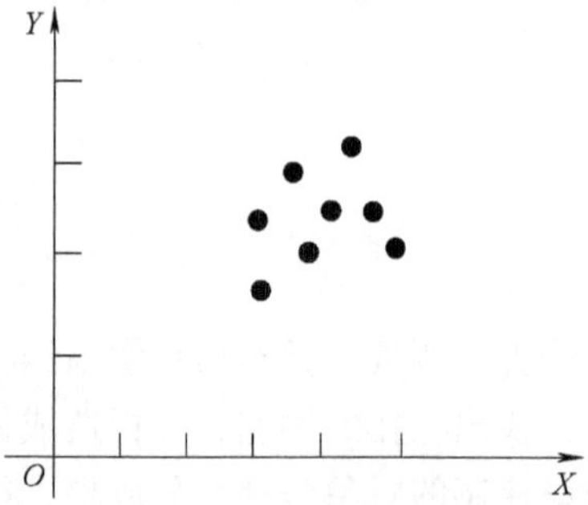

图 6-3　散点图

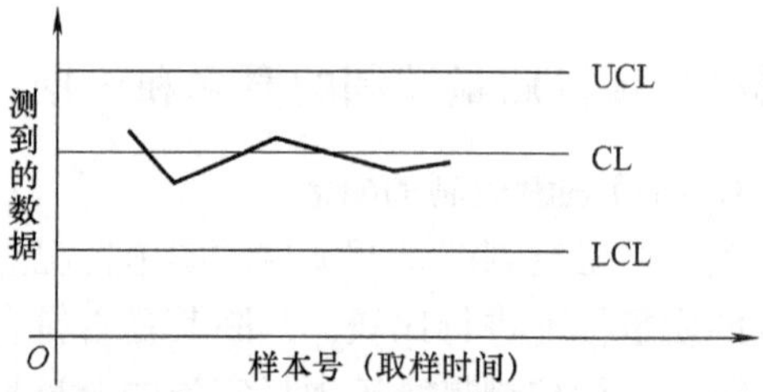

图 6-4　控制图

图上有三条平行于横轴的直线：中心线（Central Line，CL）、上控制线（Upper Control Line，UCL）和下控制线（Lower Control Line，LCL），并有按时间顺序抽取的样本统计量数值的描点序列。UCL、CL、LCL 统称为控制线（Control Line），通常控制界限设定在 ±3 标准差的位置。中心线是所控制的统计量的平均值，上下控制界限与中心线相距数倍标准差。若控制图中的描点落在 UCL 与 LCL 之外或描点在 UCL 和 LCL 之间的排列不随机，则表明过程异常，必须查明原因，采取措施，使生产过程恢复正常。

2）控制图的原理。控制图的设计是建立在以下的假设理论基础上的，第一为正态性假设：假定质量特性值在生产过程中的波动服从正态分布。第二是遵从 3σ 准则：若质量特性值 X 服从正态分布 $N(\mu,\sigma^2)$，根据正态分布概率性质，X 的实际取值范围在（$\mu-3\sigma,\mu+3\sigma$）之内。据此原理，若对 X 设计控制图，则中心线 $\mathrm{CL}=\mu$，上下控制界限分别为 $\mathrm{UCL}=\mu+3\sigma$，$\mathrm{LCL}=\mu-3\sigma$；第三是小概率原理：小概率原理是指小概率的事件一般不会发生。当生产中不存在系统误差时，产品质量特性（总体）服从正态分布，样品值出现在均值加减 3σ 范围内的概率为 0. 9973。根据相关统计定理，如果生产处于受控状态，则认为样品值一定落在此 3σ 范围内，如果超出，则认为生产过程发生异常变化。

3）控制图的基本种类。按产品质量的特性分类，控制图可分为计量值控制图和计数值控制图。

① 计量值控制图。用于产品质量特性为计量值情形，如长度、质量、时间、强度等连续变量。常用的计量值控制图有：均值-极差控制图（X-R 图）；中位数-极差控制图（X-R 图）；单值-移动极差控制图（X-R_s 图）；均值-标准差控制图（X-S 图）。

② 计数值控制图。用于产品质量特性为不合格品数、不合格品率、缺陷数等离散变量。

常用的计数值控制图有：不合格品率控制图（P 图）；不合格品数控制图（Pn 图）；单位缺陷数控制图（U 图）；缺陷数控制图（C 图）。

4）按控制图的用途来分，可以分为分析用控制图和控制用控制图。

① 分析用控制图。分析用控制图用于分析生产过程是否处于统计控制状态。若经分析后，生产过程处于控制状态且满足质量要求，则把分析用控制图转化为控制用控制图；若经分析后，生产过程处于非统计控制状态，则应查找原因并加以消除。

② 控制用控制图。控制用控制图由分析控制图转化而来，用于对生产过程进行连续监控。生产过程中，按照确定的抽样间隔和样本大小抽取样本，在控制图上描点，判断是否处于受控状态。

5）控制图的制作。下面以均值-极差控制图为例说明控制图的制作与分析方法。均值-极差控制图是图（均值控制图）和尺图（极差控制图）联合使用的一种控制图，前者用于判断生产过程是否处于或保持在所要求的受控状态，后者用于判断生产过程的标准差是否处于或保持在所要求的受控状态。在制作时首先收集数据并加以分组，其次计算每组的样本均值和极差。据此计算总均值和极差平均，计算 *X-R* 图的控制界限，然后根据各样本的均值和极差在控制图上描点，绘制控制图，分析生产过程是否处于控制状态。

6）控制图的分析。控制图的判别规则，生产过程正常情况下，质量特性值是遵从正态分布且不会超过控制界限的。当控制图中的数据点同时满足下面规则时，则认为生产过程处于统计控制状态。

规则一：每一个数据点均落在控制界限内。

规则二：控制界限内数据点排列无异常情况。

控制图异常情况类型。点子排列没有缺陷，是指点子的排列是随机的，而没有出现异常现象。这里的异常现象是指点子排列出现了“链”“趋势”“周期性变动”“接近控制界限”等情况。

（4）帕累托图法　帕累托（Pareto）图法是一种表明“关键的少数和次要的多数”关系的一种统计图表，它也是质量控制中经常使用的一种方法。帕累托图又叫排列图，它将有关质量问题的要素进行分类，从而找出“重要的少数”（A 类）和“次要的多数”（C 类），以便对这些要素采取 ABC 分类管理的方法。这种图表的具体做法和结果如图 6-5 所示。图

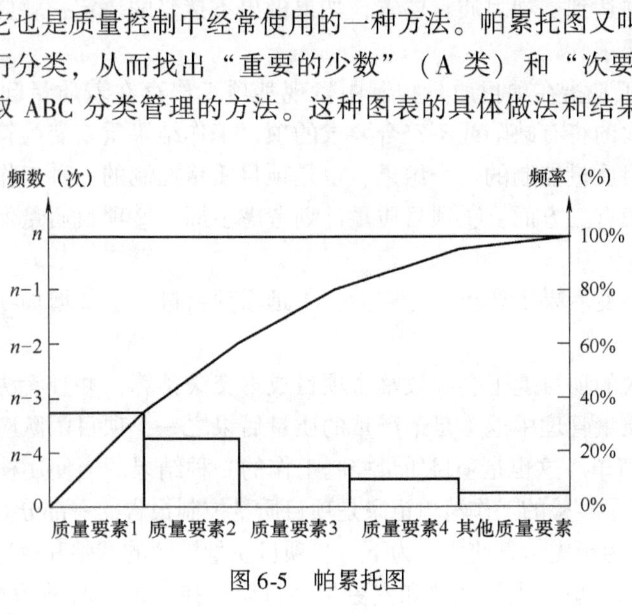

图 6-5　帕累托图

中两条纵轴，左边的表示频数 n，右边的表示频率 f（%），二者是等高的。图中横轴以均匀等分的宽度表示质量要素（或质量影响因素），需要标明序号和要素名。图中按质量要素等分宽度，沿纵轴画出表示各要素的频数和频率的矩形图。累计各矩形代表的频数和频率，得到排列图，并从中找出“重要的少数”和“次要的多数”，划分出 ABC 三类要素，以便对项目质量实现 ABC 分类控制。

（5）统计样本法　这是指选择一定数量的样本进行检验，从而推断总体的质量情况，以获得质量信息和开展质量控制的方法。

（6）流程图法　这种方法主要用于项目质量控制中，分析项目质量问题发生在项目流程的哪个环节和造成这些质量问题的原因以及这些质量问题发展和形成的过程。流程图法也可用于风险分析。

（7）趋势分析法　趋势分析法是指使用各种预测分析技术来预测项目质量未来发展趋势和结果的一种质量控制方法，用来反映某种变化的历史和模式，可以显示随时间推移的过程趋势、过程变化或过程的恶化和改进情况。通常用于监测识别出的错误与缺陷数量，其中有多少未纠正，监测每个时期有多少活动在完成时出现了明显偏差。

2. 项目质量控制的结果

项目质量控制的结果是项目质量控制和质量保障工作所形成的综合结果，是项目质量管理全部工作的综合结果。这种结果的主要内容包括以下方面：

（1）项目质量的改进　项目质量的改进是指通过项目质量管理与控制使项目质量得以提高。项目质量改进是项目质量控制和保障工作共同作用的结果，也是项目质量控制最为重要的一项结果。

（2）对于项目质量的接受　对于项目质量的接受包括两个方面：一方面是指项目质量控制人员根据项目质量标准对已完成的项目结果进行检验，然后对该项结果所做出的接受和认可；另一方面是指项目业主、客户或其代理人根据项目总体质量标准对已完成项目工作结果进行检验后做出的接受和认可。一旦做出了接受项目质量的决定，就表示一个项目工作或一个项目已经完成并达到了项目质量要求；如果做出不接受的决定，就应要求项目返工和恢复并达到项目质量要求。

（3）返工　返工是指在项目质量控制中发现某项工作存在着质量问题并且其工作结果无法接受时，所采取的将有缺陷或不符合要求的项目工作结果重新变为符合质量要求的一种工作。返工既是项目质量控制的一个结果，也是项目质量控制的一种工作和方法。

返工的原因一般有三方面：①项目质量计划考虑不周；②项目质量保障不力；③出现意外变故。

返工所带来的不良后果主要也有三方面：①延误项目进度；②增加项目成本；③影响项目形象。

有时重大或多次的项目返工会导致整个项目成本突破预算，并且无法在批准工期内定成项目工作。在项目质量管理中返工是最严重的质量后果之一，项目团队应尽力避免返工。

（4）核验结束清单　这也是项目质量控制工作的一种结果。当使用核验清单开展项目质量控制时，已经完成了核检的工作清单记录是项目质量控制报告的一部分。这一项目质量控制工作的结果常可以作为历史信息使用，为下一步项目质量控制的调整和改进提供依据和信息。

（5）项目调整和变更　项目调整和变更是项目质量控制的一种阶段性和整体性的结果。

它是指根据项目质量控制的结果和面临的问题（一般是比较严重的，或事关全局性的项目质量问题），或者是根据项目各相关利益者提出的项目质量变更请求，对整个项目的过程或活动所采取的调整、变更和纠偏行动。在某些情况下，项目调整和变更是不可避免的。例如，当发生了严重质量问题而无法通过返工修复项目质量时，当发生了重大意外而进行项目变更时，都会出现项目调整的结果。

（6）教训文档　实施质量控制是以质量检查表为依据的，而完善后的质量检查表记录了实施质量控制的有关信息，为下一步的质量控制提供了依据。质量控制过程中掌握的偏差成因、采取纠正措施的理由和依据，以及其他的经验教训都应形成文档形式，使之成为项目和实施组织历史数据库的一部分，在整个项目生命期内总结经验教训并形成文档，如果不可能，则至少应在项目收尾时进行汇总。

本章小结

本章首先介绍了质量、质量管理以及项目质量管理的含义，之后又分别介绍了项目质量计划、项目质量保证和项目质量控制的概念、内容、方法、依据和结果。本章应重点掌握的是各个环节的方法及结果。

习　题

一、判断题

1. 合格控制贯穿于项目进行的全过程。
2. 现代质量管理的观念认为，提高质量的关键是人。
3. 保证项目质量的前提是良好的项目质量规划。
4. 质量保证和保证质量说法不同，其内涵是相同的。
5. 偶然因素对项目质量的影响较大，但可以避免。
6. 项目质量是设计出来的，而不是检验出来的。

二、单选题

1. 戴明环的四个过程是（　　）。

A. 计划—处理—执行—检查　　B. 计划—执行—处理—检查
C. 计划—检查—执行—处理　　D. 计划—执行—检查—处理

2. 项目质量控制与项目质量保证的关系是（　　）。

A. 截然分开的　　B. 有不同的目标
C. 互相交叉、相互重叠的　　D. 采用相同的方法

3. 项目质量保证包括（　　）。

A. 项目内部外部质量保证　　B. 项目内部质量保证
C. 外部质量保证　　D. 项目各项质量保证

4. 下列方法中，能找出发生次数少，但对项目质量影响程度大的因素的方法是（　　）。

A. 趋势分析　　B. 质量检查表
C. 控制图　　D. 帕累托图

5. 下列方法中，能确定影响项目质量的因素是由随机事件还是由突发事件引起的方法是（　　）。

A. 流程图法　　B. 实验设计

C. 控制图　　D. 帕累托图

6. 项目质量审计发生在项目质量管理的（　　）阶段。

A. 质量规划　　B. 质量保证

C. 质量控制　　D. 质量改进

7. 当检查质量成本时，培训成本属于（　　）。

A. 质量保证成本　　B. 质量纠正成本

C. 内部故障成本　　D. 外部故障成本

8. 范围确认和质量控制之间的区别是（　　）。

A. 没有区别

B. 范围确认关注工作结果的正确性，质量控制关注工作结果的可接受性

C. 范围确认关注确保变更是有益的，质量控制关注所有工作结果是正确的

D. 范围确认关注工作结果的可接受性，质量控制关注工作结果的正确性

三、思考题

1. 如何理解质量的含义？你在项目实施过程中是如何把握项目质量的？

2. 项目质量计划、项目质量保证、项目质量控制的方法各是什么？

3. 你是如何理解项目质量和项目质量管理的？

4. 项目质量管理中有哪些主要工作？各项工作有哪些作用？

案例分析

案例一：XY 公路项目部的工程质量管理

1. 分解质量目标，按单位工程、分项工程签订质量目标责任书，从经理到职工，落实全员质量责任。

2. 开展劳动竞赛。项目部在随机抽查的基础上，每月组织进行一次有施工单位经理、总工、监理及项目部参加的工程质量、进度、文明工地、安全生产、履约表现劳动竞赛活动，进行检查评比和奖优罚差，有力地确保了工程质量、进度和促进了安全文明施工，保障了整个工程健康顺利进行。

3. 严格控制原材料质量，从源头消除隐患，对每一种进场材料进行检测，特别防止“瘦身钢筋”等主要建材进场。

4. 发挥实验室的检测职能，以检测数据为评判质量结果的依据。项目部规定：砂砾路基质量检测增加逐层弯沉检测，结构层厚度控制坚持钻芯取样，结构物内在质量和尺寸坚持破坏性试验检测，桥涵台背组织专门队伍，固定机械组合，落实专职监理工程师，实施一处一表检查制。

5. 实行质量检查通知单制度，项目部检查人员在工地发现质量问题后立即签发通知单，一份通知施工标段，限期返工纠正；一份通知监理机构，按通知单认真检查，加强旁站监理；一份由项目部存档，累积到当月劳动竞赛评比中扣分。

6. 项目部对质量管理不善的参建单位及时召开评差现场会，责令返工。

案例来源：丁宁．项目管理［M］．3 版．北京：清华大学出版社，2012.

问题：

请问哪些做法是质量保证措施？哪些是质量控制措施？

案例二：三峡工程的质量管理

三峡工程成败的关键在于工程的质量。为此，三峡总公司建立了一套健全的质量标准体系，加强质量意识，严格控制工程质量。

1. 制定质量标准。根据已有的国家标准、部颁行业标准及三峡工程设计的特殊要求，并结合三峡工程的施工特点，三峡总公司组织编制了《中国长江三峡工程标准（TGPS）》，包含50余个质量控制标准，并汇编成册，贯彻执行。

2. 建立质量监督机构及责任制。从原材料生产、加工制造、储存运输、施工监理、项目管理直到三峡总公司各级管理人员，都建立了相关的责任制。每一环节都有明确的责任人。三峡总公司还组织参建各方成立三峡工程质量管理委员会，负责质量检查、督促、协调、指导、评价等管理工作。

3. 建立质量事故处理程序。现场发现质量缺陷和事故必须在规定时间内逐级上报，项目部组织参建各方进行现场检查，查阅施工记录，初步界定属一般缺陷和质量事故的，提出修复或补强加固处理方案，对重大质量事故应“推倒重来”，彻底返工处理。难以处理的报三峡总公司和设计单位进行研究，提出处理方案，经批准后认真执行，确保不留隐患，并对事故责任者进行追究与处罚。

4. 质量奖励制度。除合同有关规定外，还制定了《三峡工程质量奖励办法》。因质量事故造成的经济损失应由责任方承担，并扣留质保金，责任人处罚由责任方自行决定。三峡总公司为促进各参建方确保工程质量，建立了质量保证激励机制，在第二阶段施工期，从工程成本内提取2.5亿元作为质量特别奖，对未出现任何质量缺陷和事故者给予奖励。

5. 建立单元工程评定制。每一部位、每一单元工程完工后及时进行质量评定。从1993年开工至2009年，共评定15余万个单元工程，合格率100%，其中优良单元占80%以上。

6. 建立逐级质量检查制度。原材料出厂检查由三峡总公司委托有资质的机构按照规定标准进行出厂合格证签发制度；钢结构及机组设备制造，由三峡总公司委托有资质的国内外监造机构进行驻厂检查，定期向三峡总公司报告质量状况，并坚持到站检查，国外进口的进行入关检查和到现场检查。在施工过程中由承包商自检，监理工程师检查，总公司试验中心、测量中心、安全检测中心及金属结构检测中心等部门对各部位按规定进行抽检。加强质检控制力度。

国务院三峡工程建设委员会㊀组织多名中国工程院院士成立专家组，每年两次对工程跟踪检查，向国务院三峡建设委员会提出负责任的工程质量报告。这一完整的质量监督控制体制，防止了质量掩盖或失控现象，保证了三峡工程质量全面达到国家规定的标准设计要求。

工程质量检查体系如图6-6所示。

建设监理制是保证工程建设达到预期的质量、进度和投资三项目标的主要制度。三峡工

㊀ 2018年3月，根据第十三届全国人民代表大会第一次会议批准的国务院机构改革方案，将国务院三峡工程建设委员会并入水利部，不再保留国务院三峡工程建设委员会。

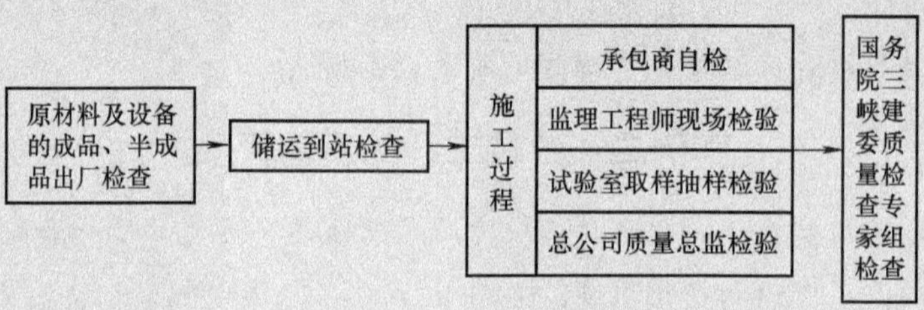

图6-6　工程质量检查体系

程建设监理分三个层次。

三峡工程项目建设监理：三峡总公司是三峡工程的项目法人，三峡总公司对国家全面负责三峡工程的建设。

三峡工程工程监理：三峡总公司工程建设部直接负责三峡工程的施工管理，对各分项施工监理进行综合协调。

三峡工程施工监理：由三峡总公司选聘有监理资格的公司、设计院、中心等单位分项对承包单位进行合同监理、分项监督施工；有权发布开工、停工令，有权协调甲乙方和设计方合同外补偿和索赔，有责任进行现场过程检查，有责任审查设计施工详图等。三峡总公司共聘请施工监理单位6个，施工高峰期监理人数曾达900余人。

问题：

该案例对你现在所从事的项目有何借鉴意义？

案例三：管板焊缝开裂

从焊接技改项目成立以来，一直琐事不断。眼看着离订单交付的日子逐渐临近，但今天下午的一个电话让你最不愿意听到的情况发生了。电话里生产部廖部长说了一下详情。原来，昨天订单项目作业流程到了焊接环节，各个零部件、支撑件以及结构件焊接工作都按部就班地进行着。但今天上午，班组质检员复查时，发现压力容器壳体结构件一个管板焊接位置出现约1cm的裂口，焊接专家李主任已经在现场处理。挂了电话，你心急火燎地往特种压力容器生产车间赶。在路上，你思索着老李都出马了，应该不是小问题呀，会不会导致工期延误？抵达现场后看着李主任身边围着一圈负责该焊接项目的工人师傅，作为这里面唯一的外行，你决定多听少说。焊接组在排除了焊工操作问题之后，意见归为两类：一类认为是焊材问题，一类认为是母材本身问题。李主任并没有当场表明意见。

第二天一早，你在生产部会议室开了一次焊接技改项目讨论会，参会的有李主任、研究院姜院长和张总工。议题就是围绕开裂质量问题进行分析与解决。李主任认为焊缝开裂的原因出自母材不好处理。由于客户对于压力容器的高要求，导致设计部门选择了这种母材，而这种母材的焊接方法没有对应的焊接标准，焊接组采用氩气保护焊的处理方法还是李主任的建议。李主任最后补充认为问题应该出在母材和氩气保护焊的组合工艺上。张总工非常认可李主任的分析，他提议可以围绕母材和氩气保护焊的特点展开实验设计，找到针对该母材的最佳焊接方法，这不仅能够解决该项目问题还有助于更新公司技术知识库。研究院姜院长负责提供实验设计相应的专业人员和场地，以及结果分析。你提议明天就开始，本次实验任务为研究院优先完成的任务。

很快，姜院长安排就绪，采用均匀实验设计，实验方案拟定见表6-2。

表6-2 实验方案拟定

实验因子	实验水平				
充氩气嘴离焊炬距离/mm	100	80	60	40	20
电极平面锥规格/mm	φ0.9	φ0.8	φ0.7	φ0.5	φ0.3
焊接脉冲电流/A	110	100	90	—	—
焊接速度/（mm/min）	120	115	100	90	80
正面充氩流量/（L/min）	14	12	10	—	—
背面充氩流量/（L/mm）	10	8	6	5	2

通过均匀实验设计，最终确定了母材的氩气保护焊的方法，对实验样本的探伤检测没有发现裂纹，应该说实验是成功的，现在就等着生产车间的反馈了。

案例来源：改编自工业工程领域企业生产实践。

问题：

1. 结合所学知识，谈谈项目质量管理和生产质量管理的联系与区别。
2. 为什么该质量问题会让案例中的“你”那么紧张，这不就是一个技术问题吗？

第7章 项目人力资源管理

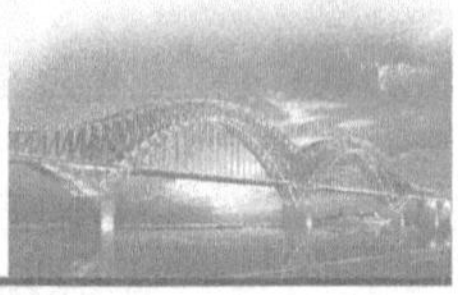

7.1 项目人力资源管理概述

7.1.1 项目人力资源管理的含义

项目人力资源管理（Project Human Resource Management）是指项目经理对于项目的人力资源所开展的规划开发、合理配置、准确评估、适当激励、团队建设、资源能力提高等方面的管理工作。项目人力资源管理的目的在于充分发挥项目团队成员的主观能动性，使他们各尽所能，从而保证项目目标的顺利完成。

7.1.2 项目人力资源管理的过程

1. 项目人力资源规划

项目人力资源规划是项目整体人力资源的计划和安排，是按照项目目标通过分析和预测所给出的项目人力资源在数量上、质量上的明确要求、具体安排和打算。

2. 项目团队组建

项目组织通过招聘或其他方式获得项目所需人力资源并根据所获人力资源的技能、素质、经验、知识等进行工作安排和配备，从而构建一个项目组织或团队。项目人员的获得主要有两种方式：其一是内部招聘，这种方式采取工作调换或其他方式在项目组织内部获得项目所需的人员；其二是外部招聘，这种方式通过广告和各种媒体宣传、人才市场和上网招聘等方式，从项目组织外部获得项目所需的人员。由于项目的一次性和项目团队的临时性，项目组织的人员获得与配备和其他组织的人员获得与配备是不同的。

3. 项目团队建设

项目团队建设主要包括人际沟通技能、项目人员培训、团队建设活动、团队行为规范、集中办公、人员激励。团队建设目的在于使项目团队成员的能力得到充分开发和发挥。

4. 项目团队管理

项目团队管理是贯穿整个项目全过程的一项日常的人力资源管理工作，它需要针对具体的项目、具体的项目团队、具体的团队成员去开展实际有效的管理工作。

7.2 项目人力资源规划

项目人力资源规划（Project Human Resource Plan）是指通过对未来人力资源需求预

测，确定完成项目所需人力资源的数量和类别、各自的工作任务，以及团队成员之间相互关系的过程。在编制人力资源规划时，项目经理需要确定项目所需的人力资源数量和类别，项目团队成员的具体职位及相应的权力、责任等。项目人力资源规划通常有以下三个步骤：

1）调查研究现有人力资源状况，并对其进行评价。

2）根据项目的具体情况预测项目未来所需的人力资源数量和类别构成。

3）制订项目人力资源管理的总计划，并据此制定出各项具体的人员管理政策。

项目人力资源规划的主要工作见表7-1。

表7-1　项目人力资源规划的主要工作

依　据	方　法	结　果
活动资源需求 项目的制约因素 组织积累的相关资源	层级结构图 责任分配矩阵 角色分析 人际网络构建 组织理论应用	角色和职责分配计划 人员配备计划 补充说明

7.2.1　项目人力资源规划的依据

1. 活动资源需求

在进行人力资源规划时，要根据活动资源需求来确定所需的人力资源。对项目团队成员及其能力的需求分析应该渐进明细，这也是人力资源规划过程的一部分。

2. 项目的制约因素

影响项目人力资源规划的外部因素主要包括政治与法律因素、经济因素、社会文化因素及科技因素。同时，还要考虑一些项目内部制约因素，如项目的组织结构等。

3. 组织积累的相关资源

组织积累的相关资源有：组织的标准流程和政策，组织结构图和职位描述，以往项目的组织结构资料等。

7.2.2　项目人力资源规划的方法与结果

1. 项目人力资源规划的方法

（1）层级结构图　层级结构图由自上而下划分为若干层次的等级链构成，可以用于描述权利和职位间的关系。典型的层级结构图包括工作分解结构（Work Breakdown Structure，WBS）、组织分解结构（Organizational Breakdown Structrure，OBS）、资源分解结构（Resource Breakdown Structure，RBS）。借助上述层级结构图，可以预测项目的人力资源需求状况。

（2）责任分配矩阵　责任分配矩阵（Responsibility Assignment Matrix，RAM）是一种将已分解的工作任务落实到项目中有关部门或个人，并明确表示出他们在组织工作中的关系、责任和地位的一种方法和工具。它是在工作分解结构的基础上建立的，以表格形式表示完成工作分解结构中每项工作活动。

责任分配矩阵明确表示出每项工作由谁负责、具体由谁来执行，并且明确了每个人在整个项目中的地位。责任分配矩阵还系统地阐明了成员之间的相互关系，它能使项目团队中的每个人认识到自己在项目组织中的基本职责，充分认识到在与他人配合中应承担的责任，从而能够充分、全面和主动地承担自己的全部责任。

在项目实施过程中，如果某项活动出现了错误，项目经理可以很容易地从责任分配矩阵中找出该项活动的负责人和具体执行人。当沟通中出现困难或者工作责任不明确时，也可运用责任分配矩阵，还可针对某个子项目或某个活动分别制定不同规模的责任分配矩阵。

（3）角色分析　角色分析是一项系统的项目人力资源管理活动，也是项目人力资源管理的基础平台。角色分析是以角色本身为对象，收集每个角色特征信息的过程，其主要目的是清楚地了解每个角色的工作内容和完成该项工作所需要的能力。通过对角色的五个构成要素，即工作、职责与职权、环境、角色需求的任职者、激励与约束机制进行深入细致的分析，为项目人员甄选标准的确定、培训课程的设定以及工作流程的优化奠定基础。

角色分析的主要方法包括问卷调查法、访谈、文献资料分析法、观察法和关键事件法等。问卷调查法是角色分析中最常用的一种方法，采用问卷或调查表的形式获取角色分析中的信息，实现角色分析的目的。问卷调查法通常分为标准工作分析调查和指定工作分析调查两部分。标准工作分析调查表问卷内容具有普遍性，适合于各种角色。指定工作分析调查表问卷具有特定性，每张调查表只适用于指定的某个角色。

（4）人际网络构建　人际网络是指为达到特定目的，人与人之间进行信息交流的关系网，由节点和联系两部分构成。节点是项目组织中的人或部门，联系则是交流的方式和内容。

人际关系网络的构建有正式和非正式两种方式。正式的方法主要有组织之间的公函来往、组织内部的文件传达、召开会议、组织规定的汇报制度等，非正式的方式主要有午餐会、私下交流、小道消息等。

（5）组织理论应用　项目人力资源规划应以各种组织理论为基础，如马斯洛的需求层次理论，麦戈理格的 X 理论与 Y 理论、赫兹伯格的双因素理论，公平理论和期望理论等。

2. 项目人力资源规划的结果

（1）角色和职责分配计划　在项目所需的角色和职责分配计划中，应包括下述各项内容：

1）角色，即某人负责项目的某部分工作的标识。例如，建筑工程师、法院联络人、商务分析师和测试协调人。

2）职权，即拥有使用项目资源及做出决策和批准的权力。

3）职责，即为完成项目，要求项目团队成员实施的具体工作。

责任分配矩阵是角色和职责分配计划的一种表示方式。通过责任分配矩阵可以反映工作与项目团队成员之间的联系。

（2）人员配备计划　在人员配备计划中描述了何时及以何种方式来满足项目人力资源需求，其中包括人员培训策略及项目团队的建设计划。随着团队绩效评估的进行，可在其中加入奖励、反馈、额外培训及惩戒措施。

根据项目的需要，人员配备计划可以是正式的或非正式的、详尽的或宽泛的。在项目进行过程中，项目经理将不断地对其进行更新，以便指导团队成员的招募和团队建设活动。人员配备计划信息因应用领域和项目规模的不同而异。

在编制人员配备计划时需要特别注意的是，当项目团队某个成员的工作已经完成而没有其他新任务时，应该把他撤出项目团队，这样可以降低项目的成本。人员配备计划一般通过人力资源直方图来表示。

(3) 补充说明　包括各项活动对人力资源在知识、能力、技能、经验等方面的要求以及当这些方面不能满足项目要求时，如何对人力资源进行培训。

7.3　项目团队组建

7.3.1　项目团队的含义

项目团队（Project Team）是指根据项目人力资源计划的要求，从项目组织内部或项目组织外部获取所需的人力资源，并组建完成项目所需的团队的过程，即为实现项目的目标，共同合作的若干成员组成的正式组织，一般包括项目经理、项目管理办公室人员以及专业人员等。项目团队具有下列特征：

1. 项目团队具有特定的目的

项目团队在组建的同时就被赋予了明确的目标。项目团队的任务是完成项目的任务，实现项目的目标。

2. 项目团队是临时组织

项目团队是基于完成项目任务和项目目标的目的而组建的，一旦项目任务完成，团队的使命也将告终，项目团队即可解散。

3. 项目团队的领导是项目经理

在一个项目团队中，项目经理是最高的决策者和管理者。一般来说，项目的成败与项目经理的能力有着密切的关系。

4. 项目团队强调合作精神

项目团队是个整体，并按照团队作业模式来实施项目，这就要求团队成员具有高度的合作精神，相互信任，相互协调。团队合作精神是项目成功的有力保障。

5. 项目团队成员的增减具有灵活性

项目团队在组建的初期，其团队成员人数可能较少。随着项目进展的需要，项目团队成员人数会逐渐增加，而且团队成员的人选也会随着项目的发展而进行相应调整。

6. 项目团队建设和管理是项目成功的保障

项目团队建设和管理包括对项目团队成员进行技能培训、绩效考核以及绩效跟踪和人员激励等。

项目团队组建（Acquire Project Team）是指确认可以使用的人员并获取和配置项目团队人员的过程，即根据项目人力资源计划的要求，从项目组织内部或外部获取所需人力资源，并根据这些人员的能力、知识和经验对他们进行合理安排的过程。项目团队组建是人力资源规划的具体实施过程，是提高项目团队绩效、充分利用项目人力资源的有效手段。

项目团队组建的主要工作见表7-2。

表 7-2　项目团队组建的主要工作

依　据	方　法	结　果
人力资源计划 组织积累的相关资源 项目的制约因素	协商 预分派 招聘 虚拟团队	项目人员配置 项目人力资源可利用情况 更新的项目管理计划

7.3.2　项目团队组建的依据和方法

1. 项目团队组建的依据

（1）人力资源计划　项目管理计划中包括人力资源计划，而人力资源计划中又包括用于指导人力资源识别、配备、管理和控制的信息，如角色与职责、项目组织结构图及人员配备管理计划等。

（2）组织积累的相关资源　对组建项目团队过程可能产生影响的组织积累的相关资源包括：组织的标准、政策、流程和程序等。

（3）项目制约因素　对组建项目团队过程可能产生影响的项目制约因素包括：现有的人力资源状况、可用的人员及其能力、以往的经验；人事管理政策，如影响外包的政策；组织结构；一个或多个工作地点等。

2. 项目团队组建的方法

（1）协商　在采用矩阵型组织结构的项目中，项目经理与职能部门经理之间需要就项目团队人员的配置情况进行商议，以确保在项目进程中随时能够从职能部门获取适当的人力资源。

（2）预分派　在某些特定的情况下，项目的人员可能是预先指定的。如在需求建议书中已经注明了需要安排特定的人员参加项目，或项目章程已经规定了项目配备的某类项目人力资源。

（3）招聘　主要有招聘分类和招聘程序两个方面：

1）招聘分类。分为内部招聘和外部招聘。内部招聘是指在项目组织内部或项目所在公司的人力资源中，通过提升、工作调配和内部人员的重新聘用等方式选出项目组织所需人员的一种方法。从内部招聘的人员对项目比较了解，可以节约大量的人员培训成本，此外，还能为项目组织的内部人员提供职业发展机会，可以提高他们工作的积极性和创造性。但是内部招聘会受到项目组织现有人力资源的限制，可供选择的范围有限。外部招聘是从项目所在公司的范围之外获取项目所需人力资源的一种方法。与内部招聘相比，外部招聘的选择范围较为广泛，而且从外部招聘的人员能为项目组织带来创新思想。但是，外部招聘要花费很多的时间和成本，还要对新进人员进行适当的培训。

2）招聘程序。其程序主要有以下几个步骤：

① 资格审查。在资格审查中，要对应聘者提交的材料进行核实，还要对他们进行体检。

② 笔试。笔试通常包括智商、心理情商等方面的测试。通过笔试可以了解应聘者的潜力和能力，有利于项目管理人员做出正确的录用决策。

③ 绩效模拟测试。绩效模拟测试有两种方法，即工作抽样法和测评中心法。工作抽样

法的具体做法是：让应聘者参与一个与其所应聘职务相关的活动，让其完成其中的一些任务，然后根据他所完成的情况得出测评结果。这种方法对于一般性的职务是有效的，但成本较高。测评中心法是由被选职位的直接上层管理者、监督者和心理学家组成测评中心，模拟出实际工作中可能出现的问题，对应聘者进行测认，然后根据应聘者的表现得出其是否称职的结论。

④ 面试。资格审查和笔试都无法提供有关应聘者的全面信息，因此还需要通过面试对应聘者做进一步的评价。

⑤ 综合选择。项目管理人员要根据笔试、绩效测评、面试的成绩，对应聘者进行综合评价和横向比较，从而选出合适的人员。

（4）虚拟团队　虚拟团队是指虽然分散于不同的时间、空间和组织边界，却具有共同理想、共同目标或共同利益，为完成项目任务所组成的人员群体。

虚拟团队作为一种新型的组织形态，具有许多优于传统团队的特征，如采用虚拟团队拓宽了组织的人才来源渠道，为吸引通常很难获得的专业人才创造了条件；拓展了信息资源渠道，为保持产品的先进性奠定了基础；通过资源共享实现优势互补和有效合作，使众多不同渠道的零散知识整合为系统的集体智慧，转化为竞争优势；项目成员之间可以利用最新技术实现及时沟通，确保及时做出正确的决策；可以优化组织结构，促使组织结构扁平化，通过团队柔性的工作模式降低管理成本。

虚拟团队可以通过电话、网络、传真或可视图文等方式来沟通和协调，如每天查收两次电子邮件、每天定时通一次电话等，便可以分工完成一份事先拟订好的工作。

7.3.3　项目团队组建的结果

1. 项目人员配置

项目团队成员清单明确表示了每项工作的负责人和执行者。项目人员配置是根据项目团队成员的实际情况列出清单，通过对最佳人力资源投向的调控来实现的。在进行项目人员配置的时候，应遵循合理使用原则和提高效率原则。

2. 项目人力资源可利用情况

根据项目团队成员清单及项目人员配置表，测算每个项目人员最大限度可用于某一具体项目上的工作时间。

3. 更新的项目管理计划

更新的项目管理计划包括人力资源计划和其他方面，如承担项目角色与职责的具体人员等。

7.4　项目团队建设

7.4.1　项目团队建设的含义

项目团队建设（Develop Project Team）是指通过对人力资源进行培训、绩效考核和激励等方式，来提高项目团队成员个人的能力以及整个项目团队绩效的工作过程，即通过不断对项目团队成员的培训，建立一套科学、合理、可行的工作业绩考核体系，以便激励所有团队成员努力完成任务的工作过程。

项目团队建设的主要工作见表 7-3。

表 7-3 项目团队建设的主要工作

依据	方法	结果
项目人员配置 人力资源计划 资源日历	人际沟通 项目人员培训 团队建设活动 团队行为规范 集中办公 人员激励	团队绩效评估报告 更新的项目制约因素

7.4.2 项目团队建设的依据和方法

1. 项目团队建设的依据

（1）项目人员配置　项目团队建设从获得团队成员的名单开始，项目人员配置文件中列出了项目团队成员名单。

（2）人力资源计划　项目管理计划中包含人力资源计划，而人力资源计划中又包含员工培训和团队建设计划。通过团队绩效评价和其他形式的团队管理活动，可以把奖励、反馈、额外培训及违纪惩罚等事项加入人力资源计划之中。

（3）资源日历　资源日历用于识别项目团队成员参与团队建设活动的时间。

2. 项目团队建设的方法

（1）人际沟通　通过人际沟通能建立沟通双方之间的信任，并使绩效问题更容易解决。理解每个项目团队成员的想法，积极参与他们的活动，了解他们的需求等，这些均可减少项目进行中可能遇到的问题，并促进团队成员之间融洽合作。

良好、有效的沟通始于倾听，倾听有利于消除团队成员之间的隔阂，从而减少误会。沟通成功的前提条件是和谐的气氛，以便搭建相互信任的桥梁。选择沟通时机、寻找沟通的"切入点"也很重要。人一般在心情愉快时比较乐于和他人交流，也相对容易接受外界信息。即便在沟通中遇到矛盾和问题，也应以宽容大度的胸怀赢得对方的理解和支持，使项目成员间的感情在有效的沟通中得以巩固和加强。

（2）项目人员培训　项目人员培训是指为使项目团队成员具备完成各自任务所需的知识、技能和能力等进行的培训活动。虽然对人员进行培训可能增加项目的成本，但是这远比由于人员缺乏技能或效率低下导致项目失败所造成的损失要小得多。适当的人员培训不仅可以提高项目团队的工作效率，而且还能鼓舞团队成员士气、留住人才。

项目人员培训一般包括如下过程：

1）培训需求分析。这种分析通过考虑员工和组织的绩效来决定培训是否有益，需求分析是测评公司、团队或个人的能力与战略计划所要求的能力的契合度。

2）培训目标的确立。必须根据设定的目标来衡量培训是否成功。

3）选择适当的培训方式。培训方式的选择必须能反映预估的具体要求，有效的培训方式的选择需要包括学习理念、各种培训方法和法律问题。

4）评价培训的效果。评价培训效果是培训实施的最后一个环节，通过评价可以了解培训的内容是否合适、学员对知识的掌握程度以及培训的投入产出，并确定今后培训改进的方向。

（3）团队建设活动　团队建设活动旨在改善人际关系，如定期举行的情况汇报会上的5分钟议程、该项目以外专业人士筹办的活动等。有些团队活动，如制定工作分解结构，虽然其初衷并不是团队建设，但是如果计划活动能安排得当，也会提高团队的凝聚力。

（4）团队行为规范　团队行为规范是指为了实现项目的目标，使项目团队成员在项目管理活动过程中履行岗位职责、严守职业道德，从思想认识到日常行为应遵守的职业纪律。即以项目目标为指导，约束团队成员行为的一系列原则和规范的集合。

借助于团队行为规范可以不断提升团队成员的自身素质，减少团队成员之间的误解，同时提高工作效率。规范团队行为是项目团队建设的切入点。

（5）集中办公　当项目需要的团队规模较大且项目工期较长时，采用集中办公的方式是最合适的。集中办公是指把项目的核心团队成员安排在临近的位置，一般可能是在同一地点工作，这样可以辅助沟通，以增强他们整体的工作能力。集中办公既可以是临时性的，如仅在项目中的关键时期，也可以是贯穿整个项目的全过程。但如果来自一个主要职能部门的人员仍需要参与该职能部门工作，或某些职能部门工作地点比较分散，则不适宜使用集中办公。

（6）人员激励　激励就是激发和鼓励，是指项目团队通过某种方式来调动人员的积极性和创造性。激励可以提高项目团队成员的工作效率，提高成员的素质，从而提高整个团队的绩效，有利于项目目标的实现。在对项目团队成员进行激励时，还要注意选择适当的激励方式。常见的激励方式如下：

1）物质激励。物质激励是项目团队采用最多的一种方式，物质激励一般包括工资和奖金等，它适用于一些基层的项目团队成员。

2）荣誉激励。通过荣誉激励可以满足项目团队成员获得尊重和荣誉的需求，它适合于知识丰富和层次较高的人员。

3）参与激励。参与激励是指让项目团队成员了解项目团队的运作情况，使他们以不同的方式参与到项目的管理中来，从而激发他们的主人翁意识。

4）挫折激励。当项目团队成员遇到挫折时，项目团队要对他们施加足够的影响，使他们勇于面对挫折，走出困境。

5）榜样激励。榜样激励就是使项目团队成员成为整个团队学习的榜样，使他们有很大的满足感，从而达到激励目的。

6）环境激励。环境激励就是为项目团队成员创造一个良好的工作和生活环境，从而推动团队成员更加努力地投入工作。

7.5　项目团队管理

7.5.1　项目团队绩效信息的收集

收集项目团队绩效信息的方法有工作记录法、定期抽查法、检查扣分法、关键事件记录法等。

1）工作记录法。对于生产、销售、服务的数量、质量、时限等指标，按照规定由相关人员填写原始记录单，并定期进行汇总统计，获得绩效考核有关信息。

2）定期抽查法。为了保证上述信息的真实有效性，管理者可以对上述信息进行抽查，保证记录的真实性。

3）检查扣分法。针对关键业绩指标中出现错误进行扣分事项进行检查登记，发现一次，记录一次，以便为期末绩效考核提供原始信息。

4）关键事件记录法。针对员工特别突出或异常失误的情况进行记录，关键事件的记录有助于管理者对员工的突出业绩进行及时的激励，对员工存在的问题进行及时的反馈和纠偏。

7.5.2 项目团队绩效的考评与激励

1. 项目团队绩效考评

（1）项目团队绩效考评的定义　项目组织的绩效考评是按照一定的标准，采用科学方法，检查和评定项目员工对职务或岗位所规定职责的履行程度，以确定其工作成绩的一种管理方法。绩效考评是以项目员工的工作业绩为考评对象，通过对项目员工工作的评价，判断其是否称职，并以此作为采取激励措施的依据和项目人力资源管理活动的基本依据。这一工作的主要目的是切实保证项目员工的报酬、奖励、惩罚、辞退等项工作的科学性。由于绩效考评是对员工工作绩效的考评，考评的依据和标准应该是职务或岗位说明书所给定的工作业绩要求，考核应该全面地反映员工工作业绩、实际能力以及对某种职务或岗位的适应程度。

（2）项目团队绩效考评的作用　项目团队绩效考评对项目人力资源管理工作具有很重要的作用，绩效考评的作用具体有三个方面：①绩效考评是项目组织编制和修订项目工作计划与员工培训计划的主要依据，只有通过绩效考评，项目组织才能对员工的情况和项目的情况有比较全面和深入的了解，因而可以根据员工实际绩效去编制和修订项目工作计划和培训计划，解决薄弱环节和有针对性地对员工进行培训。②绩效考评是合理确定工作报酬与奖励的基础，通过绩效考评可以制定或修订工资报酬办法和奖励政策，进一步修订项目员工绩效标准以使它们更加符合实际。③绩效考评是判断员工是否称职，以及惩罚、调配或辞退的重要依据，通过绩效考评对员工实际表现做出客观反映和评价，并以此为基础做出提职、惩罚、调配或辞退等方面的决定。

（3）项目团队绩效考评的原则

1）公开原则。项目组织要公开绩效考评的目标、标准、方法、程序和结果，并应该接受来自各方面人员的参与和监督，绩效考评结束之后，项目人力资源管理部门应把评价的结果通报给每一位被考评的项目员工，这有利于项目人员认清问题和差距，找到目标和方向，以便改进工作和提高素质。

2）客观与公正原则。即在制定绩效考评标准时应该客观和公正，通过定量和定性相结合的方法，建立科学的绩效考评标准体系，以减少矛盾和维护项目团队的团结，否则会引发被评价者对于评价结果的怀疑和被评价者之间、被评价者与人力资源管理部门之间的矛盾。

3）多渠道、多层次和全方位考评的原则。因为员工在不同时间和场合往往有不同的表现，因此在进行绩效考评时，应该多收集信息，建立多渠道、多层次、全方位考评体系。

（4）项目团队绩效考评的内容　由于绩效考评的对象、目的和范围复杂多样，因此绩效考评的内容也比较复杂。一般绩效评估的基本内容包括三个方面：

1）工作业绩考评。这是员工绩效考评的核心，其结果反映了员工对项目的贡献大小，工作业绩考评主要的内容有：工作量的大小、工作效果的好坏、对部下的领导作用（管理者）以及通过改进与提高而获得的创造性成果。

2）工作能力评价。这一评价的结果反映了员工完成项目工作的能力，工作能力评价包括基本能力、业务能力和素质的评价，其中素质评价主要是对员工适应性的考察和评价。

3）工作态度评价。这一评价的结果反映了员工对项目工作的认真程度和积极性，其内容主要包括工作积极性、遵纪守法自觉性、对待本职工作态度和对项目组织与其他成员的热情、责任感等几个方面。

（5）项目团队绩效考评的程序　一般来讲，项目组织的绩效考评工作大致需要按照以下程序进行：首先要制订考评工作计划（根据考评目的和要求，计划安排好被考评的对象、考评的内容、考核的时间和考核方法等）；然后要制定评价标准和评价方法（分为绝对标准和相对标准两类，绝对标准以数据为准，不考虑被考评者的具体情况，相对标准依据每个员工的情况确定考评标准，不同的被考评者会使用不同的标准），再需要进行数据资料的收集，然后要开展分析与评价（根据评价的目的、标准和方法，对收集的数据资料进行分析、处理和综合以及相应的绩效考评客观评价并给出结果）；最后是公告和运用绩效考评的结果（把绩效考评结果反馈给员工，为人事决策提供依据，修订项目管理政策和进一步提高人员的工作效率等）。

（6）项目团队绩效考评的方法　项目组织绩效考评的方法有很多，不同方法的侧重点不同，所适用的考核目标和考核对象也不同。在开展绩效考评时，要根据具体项目的实际情况，综合使用各种考评方法。主要的绩效考评方法有以下四种：

1）评分表法。这种方法用一系列工作绩效的构成指标以及工作绩效的评价等级，在绩效考评时针对每一位员工的工作实际情况，对每项考评指标进行打分，然后将得到的所有分数相加，最终得到工作绩效的考评结果。

2）工作标准法。这种方法把项目员工的工作与项目组织制定的工作标准相对照，从而评价并确定出员工的绩效，所以工作标准法需要先有标准，然后才能够对照标准进行绩效考评。

3）排序法。这种方法把一定范围内的同类员工，按照一定的标准进行评价，然后将评价结果采用由高到低，或者由低到高进行排序的方法给出项目绩效考评结果。

4）描述法。这是一种使用一篇简短的书面鉴定给出绩效考评结果的方法，这一方法的考评结果描述从内容、格式、篇幅、重点上是多种多样的，绩效考评者需要根据情况予以确定。

2. 项目员工激励

（1）项目员工激励的定义　通俗地讲，激励就激发和鼓励，就是调动人的积极性、主动性和创造性。从心理学角度看，激励就是激发人的行为动机。这是一个将外部一定的刺激（诱因）转化为内部心理动力，使人的动机系统激活，从而产生强大的推动力，去为实现目标而行动的心理过程。从管理学角度看，员工激励就是管理者通过采用各种满足员工需要的措施和手段，去激发员工工作的动机，调动员工潜在的能力和创造性，从而高效地实现项目组织目标的过程。

（2）项目员工激励的作用　激励工作对项目管理是极为重要的，它决定了项目员工履行岗位职责和实现项目目标的积极性，会直接影响项目组织的工作效果。具体地讲，激励在项目人力资源管理中的作用有三个方面：①激励可以提高项目员工的工作效率，使项目员工的潜能得到最大程度的发挥，调动起员工的积极性，从而更好、更快地完成工作任务，提高项目工作的绩效。②激励有助于项目整体目标的实现，因为激励可以协调项目员工个人目标和项目组织的目标，这可以提高员工工作的目的性、主观能动性和创造性，更自觉地完成工作任务和实现项目目标。③激励有助于提高项目员工的素质，通过激励措施可以提高员工素质和改变员工的行为，这种改变是一种真正的学习和提高的过程，是一种项目员工提高自身素质的有效措施。

（3）项目员工激励的原则　在项目组织的激励工作中必须坚持一定的基本原则，具体的激励原则主要有如下几个方面：①目标原则，激励是为了鼓励项目员工为实现组织目标而做出更大努力的一种管理手段，如果激励措施不当反而会引起员工相反的行为，危及项目组织目标的实现。②公平原则，项目员工常把个人报酬与个人贡献的比率同他人的报酬与他人的贡献比率相比较，判断是否受到公平的待遇，激励中必须坚持公平原则，坚持按照贡献大小予以激励的原则。③按需激励原则，激励的关键在于满足项目员工的实际需要，通过满足员工的主导需求使项目实施绩效获得提高。④因人而异原则，项目员工的情况千差万别而且主导需求各不相同，每个员工对各种激励措施的反应程度也不一致，因此采取激励措施必须要充分考虑员工各自的情况，区别对待，力争通过激励提高每个项目员工的积极性。

（4）项目员工激励的方式与手段

1）物质激励与荣誉奖励。这是项目组织最基本的激励手段，也是项目组织采用最多的一种激励手段。其中物质激励手段包括：工资和奖金等。荣誉奖励是众人或组织对个体或群体的高度评价，是满足人们自尊需要，激发人们奋力进取的重要手段。

2）参与激励与制度激励。这是指尊重员工、信任员工，让他们了解项目组织的真实情况，使其在不同层次和深度上参与决策，从而激发主人翁的精神。同时，项目组织的各项规章制度，一般都是与物质利益相联系，因此对员工消极行为也是个约束。但另一方面，规章制度又为员工提供了行为规范和评价的标准。员工遵守规章制度的情况，还与自我肯定、组织舆论等相联系，所以其激励作用是综合的。

3）目标激励与环境激励。目标激励是项目组织凝聚力的核心，它体现了员工工作的意义，能够在理想和信念的层次上激励全体团队员工。另外，创造一个良好的工作和生活环境，一方面直接满足了员工的某些需要，另一方面良好的环境可以形成一定的压力，这对推动员工努力工作，也具有很强的压力和激励作用。

4）榜样激励与感情激励。榜样激励是通过满足项目员工的模仿和学习的需要，引导其行为达到项目组织目标所期望的方向。而感情激励是利用感情因素对人的工作积极性造成重大影响。感情激励就是加强与员工的沟通、尊重员工、关心员工、与员工建立平等和亲切的感情。

7.5.3　项目团队的冲突及处理

1. 冲突的原因

在项目工作过程中的冲突可能来源于各种各样的原因和情况。它涉及项目团队成员、项目经理以及项目业主/客户。项目工作中的几种主要冲突来源包括：工作内容方面的冲突（关于如何完成工作、要做多少工作或工作以怎样的标准完成方面的不同意见所导致的冲突），资源分配方面的冲突（由于分配给项目团队某个成员或某个群体的资源数量和质量而产生的冲突），进度计划方面的冲突（由于对于完成工作的次序或所需时间长短的不同意见而引发的冲突），预算或成本方面的冲突（由于项目所需预算或成本的多少而产生的冲突），项目组织方面的冲突（由于各种组织问题而导致的冲突，特别是在项目团队的震荡阶段，由于缺乏沟通或未能及时做出决策而产生这类冲突），个体差异造成的冲突（由于项目团队成员在个人价值观或行为方面的差异以及相互缺乏理解而产生的冲突）。

2. 冲突的处理

项目团队中的冲突不能完全靠项目经理来处理和解决，团队成员间的冲突应该由相关项目团队成员来处理和解决。处理与解决得恰当，冲突会带来有利的一面，因为问题暴露出来了并得到了重视与解决，同时冲突将迫使项目团队成员寻求新的方法以更好地解决问题。但是冲突如果处理不当会对项目团队产生十分不利的影响，它能够破坏项目团队的沟通，会使团队成员不再愿意倾听或尊重别人的观点和意见，它能破坏项目团队的团结并降低相互信任程度。处理冲突的主要方法有五种：

1）回避或撤退，回避或撤退的方法使那些卷入冲突的成员撤出以避免发生冲突升级而形成对抗。

2）竞争或逼迫，竞争或逼迫的方法是一种单赢的冲突解决方法，这种方法认为在冲突中获胜是解决冲突的最好办法，人们甚至会使用各种手段来处理冲突。

3）调停或消除，这一方法是尽力在冲突双方中找出一致的方面，忽视差异的方面，从而消除冲突，这种方法只能缓和冲突但不能彻底解决冲突。

4）妥协与合作，这种方法要求冲突的团队成员寻求一个调和折中的解决方案，使每个成员得到某种程度的满意，从而消除冲突和共同合作。

5）正视冲突和解决问题，这要求团队成员直接正视问题，努力寻求一种双赢的结局，要求以积极的态度对待冲突并就冲突广泛交换意见，尽力找出最好和最全面的冲突解决方案。

除了上述方法以外，项目团队解决冲突的方法还有很多，每种方法都有适合的环境与条件，所以并没有客观评价上述方法好坏的标准，项目团队解决冲突的最佳方法要视冲突双方的个性、冲突的原因、冲突的性质等各种因素而定。但是，有一条是肯定的，项目团队冲突的解决是项目团队建设的一项重要的内容。

7.5.4　项目团队的问题解决

1. 对问题做出描述与说明

项目团队首先应该对遇到的问题做出界定和说明，明确问题的性质和内容。这种界定和说明会使得参加解决问题的团队成员对问题的本质形成一致意见。对于问题的说明要尽可能具体和确切。因为问题界定与说明将被作为问题是否解决的判据。

2. 找出造成问题的原因

一切已经或正在发生的问题都会有许多原因，特别是管理或技术问题更是如此。在解决问题的初期阶段，项目团队常常忙于应付问题而顾不上研究问题的原因。但是要解决问题就需要多方面收集信息，通过分析，找出问题本质，找出造成问题的原因，以便从根本上解决问题。

3. 确定解决问题的方案

在找出问题原因的基础上，项目团队要努力提出各种解决问题的可行方案。然后要建立可行性方案评估的标准，并用标准对每个可行方案进行评估。最后依据评估结果确定出解决问题的最佳方案。由于要找到解决问题的最佳方案是很困难的，所以多数情况下采用较满意的解决方案即可。

4. 制订解决问题的工作计划

有了解决问题的满意方案以后就必须要为实施这一方案制订具体的计划，这种计划必须要明确：具体任务，成本费用和工期，所需的人员和资源，负责实施的项目团队成员等要素。要注意解决问题的计划一定要与项目全面计划有机地结合起来，防止一个问题没解决，却引起了其他问题。

5. 实施问题解决方案

在选定解决问题的最佳或满意方案并编制出解决问题的工作计划以后，就可以安排相应的团队成员去实施解决问题的方案了。在实施的过程中，要组织好各种资源，安排好各方面的工作，并合理地分工合作，以便使问题彻底得到解决。

6. 判断问题是否得以解决

在方案实施以后，还必须判断问题是否得到真正的解决。这时项目团队需要用到第一步中对于问题的界定与说明，把实施解决问题方案的结果与问题界定与说明所描述的情况相比较。如果已经没有原来界定和描述的问题症状和情况，就可以认定问题已经解决了。

本章小结

本章介绍了项目人力资源管理的含义、特征及过程。项目人力资源管理是指项目组织对该项目的人力资源所进行的科学规划、适当的培训、合理的配置、准确的评估和有效的激励等方面的一系列管理工作；项目人力资源管理的特点有团队性、临时性、阶段性；项目人力资源管理的四个过程是人力资源规划、项目团队组建、项目团队建设和项目团队管理，并且分别详细叙述了这四个过程。

习　题

一、判断题

1. 项目经理是项目管理的核心人物。
2. 选择项目经理时，不能仅仅考虑项目经理候选人的素质和能力。
3. 项目人力资源不具有消耗性。
4. 项目人力资源管理的特点主要是由项目的特点来决定的。
5. 项目人力资源管理要随着生命期的不同而进行相应的调整。
6. 层级结构图是由自上而下划分为若干层次的等级链构成，可以用于描述权力和职位间的关系。

二、单选题

1. 在组建项目团队时，人力资源要满足项目要求。以下说法，(　　) 是不妥当的。

A. 对关键岗位要有技能标准，人员达标后方可聘用

B. 与技能标准有差距的员工要进行培训，合格后聘用

C. 只要项目经理对团队成员认可就可以
D. 在组建团队时要考虑能力、经验、兴趣、成本等因素

2. 项目经理管理项目团队有时要解决冲突，（　　）属于解决冲突的范畴。
A. 调停、妥协、撤退
B. 强制、求同存异、观察
C. 妥协、求同存异、强制
D. 妥协、撤退、预防

3. 优秀团队的建设并非一蹴而就，要经历几个阶段，一般按顺序可划分为（　　）四个阶段。
A. 形成期、磨合期、表现期、规范期、解散期
B. 形成期、表现期、磨合期、规范期、解散期
C. 形成期、磨合期、规范期、表现期、解散期
D. 形成期、规范期、表现期、磨合期、解散期

4. 某个大型信息化项目的一个关键成员已经出现进度延误的迹象并且工作质量也开始出问题。项目经理相信该成员非常清楚工作的最终期限和质量规范要求。项目经理应采取的措施是（　　）。
A. 把问题报告给人力资源经理以便采取纠正措施
B. 重新把一些工作分配给其他项目成员，直到绩效开始改进
C. 立即找那个员工，强调并提醒进度和质量的重要性
D. 把这种情况上报给那个员工的职能经理并请求协助

5. 团队合作是项目成功的重要保证，下列除（　　）外都能表明项目团队合作不好。
A. 挫折感
B. 对项目经理缺乏信任和信心
C. 频繁召开会议
D. 没有效果的会议

6. 项目经理小王事后得知项目团队的一个成员已经实施了一个纠正措施，但是没有记录，小王接下来应该（　　）。
A. 就该情况通知该成员的部门经理
B. 撤销纠正措施
C. 将该纠正措施记入文档
D. 询问实施该纠正措施的理由

7. 作为领导的项目经理的成功依赖其人际关系技能及（　　）。
A. 领导、授权和谈判的能力
B. 能做详细的技术工作的技能
C. 引导项目团队会议的能力
D. 招聘和解雇技能

8. 下列（　　）不属于项目团队建设的依据。
A. 项目人员配置　　　　B. 人力资源计划
C. 项目人力资源可利用情况　　　　D. 设定小组目标

三、思考题

1. 你是如何理解人力资源管理和项目人力资源管理的？
2. 项目人力资源管理的特点和过程有哪些？
3. 项目人力资源规划的依据、方法和结果是什么？
4. 项目团队组建的方法有哪些？

案例分析

案例一：伦敦急救服务中心的急救项目团队管理

世界上最大的伦敦急救服务中心每年大约处理100万次呼叫，进行50万次出诊，拥有3000名员工和800多辆急救车，分布在640mile^2（1mile^2 = 2.58999 × 10^{6}m^2）的范围内，承担着为大约750万居民和250万旅游者服务的任务。然而，这个急救服务中心正面临着许多挑战因素。在1978年和1992年，该中心两次试图创建急救派送系统项目，但最终都以彻底的失败而告终。由此导致中心员工的士气非常低落，甚至到了返回手工作业的地步——紧急呼叫产生的大量单据被传递到救护车派送员的手中。

为了帮助解决这个问题，该中心聘请兰泰作为急救派送项目的经理，由其组建项目团队。为了改变现状，兰泰采取了一系列措施，设定了清楚的项目管理目标，制订了完整的项目计划，并且将其分解成易于管理的细目，兰泰和他的团队在项目各种资源和预算的基础上，开发了一个细节时间表，并且鼓励团队成员进行沟通，改变"不要告诉我，我不感兴趣"的态度，使大家能够开放和坦诚地对话。急救派送项目完成后，完全达到了预先设定的目标：在接到电话后，救护车在3min内出发的比例提高了一倍，超过了80%，在接到电话后14min内，救护车到达的比例超过了90%，而这一比例以前只有75%；40%的病例处理时间不超过8min，而以前这个比例只有13%。该项目为公共健康护理做出了巨大的贡献。

在讨论下一步项目完善计划时，兰泰提出了以下建议：①在项目团队和组织中鼓励进行开放、坦诚的沟通。②使团队参与计划和决策的制订。③把项目分解成能管理的细目。④激发团队精神。⑤建立坚固的项目基础。如计划、时间表、预算和控制范围。

案例来源：项目管理协会．项目管理知识体系指南［M］．5版．北京：电子工业出版社，2013.

问题：

1. 你认为兰泰提出的建议合适吗？有无不足之处？
2. 怎样鼓励团队成员积极关心团队的工作和发展？

案例二：小王的绩效考核案例

公司年终的绩效考评结束了，小王的绩效考评分数低于他的同事小何。

小王和小何是同时应聘进入这家公司的，两个人又被分配到同一部门，做着同样的工作。这是她们进入公司后接受的第一次绩效考评，而且这一次的绩效考评结果可能会影响下一年度谁能够被提升的问题。从进入这家公司开始，小王一直勤勤恳恳，努力工作，并希望自己的这一付出能得到上司的认可。并且，无论从学历来讲，还是工作能力方面，小王都自认为优于小何，这一考评结果令小王产生了困惑。这时，邻座的电话响了，电话铃声不由得使她想起了一件事情。刚刚进入这家公司后的一个周末，她和小何都在加班，因为有事情需要请示领导，所以小何拨通了上司家的电话。刚开始接电话的可能是上司家5岁的儿子，上司接了电话后小何并没有直接谈工作，而是先问"刚才接电话的是亮亮吗，真可爱，让他再和阿姨说几句话？贝贝在叫啊，是不是着急让你带它出去了？"小王觉得奇怪，她怎么会知道上司儿子的名字？贝贝又是谁？

事后她才知道贝贝原来是上司家的一条宠物狗。小王当时的感觉是这件事情很无聊也很浪费时间，如果是她打电话，一定会直接和上司谈工作，别人的儿子和狗和工作又有什么关系呢？

现在小王开始明白了，自己恐怕是在人际关系方面出了问题，不仅仅是和上司，和同事之间也是这样。因为自己过于关注工作，忽视了很多和同事之间的这种沟通，并且在工作中过于认真的态度，也可能会令同事感觉紧张，会给人不够随和的感觉。但是，人际关系和工作质量有什么关系呢？小王自认为自己的工作质量和业绩是无可挑剔的，从到公司以来，承担了大量的工作，并且工作一直勤勤恳恳，这也是有目共睹的，为什么最后的考评结果仍然很低呢？毕竟人际关系也只是考核内容中的一方面而已呀？是不是搞好人际关系是考评优秀的大前提？如果是这样的话，也许自己和公司的想法是不一样的。那么究竟是应该适应公司的这种方式，改变自己的个性，还是应该考虑重新找工作的问题呢？

对绩效考评结果产生困惑的不只是小王一个人。市场部的员工对工程部员工的成绩普遍高于自己而不满，而公司里有些年纪较大的员工也认为他们的成绩低于年轻人是因为上司认为自己年纪大，绩效就一定低。

绩效考评结束了，公司却开始变得不平静了。员工的这些抱怨也传到了老总的耳朵里，他在思考，究竟问题出在哪里？

一个员工的考核结果不是由自己来确定的，日常的行为只是一个考核的方面。对一个项目而言，首先需要按照项目的总体目标来设定考核标准和考核体系，其次要有一定的量化数据或依据来判断出每个员工的工作业绩。这样就不会出现小王的困惑、市场部人员的牢骚、老同志的偏见等问题了。

案例来源：蒋国瑞．项目人力资源管理［M］．北京：中国建筑工业出版社，2009.

问题：

1. 你对小何的做法有何看法？
2. 绩效考评与人才测评有什么区别？

案例三：项目团队的第一次冲突

由研究院提供的新焊接方法被立即用于解决焊接管板开裂问题。这次由焊接组长亲自完成。当焊接完成之后，质检员开始对焊缝进行检验，检测结果为合格。你收到了焊接成功的消息非常高兴。但仅隔数个小时，就见到李主任气喘吁吁地来到项目组办公室。

“还存在问题？”你困惑地问道。

“是的，今天我去现场看了焊接效果，可以说效果非常理想，没有开裂现象。”李主任停顿了一下接着说，“但是，我注意到管板周边的壳体有变形迹象，应该是第一次焊缝撕裂和重新焊接双重作用改变了壳体应力分布结构所致。”

“您的意思是说前后两次焊接改变了壳体材料力学性能？”你问道。

“可以这么理解。”李主任答道。

“难不成要重新购买壳体板材，这么一来采购周期和加工周期肯定会导致订单交付延迟。”你焦急地说道。

“这是对客户负责呀。”李主任说道。

你明白，李主任言下之意就是要重新返工一遍。毫无疑问，作为项目组的焊接技术专家，他的责任就是确保焊接质量，而这种焊接质量并不是简单地针对焊接本身。如果没有他的签字，后续作业无法开展。但是站在项目经理角度考虑问题，事情可没那么简单。你决定说服他，让他再想想其他办法。然而在李主任一股子刻板劲儿面前，你的好话歹话都没有一点用。

最后，李主任一摆手，大声说道："反正这个字我不会签!"，看也不看你一眼就出了办公室的门。

和李主任不欢而散之后，你觉得这件事情于公于私都应该找张总工商量。晚上，你把张总工约出来，将事情经过说了一遍。张总工认为李主任是从技术角度看问题，有他的道理，但是延期确实会给公司带来利润损失。焊接技改项目的目标就是确保按时保质地交付订单。

第二天，张总工和你都到了现场。在靠近管板焊接一侧，你们看见一个区域明显凹进去。张总工分析了一会儿，提出了一个解决方案。该方案就是在管板焊接周边再焊接若干筋板，以抵消壳体局部应力集中现象，强化承受力。

"这个方案会影响订单交付时间吗?" 你关切地问道。

"影响不会很大，与采购壳体材料重做耗时相比肯定要少。我们只需单独采购筋板材料就可以解决。" 张总工答道。

"好，就这么办。我去着手筋板材料采购" 你说道。

"不过，筋板这块需要修改设计方案，包括应力计算和优化。但这倒不是多大问题。" 张总工取下眼镜，一边擦拭一边说，"你知道的，说服客户才是关键，还有老李那边的沟通工作比较麻烦，毕竟他不答应，筋板焊不上去。"

案例来源：改编自工业工程领域企业生产实践。

问题：

1. 请从组织管理和团队建设角度谈谈为什么说于公于私都应该找张总工商量。
2. 案例中作为项目经理的"你"是否有权力替换掉焊接专家李主任?

第 8 章 项目沟通管理

8.1 项目沟通管理概述

8.1.1 项目沟通的含义

管理学家西蒙认为："沟通是一种程序，组织中的每位成员可以借此程序将其所决定的想法传递给其他成员。"沟通是不同的行为主体，通过各种载体实现信息的双向流动，形成行为主体的感知，以达到特定目标的行为过程。

在项目管理中，围绕以人为本理念，专门将沟通管理作为一个知识领域。美国项目管理协会有一个建议，建议项目经理将75%以上的时间用在沟通上，可见沟通在项目中的重要性。多数人理解的沟通，就是善于表达，能说、会说，我们不是沟通管理专家，不需要在沟通技巧中耗费太多时间。掌握一些适当的技巧，主要是对人、对事的敏感度，能针对具体事情做出具体的判断，能达到这个层次就可以了。实施项目管理时，如果未能充分认识到沟通的重要性，就会让项目处在风险之中。如果没有与需要沟通的人进行沟通，项目面临的风险就会大大增加。

项目管理是项目整个活动过程中的神经中枢，而交流沟通是进行项目各方面管理的纽带。项目沟通（Project Communication）与一般沟通过程一样，由信息的发送者通过一定的渠道将此信息传递给接收者，并且接收者能够给予反馈。在本书中，项目沟通是指项目团队成员及项目干系人之间对项目信息所进行的发布、接收、反馈与相互理解的过程。图 8-1 展示了一个基本的项目沟通过程。

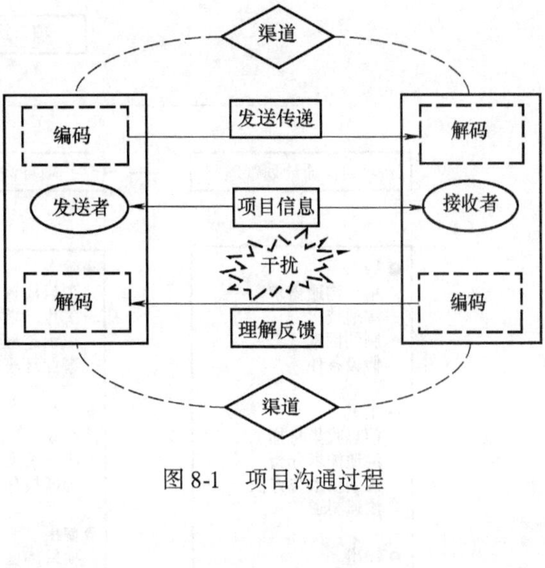

图 8-1 项目沟通过程

8.1.2 项目沟通管理的含义

项目沟通管理（Project Communication Management）是项目管理中连接其他各方面管理的重要纽带，项目各干系人之间的顺畅沟通是保证项目成败的关键所在。比如项目团队与客户之间的沟通使得产品或服务能够获得高客户满意度与忠诚度，项目团队与供应商之间的沟通可以建立并维持长期的合作伙伴关系，项目团队成员之间内部沟通保持员工高昂的工作热情与士气，促进项目目标的达成。项目沟通管理贯穿于整个项目周期的全过程。项目沟通管理是一个为确保项目信息完整收集、及时并准确传递而对项目信息内容、传递渠道、传递过程等进行全面管理的活动，包括对项目信息的规划、收集、生成、发布、检索、存储、管理、控制以及最终处置的各个过程，主要包括项目沟通计划管理、项目沟通管理与项目沟通控制管理这三个方面。

8.1.3　项目沟通管理的过程及相互关系

项目沟通管理主要涉及三个方面的过程——项目沟通计划管理、项目沟通管理与项目沟通控制管理。项目沟通计划管理是基于干系人的信息需要和要求以及组织可获得的资产情况，选择合适的沟通方式与制订合理的沟通计划的过程。项目沟通管理是根据沟通管理计划进行收集、生成、发布、检索、存储、管理以及最终处置项目信息的过程。项目沟通控制管理是对整个项目生命周期中的沟通进行监控、控制，以确保满足项目各干系人对信息的需求的过程。

上述过程彼此相互联系、相互作用。成功沟通的两大部分：第一部分是基于项目需要和干系人需要开发出一份合适的沟通策略，从这份沟通策略出发制订沟通管理计划来确保合适的信息通过不同的形式和方法传达给干系人。这些信息就构成了成功沟通的第二部分：项目沟通。项目沟通是规划过程的产物，沟通管理计划定义了收集、产生、传播、存储、检索、管理、跟踪和处理沟通的产物。最终沟通策略和项目沟通形成了控制有效沟通的基础。

图 8-2 概述了项目沟通管理三个主要过程及其相互关系。

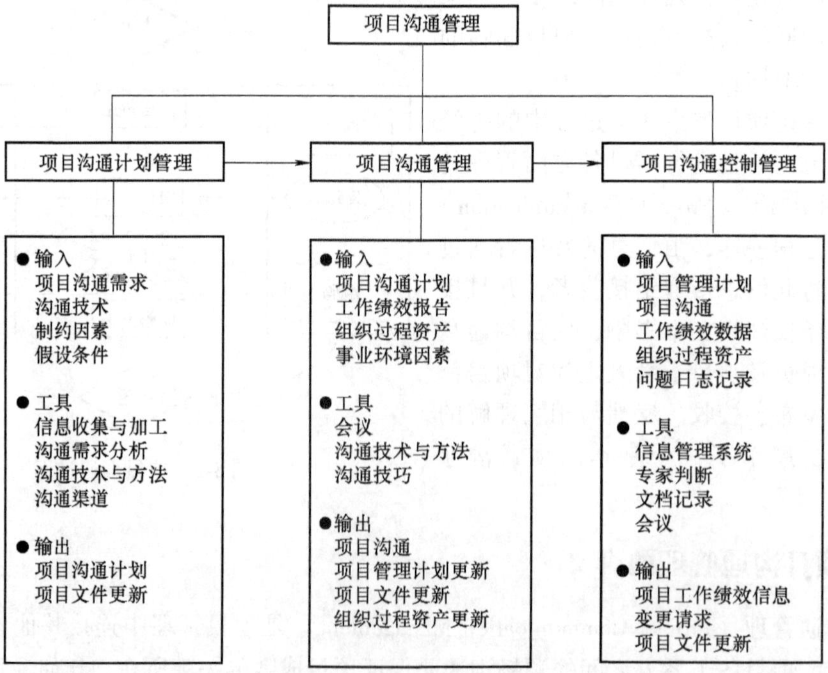

图 8-2　项目沟通管理三个主要过程及其相互关系

8.2 项目沟通计划编制

8.2.1 项目沟通计划编制概述

1. 项目沟通计划的概念

项目沟通计划是对于项目全过程的沟通工作、沟通方法、沟通渠道等各个方面的计划与安排，制定项目干系人之间信息交流的内容、人员范围、沟通方式、沟通时间或频率等沟通要求的约定。就大多数项目而言，沟通计划的内容是项目初期阶段工作的一个部分。同时，项目沟通计划还需要根据计划实施的结果进行定期检查，必要时还需要加以修订，同时项目沟通计划与项目总体的管理计划也是紧密相连的。图8-3展示了本过程的信息流向。

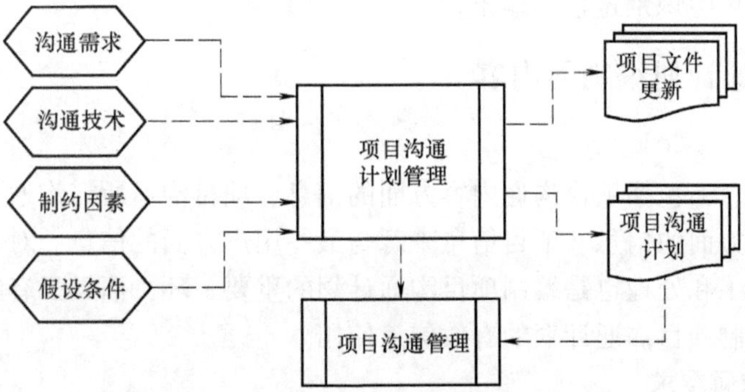

图8-3 项目沟通计划管理的信息流向

2. 项目沟通计划的编制依据

（1）沟通需求 沟通需求是通过对项目干系人所需信息内容、类型、形式等分类分析，以确定这些信息是否有价值，是否为项目干系人所需。沟通要求是项目涉及人信息需求的总和。需求结合信息类型和格式定义。信息的类型和格式在信息的数值分析中是必需的。项目资源只有通过信息沟通才能获得扩展，信息使项目成功，缺乏沟通会导致失败。项目的资源应当花费并且仅能花费在沟通信息上。项目沟通需求信息一般包括项目团队及其干系人的责任关系、项目涉及的行业与技术和部门、项目必备成员、项目团队与外部的关系、外部信息需求（如媒体）。

（2）沟通技术 信息传递、沟通的方式多种多样，采用何种沟通方式最有效，主要取决于三个因素。一是对信息需求的迫切程度，若项目要求信息更新速度快，可采用口头或非正式沟通；若对信息的需求并不是那么紧迫，可采用书面沟通（如定期提交书面报告）或正式沟通。二是沟通方式的可行性，有些沟通方式在某种场合或某种情景下是不适用的。三是团队成员的个人能力状况，应该根据团队成员特征、经验、能力等来选择不同的有效沟通方式，比如对于"90后"团队成员来说非正式的、通过互联网方式的沟通或许更有效。

（3）制约因素 每个项目都有其约束条件，包括项目组织内部限制与外部影响因素，在编制项目沟通计划时必须考虑到本项目相应的制约因素，不能超出其所能承担的范围。任何项目都会在范围、时间及成本三个方面受到约束，这就是项目管理的三约束。项目管理的最终目的就是：以科学的方法和工具，在范围、时间、成本三者之间寻找到一个合适的平衡点，以便项目所有干系人都尽可能地满意。制约因素是限制项目管理小组做出选择的因素。例如，如果需要大量地采购项目资源，那么处理合同的信息就需要更多考虑。当项目按照合同执行时，特定的合同条款也会影响沟通计划。

可能影响项目沟通的制约因素有：①信息需求的即时性。项目的成功是取决于即时通知频繁更新的信息，还是通过定期发行的报告已足够？②技术的有效性。已到位的系统运行良好吗？还是系统要做一些变动？③预期的项目人员配置。计划中的沟通系统是否同项目参与方的经验和知识相兼容？还是需要大量的培训和学习？④项目工期的长短。现有技术在项目结束前是否已经变化以至于必须采用更新的技术？

（4）假设条件　在编制项目沟通计划时，需要假设某些条件代替未来不确定、不可预测的情况，以做出相应的应急方案，从而保证沟通计划的顺利开展。对计划中的目的来说，假设因素是被认为真实的确定的因素。假设通常包含一定程度的风险。它们可在本处确定，或者它们也可以是风险识别过程的输出。

8.2.2　项目沟通计划编制的内容

1. 准备工作

收集、处理信息，包括项目沟通内容方面的信息、项目沟通所需沟通手段的信息、项目沟通的时间和频率方面的信息、项目信息来源与最终用户方面的信息。对收集到的沟通计划方面的信息进行加工和处理也是编制项目沟通计划的重要一环，而且只有经过加工处理过的信息，才能作为编制项目沟通计划的有效信息使用。

2. 确定项目沟通需求

在所收集并加工处理后的信息库的基础上，决策项目团队及其干系人的信息需求，包括项目组织管理方面的信息需求、项目内部管理方面的信息需求、项目技术方面的信息需求、项目实施方面的信息需求、项目与公众关系的信息需求。

3. 选择沟通渠道和方式

（1）口头沟通　口头沟通是指借助于口头语言实现的信息交流，它是日常生活中最常采用的沟通形式。主要包括：口头汇报、会谈、讨论、演讲、电话联系等。优点是：能观察收讯者的反应；能立刻得到回馈；有机会补充阐述及举例说明；可以用声音和姿势来加强；能确定沟通是否成功；有助于建立共识与共鸣；有助于改善人际关系。缺点是：通常口说无凭（除非录音）；效率较低；不能与太多人双向沟通；有时因情绪而说错话；言多必失；对于不善言辞者不利；容易啰嗦，大多数人不会言简意赅。

（2）会议沟通　会议沟通是一种成本较高的沟通方式，沟通的时间一般比较长，常用于解决较重大、较复杂的问题。人们在参与决策过程时，对决策会产生更多的义务，因为通过会议沟通采用群体参与决策制定过程，可以使他们更好地了解政策规定的背景、性质和必要性，而且由于自身参与，更容易持赞成态度。优点是：可提供更多可利用的信息；可以产生更多更好的决策以及更大胆的决策；能产生更高的生产率，因为群体成员在工作时为了取得社会的承认而更加积极认真。缺点是：耗时长，集体思考效率低；会存在群体压力：从众心理；专家和领导压力；团队成员间会出现推卸责任——说而不做的现象。

（3）书面沟通　书面沟通是以文字为媒体的信息传递，形式主要包括文件、报告、信件、书面合同等。优点是：书面沟通是一种比较经济的沟通方式，沟通的时间一般不长，沟通成本也比较低；可以是正式的或非正式的，可长可短；这种沟通方式一般不受场地的限制；可以使写作人能够从容地表达自己的意思；词语可以经过仔细推敲，书面语言在正式发表之前能够反复修改，使作者所要表达的信息内容被充分地表达出来，减少了情绪、他人观点等因素对信息传达的影响；具有周密、逻辑性强、条理清楚等特点；书面材料是准确而可信的证据，所谓“白纸黑字”，书面文本可以复制，同时发送给许多人，传达相同的信息，在群体内部经常受限于约定俗成的规则，书面材料传达信息的准确性高。缺点是：花费的时间较长，同等时间的交流，口头沟通比书面沟通所传达的信息要多得多，可能费一个小时写出的东西，只需十多分钟就能说完；缺乏这种内在的信息反馈机制，其结果是无法确保所发出的信息能被接收到，即使接收到，也无法确保接收者对信息的解释正好是发送者的本意；发送者往往要花费很长的时间来了解信息是否已被接收并被准确地理解。

4. 编制项目沟通计划

项目沟通计划的编制就是根据收集的信息，确定项目沟通要实现的目标，再根据项目沟通目标，确定项目沟通需求，去分解得到项目沟通的任务，进一步根据项目沟通的时间、情景要求去安排这些项目沟通任务，确定各项目干系人具体责任，并且要做好保障项目沟通计划实施的资源预备和预算工作。此外还要包括以下这些特殊内容：

（1）文件保存方式　沟通计划中应当首先明确信息保存方式、信息读写的权限，明确各类项目文档、辅助文件等的存放位置及相应的读写权限。

（2）沟通列表　它可存放项目干系人的联系方式，如开发成员、客户、高层领导、系统支持、顾问、行政部等。记录他们的座机、手机、职能等，做到简洁、明了。

（3）工作汇报方式　明确说明项目组成员对项目经理、项目经理对上级及相关人员的工作汇报方式、准确时间和形式。

（4）统一项目文件格式　使用统一的文件格式是项目标准化管理的一部分，因而必须统一各种文件模板，并提供相应编写指南。

（5）沟通计划维护人　明确本计划在发生变化时，由谁进行修订，并对相关人员发送。

（6）各类信息传递方式　制订好沟通计划，重要的是如何按照其进行各类信息的传递。将项目管理的信息正确传达到相应的人员，是相当重要并有一定困难的，经常发生的情况是信息发送人觉得自己把信息正确传达了，但实际却是信息没有传达到或是被错误地理解了。

（7）更新和修订项目沟通计划的办法　当所依据的客观条件发生变化，或者出现意外情况，必须修订项目沟通计划时，项目干系人必须依照预先规定的条件和办法来进行，必须要保持意见一致。

表8-1是一个项目沟通工作中的简单沟通计划表。

表8-1　项目沟通计划表

项目名称：										
项目干系人	沟通需求			信息搜集		信息归档		信息发布		备注
	需求信息	需求时间	需求方式	搜集方式	搜集人	归档格式	负责人	发布方式	发布人	
制订人：				项目经理：			批准日期：			

8.3 项目沟通管理

8.3.1 项目沟通管理的概念和依据

1. 项目沟通管理的概念

项目沟通管理是一个为确保项目信息完整收集、及时并准确传递而对项目信息内容、传递渠道、传递过程等进行全面管理的活动。项目沟通管理在项目成功所必需的因素：人、想法和信息之间搭建了一个关键桥梁，主要作用在于促进干系人之间实现有效率并且有效果的沟通。图 8-4 展示了本过程的信息流向。

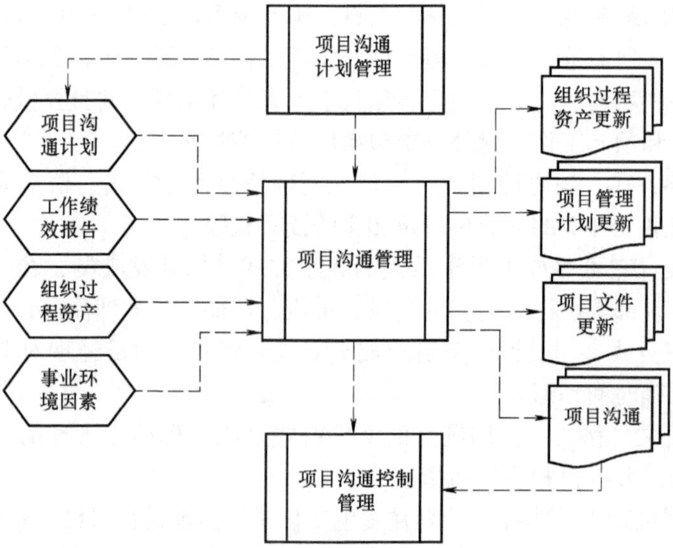

图 8-4　项目沟通管理的信息流向

2. 项目沟通管理的依据

（1）项目沟通计划　项目沟通计划主要描述如何对项目沟通进行规划、结构化和监控。该计划确定项目干系人的沟通需求，确定谁需要哪些信息，所需信息的类型与格式，何时需要这些信息，以何种方式发布、传递、交流这些信息。

项目沟通计划是一个文件，它提供以下信息：

1）收集和归档的结构：详细规定用来收集和储存各类信息的方法。采用的过程应涵盖对以前已公布材料的更新和纠正、收集和发送。

2）发送结构：详细地规定信息（状况报告、数据、进度、技术资料等）将流向谁那里和使用什么方法（书面报告、会议等）来发布各类信息。此种结构必须与项目组织图表定义的责任和报告关系兼容。

3）被发送的信息的说明：包括格式、内容。

4）产品进度：显示每种类型的沟通什么时候产生。

5）在排定的沟通中检索信息的方法。

6）随着项目的进展，修订和提炼沟通管理计划的方法。

根据项目的需要，项目沟通计划可以是正式的或非正式的，可以是详细的或提纲式的。项目沟通计划是整个项目计划的一个附属部分。

（2）工作绩效报告 报告绩效是指收集和发布绩效信息，包括状况报告、进展测量结果及预测结果。应该定期收集基准数据与实际数据，进行对比分析，以便了解和沟通项目进展与绩效，并对项目结果做出预测。需要向项目干系人适度地提供信息，可以是简单的状态报告或者详尽的书面报告或汇报；也可以是定期报告或者异常情况报告。一般包含对过去绩效分析、本期工作完成情况、目前存在的问题与风险、针对异常情况的处理与应对、下个报告期需完成的工作及其他需要讨论和更改的信息。工作绩效报告汇集了项目绩效和状态信息，报告的全面性、及时性、准确性也有助于建立沟通桥梁并且开展有效的信息沟通与交流。

主要包括以下内容：

1）当前报告阶段的工作完成情况：一一罗列出这一阶段已完成的所有工作包或其他工作。

2）当前报告阶段计划的但没有完成的工作情况：一一罗列出这一阶段计划好的、但没有完成的所有工作包或其他工作。

3）进度偏差的根本原因：没有按照进度计划完成的所有工作，识别产生偏差的原因。

4）对即将完成的里程碑或项目到期日的影响：没有按照进度计划完成所有工作，识别对即将完成的里程碑或整个进度计划的所有影响。识别所有当前规定的工作。

5）对于进度偏差计划的纠正或预防措施：识别所有弥补进度偏差的措施或预防未来产生进度偏差的措施。

6）当前报告阶段已花费的资金：记录这个阶段所花费的资金。

7）成本偏差的根本原因：对于任何超支或未花完的资金，识别产生偏差的原因，包括有关人力偏差与材料偏差的信息。

8）成本偏差对整个预算的或应急资金的影响：对于成本偏差，说明对整个项目预算的影响或是否要增加应急资金。

9）对于成本偏差计划的纠正或预防措施：识别弥补成本偏差或预防未来进度偏差的所有必需的措施。

10）当前报告阶段的质量情况。

（3）组织过程资产 组织过程资产是项目团队所特有并使用的计划、流程、政策、程序和知识库，包括来自所有可用于执行或治理项目的任何产物、实践或知识。组织过程资产是指一个学习型组织在项目操作过程中所积累的无形资产。组织过程资产的累积程度是衡量一个项目组织管理体系成熟度的重要指标，项目组织在实践中形成自己独特的过程资产，构成组织的核心竞争力。参与项目的组织内部的、有利于项目成功的一切非强制使用（项目团队可以选择使用）的因素。

可以从以下内容理解组织过程资产：包括任何或全部与过程相关的资产，可来自任意或所有参与项目的组织，用于帮助项目成功，或者避免失败；包括来自任何（或所有）项目参与组织的，可用于执行或治理项目的任何产物、实践或知识；资产是指能够在未来带来价值或效益的任何东西；组织过程资产是组织中最重要的无形资产；关于组织过程资产，要在项目规划与执行期间充分利用，项目团队成员通常有责任在项目全过程中对组织过程资产进行必要的更新和补充；项目团队应主动利用组织过程资产，促使项目获得成功、远离失败。

能够影响与指导项目沟通管理工作过程的组织过程资产包括组织对沟通的要求（如许可的沟通媒介、记录保存政策及安全要求），有关沟通管理的政策、程序、过程和指南，历史项目档案信息和经验教训等。一般组织过程资产由以下两类构成：

1）组织指导工作的过程和程序：组织的标准过程，例如标准、政策（如安全和健康政策）、标准产品和项目生命周期、质量方针和程序（如过程审核、目标改进、检查清单，以及应用于组织中的标准化过程定义）；标准化的指导方针、工作结构、提案评价标准，以及工作状况测量标准；模板（如风险模板、工作分解结构模板、项目进度网络图模板）；为了满足项目的特殊要求，组织标准过程中采用的指导方针和标准要作适当的修剪；组织通信需求（如明确可用的通信技术，被许可的传播媒体，录音记录和安全需要）；项目收尾的指导方针或需求（如最终的项目审计，项目评价，产品确认和认可标准）；财政控制程序（如时间报告，必要的花费和支出复核，会计法规，标准合同规定）；问题和缺陷管理过程定义了问题和缺陷控制、鉴别、处理决定和活动条目跟踪；变更控制过程，包括了修改正式的公司标准、政策、计划、过程（或任何项目文档），以及批准和生效任何改动时遵循的步骤；风险控制过程，包括风险种类，确定概率及其后果，以及概率和后果的矩阵，批准和发布工作授权的程序。

2）存储和检索信息的组织公用知识库：过程测量数据库用来收集和提供测量过程和产品的数据；项目文件（如范围、成本、质量基线、执行情况测量基线、项目日历、项目进度网络图、风险登记、计划应对活动，以及定义风险影响）；历史信息和来自知识库的教训（如项目报告和文档，项目收尾信息和文件，跟以前所有项目选择和执行情况有关的信息，以及风险管理努力的信息）；问题和缺陷管理数据库，包含了问题和缺陷的状态，控制信息，问题和缺陷解决方案和行动结果；结构管理知识数据，包含了对所有正式的公司标准、政策、程序和任何项目文档的释义和基线；财政数据库，包含诸如劳动时间、花费成本、预算和任何项目费用超支的信息。

（4）事业环境因素　事业环境因素是项目团队无法控制，但能够影响、限制或者指示项目沟通工作的各种条件。这些因素是大部分计划过程的输入、依据，可能会优化或限制项目管理决策，对输出与结果产生积极或消极影响。可以从以下内容把握事业环境因素：一切客观存在的，项目经理无法选择也不能逃避的内外部因素；面对事业环境因素，项目团队必须接受和适应，而不要试图改变；围绕项目或能影响项目成败的任何内外部环境因素。这些因素来自任何或所有项目参与单位；事业环境因素可能提高或限制项目管理的灵活性，并可能对项目结果产生积极或消极影响；通常是项目不能直接被影响，但会直接影响项目的那些因素，即便项目团队不想主动利用它们，但必须遵守其要求。

影响项目沟通管理的事业环境因素包括组织文化、结构和治理，现有人力资源状况，项目干系人风险承受力，已有的沟通渠道，项目管理信息系统等。从性质或类型上讲，事业环境因素是多种多样的。主要包括：组织结构，组织文化，组织的硬件或软件设施，强制性的规定、标准、制度，项目所处的外部环境等。事业环境因素包括（但不限于）：组织文化、结构和治理；设施和资源的地理分布；政府或行业标准（如监管机构条例、行为准则、产品标准、质量标准和工艺标准）；基础设施（如现有的设施和固定资产）；现有人力资源状况（如人员在设计、开发、法律、合同和采购等方面的技能、素养与知识）；人事管理制度（如人员招聘和留用指南、员工绩效评价与培训记录、奖励与加班政策，以及考勤制度）；公司的工作授权系统；市场条件；干系人风险承受力；政治氛围；组织已有的沟通渠道；商业数据库（如标准化的成本估算数据、行业风险研究资料和风险数据库）；项目管理信息系统（如自动化工具，包括进度计划软件、配置管理系统、信息收集与发布系统或进入其他在线自动系统的网络界面）。

项目经理需要考虑组织过程资产和事业环境因素。即使它们在过程规范中没有被明确列为输入，也必须在每个过程中予以考虑。组织过程资产为裁剪组织的过程提供指南和准则，以满足项目的特定要求。事业环境因素则可能限制项目管理的灵活性。事业环境因素与组织过程资产是大多数规划过程的输入。项目管理一般不会导致事业环境因素更新，PMBOK 中建设项目团队和管理项目团队过程导致事业环境因素的更新，是特例。可以从以下几个方面来区分组织过程资产和事业环境因素：

1）以来自组织的内部外部来区分：如果是组织外部的，肯定是事业环境因素；如果是组织内部的，则可以是组织过程资产，也可以是事业环境因素。

2）以项目经理是否可以选择来区分：凡是可裁剪的、可选择的均为组织过程资产；即对于组织过程资产，项目经理可以选择用或不用。凡是不可选择的、只能适应的均为事业环境因素；即，事业环境因素是不容项目经理选择的。

3）以“系统”结尾的多为事业环境因素（比如：工作授权系统、项目管理信息系统）；以“程序”结尾的多为组织过程资产（比如：财务控制程序、变更控制程序、风险控制程序）。

事业环境因素和组织过程资产并非互相排斥，而是有一定交叉。如组织的项目管理表单模板：当仅供参考使用时其为组织过程资产；当需要严格按照模板编辑表单时其为事业环境因素。

8.3.2 项目沟通管理的方法与结果

1. 项目沟通管理的方法

（1）会议 项目负责人和工程项目干系部门之间除了正式和非正式会谈外，为保证沟通的连续性并为以后做好记录，应在合同的执行全过程中举行经常性的正式会议。可计划在任何时间召开会议，以解决问题。重要会议应定期举行，并在合同开始后确定。主要会议有项目启动会、定期的周或月例会、质量控制和审查会议、业务部门或承包单位协调会、项目进度审查会、安全会议、项目收尾会议及其他与项目相关的会议。并且项目负责人将为上述所有会议准备会议纪要。

通过每日碰头会、每周例会、项目旬检制度、季度检查、年终总结等交流方式，让团队成员对项目成本、进度、技术、质量、安全等方面做阐述，开展问题的沟通与发现；或者设立建议箱，书面传递沟通信息。通过前面的这些工作可以发现问题，解决问题，提升团队成员的管理水平，但不能解决所有问题，团队成员必须以认真严谨的态度对待工作，掌握施工现场的第一手资料，从而为沟通奠定基础，取得沟通的最好效果。沟通工具选择得当，会事半功倍。

（2）沟通技术与方法 沟通的形式多种多样，按照信息推送与接收方式，可以分为交互式沟通、推式沟通与拉式沟通。

交互式沟通是指在两方或多方之间进行的多向信息交换，确保沟通参与者有效地达成共识，包括会议、电话、即时通信、视频会议等。优点是：某些情况下，是最高效的沟通方式。有问题可以当面澄清或者解决，非常适用于头脑风暴法等。面对面的会议或者视频会议可以清楚地看到各位干系人的表情和肢体语言，有利于沟通的顺畅进行。缺点是：某些情况下，形成决策的效率非常低。有时会陷入扯皮中；如果有 N 名干系人参与沟通，沟通的路径就会有 $N(N-1)/2$ 条，控制不好会陷入混乱。另一个缺点是有可能无法找到一个合适的时间段以确保所有必需出席的干系人都能出席。对此提出以下建议：明确的话题和会议目的。会议进行中要有强有力的话题、进度控制。保证准时开始，按时结束。尽早发出会议邀请，“占住”所有干系人的时间，保证重要的干系人能按时出席会议，并发表意见。对于无法出席的干系人，尽量使用视频会议或者电话等实时性强的工具使其参与到会议中。明确干系人的身份。哪些是必须出席的，哪些是可以出席也可以缺席的；哪些是必须要进行决策的，哪些是发表意见的，哪些是纯粹的听众等。控制好各个角色，该主动的一定不能沉默是金；该聆听的一定不能喧宾夺主。解决复杂、困难问题时使用。头脑风暴尽量使用交互式沟通。

推式沟通把信息发送给需要接收这些信息的特定接收者，包括信件、备忘录、报告、电子邮件、传真、语音邮件、日志、新闻稿等。优点是：当无法与受众取得实时联系时，受众处于不便于实时响应（休息、外出、专心于某项事情不便打扰等）或者受众故意躲避等情况，该方法是非常有效的。缺点是：这种方法有点像用户数据报（User Datagram Protocol，UDP）协议，发布信息后，不能确保信息到达目标受众，也不能保证信息已被目标受众正确地理解。对此提出以下建议：推式沟通多为书面形式，适用于重要非紧急的事情。当参与方较少时，比如只有两方时，适宜推式沟通。当参与方较多时，如果可能产生多次信息交互，应尽量减少沟通方数量，将大问题分解成小问题单独沟通。推式沟通发布信息时，特别要注意受众的背景，尽量减少误解、歧义的发生。必要时，需要对方提供回执，甚至让对方用对方的语言复述沟通内容，以确保信息被接收并正确理解。使用推式沟通时，应充分考虑受众的感受，尊重对方的私人空间和私人时间。

拉式沟通适用于信息量很大或接收者很多的情况，并且接收者可以自主访问信息内容，包括企业内网、电子在线课程、经验教训数据库、知识库等。项目干系人需要基于沟通需求、成本限制、时间与情景约束、资源和工具的可适用性、工具的熟悉程度等因素来讨论和选择最有效的沟通方式。优点是：特别适宜大团队的沟通，尤其是异地团队；沟通成本相对降低；有利于信息的积累；有利于信息变化的跟踪；可以发挥团队中每个人的积极性对信息源进行贡献。缺点是：搭建维护信息源需要的时间、人力和技术成本较高；信息安全级别管理复杂，存在一定的信息安全隐患；信息沟通实时性相比于交互式较差。对此提出以下建议：大型团队合作，一定要使用拉式沟通。团队成员间具有相近的文化，使用相互可以看懂的语言。团队成员有更高的素质，具有开放、共享和奉献的精神。限制信息源的数量。严格的权限管理，确保不同的受众得到其应得的信息，没有权限获得其不应得到的信息。信息源上的信息要及时更新，避免“忘记”信息源的情况。结合推式沟通，将信息源上的变化推到受众处，典型的有 RSS 阅读器。

（3）沟通技巧　通常一个项目涉及的信息内容、项目干系人以及传递方式众多，若没有一定的沟通技巧，不仅不能提高沟通效率，更不能保证沟通的有效性。因此掌握一定的沟通技巧在项目沟通管理工作中必不可少。通常从完整的沟通过程入手——信息发送、接收和反馈。有效发送信息的技巧：选择有效的信息发送方式（How），确定信息内容（What），谁需要这些信息（Who），何时发送信息（When），何处发送信息（Where）。关键沟通技巧：聆听，要适应讲话者的风格，眼耳并用，与讲话者有眼神交流，表现出兴趣，能够接收全部关键信息，并且理解，能够积极表达自己的想法。有效反馈技巧：一种就是正面的反馈，即对对方做得好的事情予以表扬，以刺激该行为再次出现；另一种是建设性的反馈，即对于对方做得不足的地方，提出一些建议。切忌负面反馈，负面反馈不仅没有任何帮助，反而会影响团队成员的工作情绪、积极性，带来许多负面影响。

对于项目团队经理来说，沟通作为一种“软技能”，是管理者必须具备的。可以从以下几个方面促进团队沟通。

1）团队文化。项目经理必须在团队中营造积极的文化。积极指的是对工作有很高的期望，为争取最好的结果做出努力。但同时也要拥有充足的自信来应付项目中的潜在风险，对可能出现的最坏情况做好充分的准备。项目经理要善于分析困难和曾经犯过的错误，把这些经验教训传递给团队成员，在未来项目中寻求解决问题的最好方法。项目经理是一种典型的以目标为导向的人，目标导向使团队对任务有明确的计划，通过既定的项目里程碑来制定工作分解结构（WES），把项目分成若干个阶段。项目经理和团队成员一起在规定期限内完成阶段目标。优秀的项目经理善于思考，会带动大家集思广益，主动向高层提出建设性建议，是一个开拓者。

2）团队管理。为什么有些领导者很容易就能让对方接受他们布置的任务？究竟奥秘在哪里？道格拉斯·麦格雷戈提出了“不同的人性假设在实践中就体现为不同的管理观念和行为”的观点。他把人分为两类：“X理论”下的人性是慵懒的，缺乏进取心和创造力，被动服从上级的命令，不愿主动工作和承担责任。

“Y理论”下的人性是积极主动的，具有责任心和主观能动性，不需要上级面面俱到地安排工作，能自发地根据组织策略自我指挥和自我控制。对于这两类人要采取不同的管理策略。例如，对态度积极的成员要合理分权和授权，使用参与式和协商式的管理。

对消极的成员，要敢于使用项目经理的正式权力进行惩罚。项目经理还要让团队中每一个人都有明确的目标。这要求在开展工作之前，确定在什么时候要交付什么东西。同时要明确每一位项目团队成员的职责和权力。项目经理在做决定时要设身处地地客观考虑对方的感受，尽量让每一位成员发挥他们的兴趣特长。

其次是确定你和对方各自的底线，明确哪些是可以让步的，哪些是不可妥协的。最后把项目中要做的事情排出优先级。通常可以分成“现在必须做”“某个时间点前必须完成”和“等有时间再做”几类。这样既能够缓解团队的工作压力，又能创造一个合理和相对轻松的工作环境。

3）团队建设。项目经理需要协调组织自己的成员高效地完成任务。成员的士气在很大程度上决定了项目的成败。马斯洛需求理论叙述了人的五个层次需求——生理需求、安全需求、社交需求、尊重需求和自我实现需求。同时指出激励对象若本身已经满足了某个层次的需求，就无法在这个层次上再进行更有效的激励。这就决定了项目经理在团队建设中的努力方向：它是从优势（Strength）、劣势（Weakness）、机会（Opportunity）和威胁（Threats）四个方面对人内外部条件和各方面内容进行综合和概括，进而分析优劣势、面临的机会和威胁的一种方法。

通过分析，可以帮助人找到兴趣点和强项，以及改进的地方，从而制订出改进计划和个人发展规划。成员的生理需求、安全需求和社会需求（归属和爱的需求）通常已经得到满足。位于金字塔上层的尊重需求和自我实现需求，相对而言难以满足。适当的赞扬能让对方感到被尊重，对观点和成果的肯定能够使对方获得成就感，从而满足高层次需求，更有效地激励对方。

对人的肯定可以分为口头肯定的和非口头肯定的两种形式。简单的口头肯定能用来表明你正在听对方说话。在对方陈述的间隙不时地用“非常好”“我明白了”“请继续”等字眼，是尊重的体现。更直接的肯定可以通过在正式场合对某个成员进行赞扬来表现。非口头肯定多指肢体语言，例如拍拍对方肩膀等。作为经理，非口头的肯定也可以体现在对团队成员提供各方面的支持上，为成员争取机会、争取资源。当发生问题时，项目经理勇于承担责任，不把责任推给下属。谈吐的涵养也是项目经理必须具备的。

作为团队管理者，最起码要能做到清晰扼要、言简意赅地表达自己的意思。如果项目经理同时又是一个行业的专家，在谈话中一定不能产生高人一等的优越感，要尊重对方，设身处地地体会对方感受。

2. 项目沟通管理的结果

（1）项目沟通　项目沟通过程涉及对信息的生成、发布、接收、获知和理解等一系列活动。项目沟通可能包括（但不局限于）绩效报告、可交付状态、安排进度、产生的成本等。项目沟通也可能会受到许多因素的影响，如信息的紧急性、信息传递的方式、信息机密程度等，这些因素可能会使得项目沟通产生巨大波动。

（2）项目管理计划更新　项目管理计划提供了关于项目基准、沟通管理和项目干系人管理方面的信息。每个部分的信息可能需要根据项目目前绩效与项目绩效测量基准（the Project Performance Measurement Baseline）之间的对比情况进行更新。项目绩效测量基准是一个经过批准同意的项目工作计划，用于比较项目执行情况、测量偏差，以便于进行项目控制管理。通常是项目范围、进度、成本参数、技术和质量参数等的整合。

（3）项目文件更新　项目文件更新可能包括（但不局限于）项目问题日志记录、项目进度安排、项目资金需要等。

（4）组织过程资产更新　组织过程资产更新可能包括（但不局限于）项目干系人通知（如已解决的问题、已批准的更改和项目整体情况等）、项目报告（采用正式与非正式项目报告描述项目状态，包括经验教训、问题日志记录、项目收尾报告和其他领域的成果等）、项目介绍（采取有效沟通方式向项目干系人提供其需要的项目信息）、项目过程记录（如往来函件、备忘录、会议纪要、团队成员工作记录及其他描述项目状况的文件）、项目干系人反馈（对项目运作的意见）、经验教训（包括问题起因、应对措施选择缘由和其他关于管理沟通的经验教训）。

8.4　项目沟通控制管理

8.4.1　项目沟通控制管理的概念和依据

1. 项目沟通控制的概念

项目沟通控制管理是对整个项目生命周期中的沟通进行监控、控制，以确保满足项目各干系人对信息的需求的过程。主要作用在于随时确保信息流动在所有项目沟通参与者之间保持最佳状态。项目沟通控制过程可能会引发项目沟通管理工作中某些过程的重新开展，这种重复性体现了项目沟通管理各过程的持续特征。如问题或关键绩效指标（如实际进度、成本和质量绩效与计划的比较结果）的信息沟通，可能会采取修正措施，而其他信息则不会如此。应该仔细评估和控制项目沟通的影响和对影响的反应，以确保在正确的时间把正确的信息有效传递给项目干系人。图 8-5 展示了本过程的信息流向。

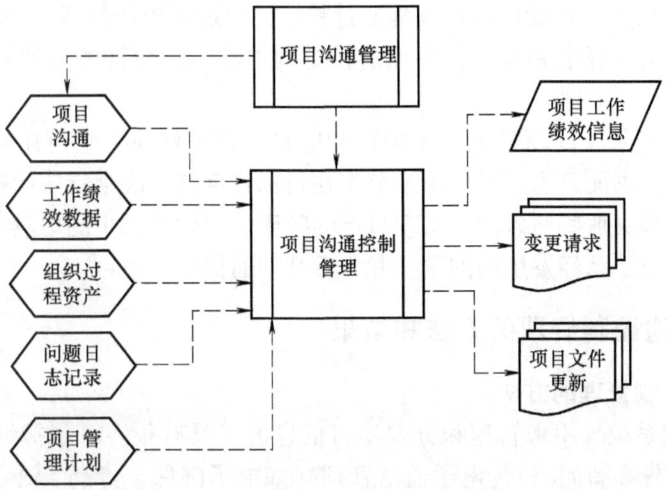

图 8-5　项目沟通控制的信息流向

2. 项目沟通控制管理的依据

（1）项目管理计划　项目管理计划是项目的主计划或称为总体计划，它确定了执行、监控和结束项目的方式和方法，包括项目需要执行的过程、项目生命周期、里程碑和阶段划分等全局性内容。项目管理计划描述了项目的执行、监控与收尾过程，整合了其他各个管理过程与所有子管理计划，当然，项目沟通管理计划也包含在内。它为控制沟通过程提供了有价值的信息，比如干系人的沟通需求和适用的沟通技术；发布信息的原因；发布所需信息的时限和频率；负责发布信息的个人或小组；将接收信息的个人或小组。

项目管理计划是一个用于协调所有项目计划的文件，可以帮助指导项目的执行和控制。在其他知识领域所创建的计划可以认为是整个项目管理计划的补充部分。项目管理计划还将项目计划的假设和决定纳入文档，这些假设和决定是关于一些选择，促进项目干系人之间的通信，定义关键的管理审查的内涵、外延以及时间点和提供一个进度衡量和项目控制的基准。项目管理计划应该是动态的、灵活的，并且随着环境或项目的变化而变化。这些计划应该很好地帮助项目经理领导项目团队并评价项目状态。为了创建并整合一个很好的项目管理计划，项目经理必须运用项目整合管理技巧，因为需要来自项目管理知识领域方方面面的信息。与项目团队以及其他的干系人一起工作来创建项目管理计划将帮助项目经理指导项目的执行并理解整个项目。

（2）项目沟通　在控制沟通过程中，需要开展活动，来监督沟通情况，采取相应行动，并向干系人通知相关情况。项目沟通可有多种来源，可能在形式、详细程度、正式程度和保密等级上有很大的不同。项目沟通可能包括（但不限于）：可交付成果状态；进度进展情况；已发生的成本。

（3）工作绩效数据　工作绩效数据体现了项目团队及其成员的工作成果，反映了项目还有哪些活动尚未完成，已完成活动的效果如何，项目质量是否达到标准，进度活动的开始日期和结束日期，项目产生的实际成本和实际持续时间等。工作绩效数据是在执行项目工作的过程中，从每个正在执行的活动中收集到的原始观察结果和测量值，展示与绩效测量基准的比较结果。在工作执行过程中收集数据，再交由各控制过程做进一步分析。

（4）组织过程资产　可能影响控制沟通过程的组织过程资产包括（但不限于）：报告模板；定义沟通的政策、标准和程序；可用的特定沟通技术；允许的沟通媒介；记录保存政策；安全要求。

（5）问题日志记录　问题日志用于记录和监督问题的解决。它可用来促进沟通，确保对问题的共同理解。书面日志记录了由谁负责在目标日期前解决某特定问题，这有助于对该问题的监督。应该解决那些妨碍团队实现目标的障碍。问题日志中的信息对控制沟通过程十分重要，因为它记录了已经发生的问题，并为后续沟通提供了平台。

8.4.2　项目沟通控制管理的方法和结果

1. 项目沟通控制管理的方法

（1）信息管理系统　用来管理和分发项目信息的工具有很多，包括纸质文件管理（如信件、备忘录、报告和新闻稿）、电子通信管理（如电子邮件、传真、语音信箱、电话、视频和网络会议、网站和网络出版）、项目管理电子工具（如基于网页界面的进度管理工具和项目管理软件、会议和虚拟办公支持软件、门户网站和协同工作管理工具）。信息管理系统具有以下功能：数据处理功能，包括数据收集和输入、数据传输、数据存储、数据加工和输出；预测功能，运用现代数学方法、统计方法和模拟方法，根据过去的数据预测未来的情况；计划功能，根据企业提供的约束条件，合理地安排各职能部门的计划，按照不同的管理层，提供相应的计划报告；控制功能，根据各职能部门提供的数据，对计划的执行情况进行检测，比较执行与计划的差异，对差异情况分析其原因；辅助决策功能，采用各种数学模型和所存储的大量数据，及时推导出有关问题的最优解或满意解，辅助各级管理人员进行决策，以期合理利用人财物和信息资源，取得较大的经济效益。

（2）专家判断　项目团队经常依靠专家判断来评估项目沟通的影响、采取行动或进行干预的必要性、应该采取的行动、对这些行动的责任分配，以及行动时间安排。可能需要针对各种技术和管理细节使用专家判断，专家判断可以来自拥有特定知识或受过特定培训的小组或个人，例如顾问；干系人，包括客户或发起人；专业和技术协会；行业团体；主题专家；项目管理办公室（PMO）。最后项目经理在项目团队的协作下，决定所需要采取的行动，以便确保在正确的时间把正确的信息传递给正确的项目干系人。

（3）文档记录　项目负责人和工程项目干系部门之间除了会谈、会议外，为保证沟通的连续性和易评估性，应在合同的执行全过程中用文档输出作为控制项目的一种方法。主要以项目推进计划、周报、总结、问题清单等信息资料为媒介，以合理规范推进项目进程。主要文档输出有项目管理计划、项目计划、项目沟通计划、问题日志记录、经验教训记录、项目周报、项目总结等。

（4）会议　在本过程中，需要与项目团队展开讨论和对话，以便确定最合适的方法，用于更新和沟通项目绩效以及回应各干系人对项目信息的请求。这些讨论和对话通常以会议的形式进行。会议可在不同的地点举行，如项目现场或客户现场，可以是面对面的会议或在线会议。项目会议也包括与供应商、卖方和其他项目干系人的讨论与对话。

2. 项目沟通控制管理的结果

（1）项目工作绩效信息　工作绩效信息是从各控制过程中收集项目绩效数据，并结合相关背景和跨领域关系，进行组织、总结、整合分析而得到的。由此，工作绩效数据就转化为工作绩效信息，通过一定的方式传递给项目干系人，根据项目干系人信息需求和要求，展示项目状况和进展信息，可以作为项目决策的可靠基础。工作绩效信息通过沟通过程进行传递，可包括可交付成果的状态、变更请求的落实情况及预测的完工尚需估算。

（2）变更请求　项目沟通控制管理往往需要进行调整、采取行动和开展干预，因此就会产生许多变更请求。变更请求是关于修改任何文档、可交付成果或基准的正式提议。变更请求被批准之后将会引起对相关文档、可交付成果或基准的修改，也可能导致对项目管理中其他相关部分的更新。变更请求可以是直接或间接的，可以由外部或内部提出，可能是自选或由法律或合同所强制的。变更请求可能包括：新的或修订的成本估算、活动排序、进度日期、资源需求和风险应对方案分析；对项目管理计划和文件的调整；提出纠正措施，以使项目预期的未来绩效重新与项目管理计划保持一致；提出预防措施，降低未来出现不良项目绩效的可能性，确保项目工作的未来绩效符合项目管理计划。

（3）项目文件更新　控制沟通过程可能引起对沟通管理计划及项目管理计划（如干系人管理计划和人力资源管理计划）其他组成部分的更新。同时也可能会引发问题日志记录、项目工作绩效报告、信息和风险预测、经验教训记录等文件的更新。比如沟通管理计划中可能需要更新的内容包括：活动资源需求，资源平衡可能对所需资源类型与数量的初步估算产生显著影响，如果资源平衡改变了项目资源需求，就需要对其进行更新；活动属性，更新活动属性以反映在制订进度计划过程中所产生的对资源需求和其他相关内容的修改；日历，每个项目都可能有多个日历，如项目日历、单个资源的日历等，作为规划项目进度的基础；风险登记册，可能需要更新风险登记册，以反映进度假设条件所隐含的机会或威胁。

本章小结

项目沟通管理是一个为确保项目信息完整收集、及时并准确传递而对项目信息内容、传递渠道、传递过程等进行全面管理的活动。沟通就是信息交流。项目沟通是指项目各干系人之间的信息传递。要科学地组织、指挥、协调和控制项目的实施过程，就必须进行项目信息沟通，这对于项目的发展和人际关系的改善都有促进作用。

本章主要阐述了项目沟通管理的三个主要过程——项目沟通计划管理、项目沟通管理与项目沟通控制管理，这些过程彼此相互联系、相互作用。并且对每个工作过程的依据、方式方法及其结果进行了讲述，以帮助更好地开展项目沟通管理工作。

习　　题

一、判断题

1. 项目团队成员能与项目经理成功沟通的程度主要取决于项目经理如何有效地与团队建立关系。

2. 对于不同的项目，应该尽可能采用同样的信息发布方式。

3. 沟通规划不当可能导致信息传递延误以及向错误的受众传递信息。

4. 沟通需求分析的主要目的就是确定相关方对信息的需求。

5. 项目经理希望将项目章程发给项目相关方，应该使用推式沟通。

6. 为了识别与相关方的最有效率且最有效果的沟通方式，应该有效开展管理沟通过程。

二、单选题

1. 在项目团队中，沟通（　　）。

A. 越多越好

B. 只能针对那些有利于项目成功的信息

C. 应该在所有的项目团队成员间进行

D. 应该把所有信息发送给所有团队

2. 项目经理希望将项目章程发给项目相关方。应该使用（　　）。

A. 互动式沟通　　B. 拉式沟通　　C. 推式沟通　　D. 面对面沟通

3. 沟通管理计划通常不包括（　　）。

A. 项目相关方的沟通需求　　B. 项目主要里程碑和目标日期

C. 接受信息的人或组织　　D. 信息分发的时间框架和频率

4. （　　）是管理沟通的输入。

A. 工作绩效数据　　B. 工作绩效信息　　C. 工作绩效报告　　D. 团队章程

5. 进行项目沟通需求分析，旨在确定（　　）。

A. 能用于沟通的时间和资金多少

B. 所需信息的类型和格式，以及信息对相关方的价值

C. 可使用的沟通技术

D. 沟通渠道的多少

6. 在沟通管理中，强调向正确的人提供正确的信息，也强调只提供所需要的信息。前者和后者分别是指（　　）。

A. 及时的沟通，充分的沟通　　B. 有效率的沟通，有效果的沟通

C. 充分的沟通，及时的沟通　　D. 有效果的沟通，有效率的沟通

7. （　　）会影响沟通技术的选择。

A. 需要沟通的信息的数量　　B. 相关方需求信息的紧迫性

C. 需要沟通的相关方的数量　　D. 项目执行组织的结构

8. 在沟通控制过程中需要依据以下文件，除了（　　）。

A. 变更日志　　B. 项目沟通记录　　C. 问题日志记录　　D. 工作绩效数据

三、思考题

1. 什么是项目沟通管理？包含哪些工作过程？

2. 为什么要进行项目沟通管理？

3. 如何编制项目沟通计划？

4. 项目沟通管理的方法有哪些？如何提高项目沟通的有效性？

案例分析

案例一：沟通管理

信管网A公司中标某客户数据中心建设项目，该项目涉及数据中心基础设施、网络、硬件、软件、信息安全建设等方面工作。经高层批准，任命小李担任项目经理。小李从相应的技术服务部门（网络服务部、硬件服务部、软件服务部、信息安全服务部）分别抽调了技术人员加入该项目。这些技术人员大部分时间投入本项目，小部分时间参与公司的其他项目。由于公司没有基础设施方面的技术能力，因此将本项目的基础设施建设工作外包给了B公司。

小李认为，该项目工作内容复杂，涉及人员较多，人员沟通很关键，作为项目经理，自己应投入较大精力在人员沟通管理上。首先，小李经过分析，建立了干系人名册，主要人员包括客户方的4名技术人员、3名中层管理人员、2名高管和项目团队人员以及A公司的2名高管。接着，小李制订了沟通管理计划。在选择沟通渠道时，考虑到干系人较多，召开会议不方便，小李决定采用电子邮件方式；在沟通频率方面，为了让干系人能及时、全面地了解项目进展，小李决定采用项目日报的方式每日沟通；在沟通内容方面，小李制作了项目日报的模板，主要内容包括三部分：一是项目成员每日主要工作内容汇总；二是项目的进度、成本、质量等方面的情况、汇总；三是每日发现的主要问题、工作建议等。项目实施过程中，项目成员严格按照要求，每天下班前发送日报给小李。第二天上午9点前，小李汇总所有成员的日报内容，发送给所有干系人。随着项目的实施，小李发现B公司的技术人员的工作质量经常不能满足要求，工作进度也有所延迟，当问及B公司的相关负责人时，他们表示对此并不知情。同时，A公司各技术服务部门的负责人也抱怨说，他们抽调了大量技术人员参与该项目，但却无法掌控他们的工作安排，也不知道他们的工作绩效。另外，A公司高层领导也向小李表示，客户管理层对该项目也有些不满，他们认为每天浪费了大量时间看了一些无用的信息，他们希望小李能当面汇报。

思考：小李在项目沟通管理的哪些方面做得好？若你是项目团队经理，对你有何启示？

案例二：公司沟通效率的提高

老张是某个系统集成公司的项目经理。他身边的员工始终在抱怨公司的工作氛围不好，沟通不足。老张非常希望能够通过自己的努力来改善这一状况，因此他要求项目组成员无论如何每周必须按时参加例会并发言，但对例会具体应如何进行，他却不知如何规定。很快项目组成员就开始抱怨例会目的不明，时间太长，效率太低，缺乏效果等，而且由于在例会上意见相左，很多组员开始相互争吵，甚至影响到了人际关系的融洽。为此，他非常苦恼。

案例来源：赵惠芳．管理学［M］．杭州：浙江大学出版社，2011.

思考：产生问题的可能原因是什么？应该怎样提高项目例会的效率？你认为除了项目例会之外，他还可以采取哪些措施来促进项目团队沟通？

案例三：项目经理的抉择

考虑到项目时间紧迫性，现在你需要尽快与客户和焊接专家李主任实现有效沟通。你有以下三种选择：

第一种选择是先做李主任的工作，再做客户工作。

尽管和李主任有矛盾，你认为只要筋板方案给他说清楚，他应该是通情达理的，毕竟你们没有私人恩怨，都是为了更好地完成工作，大家都是对事不对人。况且得到李主任的支持就可以更好地做客户的工作了。在定制品制造领域，客户都具有很强的专业知识背景，有焊接技术专家的支持，技术方案论证更有说服力。

第二种选择是先做客户工作，再做李主任工作。先和客户沟通，将客户订单的复杂性以及生产加工过程中的客观性都说清楚，在技术方案修改合理性论证方面有张总工支持，也有很大可能获得客户的理解。若客户接受了修改方案，那么就能以客户需求的名义，让各职能部门配合。显然，李主任也找不出理由推辞。

第三种选择是同时给客户和李主任做沟通工作。作为项目经理，你去和客户进行沟通说明。同时，先以书面沟通的方式取得李主任的理解，然后请生产部廖部长或张总工出面再次和李主任进行口头沟通。

到底哪一种方式合适，你陷入了思索。

最后你选择了其中一种方式，获得了客户的认可，同时也说服了李主任采纳焊接筋板分散应力的方案。

案例来源：改编自工业工程领域企业生产实践。

问题：

1. 通过该案例，你认为是否有必要建立一个定期的项目沟通会议制度，谈谈你的看法。

2. 如果案例中的“你”选择了第三种沟通方案，你认为还有哪些沟通方式比书面沟通更好？说说理由。

第 9 章

项目风险管理

9.1 项目风险管理概述

9.1.1 风险的定义

风险是指在给定情况下和特定时间内，那些能发生的预期结果与实际结果之间的变动程度。变动程度越大，风险越大；反之，则风险越小。上述定义认为风险即是不期望发生事件的客观不确定性。对于这一定义，有以下三点应注意理解：

1）风险是客观存在的，不以人们的意志而改变。

2）风险的大小是可以衡量的。根据概率论，可以估计出损失概率分布的期望值与标准差，从而判断风险的大小。

3）风险能发生变化。因为风险的存在与客观环境、一定的时空条件有关，所以当这些条件发生变化时，风险的性质、大小也可能发生变化。

一般来说，风险具备下列要素：

1）事件（不希望发生的变化）。

2）事件发生的概率（事件发生具有不确定性）。

3）事件的影响（后果）。

4）风险的原因。

9.1.2 项目风险及其特征

项目风险是项目达不到预期目标甚至失败的可能性，主要是指项目执行期间的风险。项目的一次性使其不确定性比其他经济活动大得多，因而项目风险的可预测性就差得多。在进行重复性的生产和经营活动时，可以根据历史资料和同行业的经验数据预测出大多数风险。而项目多种多样，每个项目都有各自不同的具体问题，对风险的预测要困难得多。

1. 风险因素

风险因素是指能增加或产生损失频率和损失幅度的条件。它是事故发生的潜在原因，是造成损失的内在和间接原因。在项目的生命期间，风险因素有物质风险因素和人为风险因素两类。

1）物质风险因素。物质风险因素是指那些看得见、影响损失概率和程度的环境条件。例如，糟糕的道路增加了汽车事故的发生机会；劣质的建筑用楼梯增加了打滑和下坠的可能性；旧电线增加了火灾发生的可能性。

2）人为风险因素。人为风险因素是指与人们的心理和行为有关的一种无形因素。与项目相关的人有很多，如客户、供应商及项目的具体执行人员等。人员的素质越高，风险越小。

2. 项目风险产生的原因

1）危险因素结合说。这种理论的代表人物是佩费尔。佩费尔认为，风险是每个人和风险因素的结合体。因此，风险是不幸事故与风险状态的客观关系，其发生的频率是可以用概率测定的。风险和不确定性互为表里，互相依存。前者是表面的，以客观的概率测度；后者是心理状态，凭人的主观意识判断。佩费尔的观点产生于20世纪中叶，显得有些陈旧，也没得到广泛的认可。但是，他毕竟把风险和风险因素结合在一起，提出了崭新的见解。

2）预想和结果变动说。这种说法是威廉斯和海恩斯对危险因素结合说进行扬弃后提出的。他们给风险下的定义是：风险是在风险状态下，一定时期内可能发生变动的结果。如果这种结果只有一种可能，风险状态不发生变动，则风险为零；如果可能发生这种结果，则风险不为零。变动越大，风险也越大。

3. 项目风险的特征

1）项目风险存在的客观性。项目都是由人组成的团队为了达到预期的目的在一定的客观条件下进行的。这些客观的物质因素和人为因素都构成潜在的风险因素，这种存在是不以人的意志为转移的，人们可以在有限的空间和时间内改变风险存在和发生的条件，降低其发生的频率和减轻损失程度，而不能完全消灭项目风险。

2）项目风险存在的普遍性。随着科学技术的发展、社会的进步，风险不是减少了，而是增加了，风险事故造成的损失也越来越大。新技术含量高的项目，其潜在的风险具有如下特点：技术越先进，事故损失越大；项目技术结构越复杂，总体越脆弱；项目技术收益越高，潜在风险越大。

3）项目风险发生的偶然性。项目风险是客观存在的，但对于某一具体风险的发生来说，并不是必然的，它具有随机性。风险何时发生以及发生的后果都无法准确预测。这意味着风险的发生在时间上具有突发性，在后果上具有灾难性。这种偶然性程度也称为不确定性，程度可以用概率来描述。概率在0~0.5时，随着概率的增加，不确定性也随之增加；概率为0.5时，不确定性最大；概率在0.5~1时，随着概率数值的增加，不确定性也随之减少；概率为0或1时，不确定性最小。

4）大量项目风险的发生具有必然性。虽然个别项目风险的发生是偶然的、无序的且杂乱无章的，然而总体上来说，风险的发生具有规律。这使人们利用概率论和数理统计方法去计算其发生的概率和损失幅度成为可能，同时为项目风险管理提供了基础。

5）项目风险的可变性。在一定条件下，项目风险可以转化。客观条件变化，风险的性质、风险量可能随着变化。在一定的空间和时间范围内，某种特定的风险可能被消除，同时也可能产生新的风险。

9.1.3 项目风险管理的定义、作用和过程

1. 项目风险管理的定义

项目风险管理是项目管理的重要内容，通过项目风险的识别、估测和评价，运用各种风

险管理技术，对项目风险实施有效的控制，妥善处理风险所致损失的后果，期望以最小的项目成本实现最大的项目目标。项目风险管理的目标，不在于管理项目风险本身，而在于使项目成本最小化而目标最大化。

2. 项目风险管理的作用

1）通过风险分析，可使项目相关人员加深对项目和风险的认识和理解，澄清各方案的利弊，了解风险对项目的影响，以便减少或分散风险。

2）通过检查和考虑所有到手的信息、数据和资料，可明确项目的各有关前提和假设。

3）通过风险分析，不但可提高项目各种计划的可信度，而且有利于改善项目执行组织内部和外部之间的沟通。

4）编制应急计划时更有针对性。

5）能够将处理风险后果的各种方式更灵活地组合起来，在项目管理中减少被动，增加主动。

6）有利于抓住机会，利用机会。

7）为以后的规划和设计工作提供反馈，以便在规划和设计阶段就采取措施防止和避免风险损失。

8）风险即使无法避免，也能够明确项目到底应该承受多大损失或损害。

9）为项目施工、运营选择合同形式和制订应急计划提供依据。

10）通过深入的研究和情况了解，可以使决策更有把握，更符合项目的方针和目标，从总体上使项目减少风险，以保证项目目标的实现。

11）可推动项目执行组织和管理班子积累有关风险的资料和数据，以便改进将来的项目管理。

3. 项目风险管理的过程

在项目中建立风险管理策略和在项目的生命周期中不断控制风险是非常重要的。风险管理过程包括四个相关的阶段：风险识别、风险估计与风险评价、风险处理和风险监督，如图9-1所示。

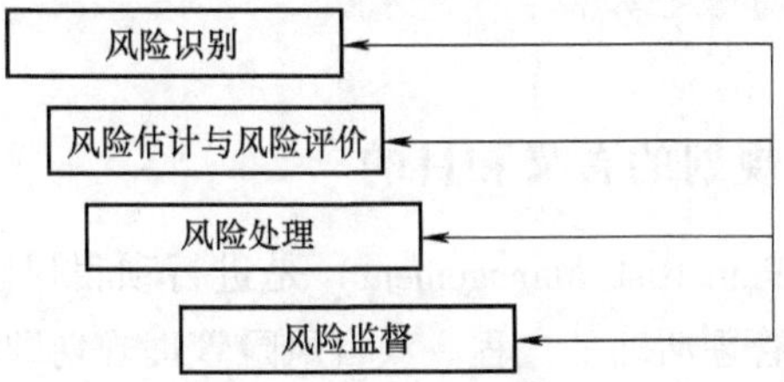

图9-1　风险管理过程

（1）风险识别　风险识别是指运用一定的方法判断在项目生命周期中已面临的和潜在的风险。识别风险可以通过经验和感性认识，更重要的是通过运用会计、统计、项目执行情况和风险记录进行分析、归纳和整理项目风险的识别过程。风险识别首先是对该项目人员和物资的构成与分布的全面分析和归类，然后是对人和物质所面临的潜在风险的识别和判断。项目风险的识别应贯穿项目的始终，其方法也因情况而定。

识别风险的方法可依靠观察、掌握有关的知识、调查研究、实地勘察、采访或参考有关资料、听取专家意见、咨询有关法规等方法，当然还要掌握正在评估的风险系统或类似的项目发生风险事件的索赔资料等。可以采用的识别风险的管理技术有头脑风暴法和德尔菲法。

(2) 风险估计与风险评价　对已识别的风险要进行风险估计与风险评价。风险估计是指在风险识别的基础上，通过对所收集的损失资料加以分析，运用概率和数理统计，估计和预测风险发生的概率和损失幅度。项目风险的估计是项目风险管理中重要而复杂的一环。风险评价则是根据一定的安全指标，衡量风险的程度，以便确定风险是否需要处理和处理的程度。

(3) 风险处理　一旦风险被识别、分析、评价以及风险量被确定之后，需要综合考虑项目的目标、规模和可接受的风险大小，以一定的方法和原则为指导，对项目面临的风险采取适当的措施，以降低风险发生的概率和风险事故发生带来的损失程度。风险应对措施有很多，一般而言，有下列三种风险处理方法。

1) 风险控制，包括主动采取措施以避免风险、消灭风险、中和风险，或一旦风险发生，即采取紧急应急方案，力争将损失减至最低限度。

2) 风险自留，或称保留风险，即风险量被确认为不大，不超过项目应急费用时，可以自留风险。自留风险的好处在于既可以节省保费，又可以将风险损失费用控制在项目的储备金范围之内，从而保证一旦风险发生，项目不至于因损失造成财务困境。

3) 风险转移，包括将风险转移给合同对手、第三方以及专业保险公司或其他风险投资机构等。

(4) 风险监督　风险监督是风险管理中十分重要的环节，包括对风险发生的监督和对风险管理的监督。前者是对已识别的风险源进行监视和控制，以便及早发现风险事件的苗头，从而将风险事件消灭在萌芽中或采取应急措施尽量减小损失；后者是在项目实施中监督人们认真执行风险管理的组织措施和技术措施，以消除风险发生的人为诱因。

9.2　项目风险管理规划

9.2.1　项目风险管理规划的含义和目的

项目风险管理规划（Plan Risk Management）是进行项目风险管理的首要工作，是规划和设计如何进行项目风险管理活动的过程。项目风险管理规划即确定一套全面、协调一致的项目风险管理策略和方法，并将其形成文件的过程。它主要包括：确定参与风险管理活动的组织成员，制定实施风险管理的行动方案和方式，提供风险管理的框架、途径和方法，确定判断风险的依据，选择适合的风险管理方法等。

通过项目风险管理规划，可以实现以下目的：决定项目风险管理的总体目标、提供项目风险管理的整体框架、制订应对风险的若干备选行动方案、为不可避免的风险及早建立时间和资金等资源储备、在组织内部形成风险管理文化。总之，项目风险规划的目的就是强化有组织、有目的的风险管理思路和途径，以预防、减轻、遏制或消除不良情况的发生，以免对项目产生不利影响。

项目风险管理规划的主要工作见表 9-1。

表9-1 项目风险管理规划的主要工作

依 据	工具和方法	结 果
项目范围说明书 成本管理计划 进度管理计划 沟通管理计划 项目的制约因素 组织积累的相关资源	风险管理规划会议 风险管理图表 工作分解结构	项目风险管理计划

项目风险管理规划的依据包括以下几个方面。

1）项目范围说明书。项目范围说明书详细说明了项目的可交付成果、为提交这些可交付成果而必须开展的工作和项目的主要目标。它能够使项目团队实施更详细的计划，是进行项目风险管理规划时可以利用的有效信息。

2）成本管理计划。成本管理计划对应该如何核定和报告风险预算、应急储备和管理储备等都进行了规定。

3）进度管理计划。进度管理计划对如何核定和报告项目的进度应急储备作了规定。

4）沟通管理计划。沟通管理计划定义了项目中的各种互动关系，并且进一步明确了由谁在何时何地来共同使用各种风险及其应对措施的信息。

5）项目的制约因素。对风险规划管理过程影响的项目制约因素主要有组织对风险的态度和承受能力等。这些因素代表组织愿意和能够承受相关风险的能力。

6）组织积累的相关资源。对风险规划管理过程产生影响的组织积累的相关资源主要有风险类别、风险描述的格式、概念和术语的通用定义、标准模板、角色和职责、经验教训、干系人登记册等。

9.2.2 项目风险管理规划的依据和方法

（1）风险管理规划会议　风险管理规划会议是项目风险管理规划的主要工具之一。主要参会人员包括项目经理和负责项目风险管理的团队成员。项目风险管理的工具、方法、具体时间安排以及报告与跟踪形式等内容，都可以通过风险管理规划会议来决定。风险管理规划会议是一种群体决策的活动形式，项目组织通过若干次会议方能完成项目风险管理计划的制订。

（2）风险管理图表　在制订项目风险管理计划时，人们也经常使用风险管理图表的形式，可以使人们能够清楚地获知采集风险信息的途径。常用的风险管理图表主要有以下三种：

1）风险管理表格。运用风险管理表格可以系统地记录风险信息并对之全程跟踪。它是一种比较便捷的风险管理规划工具，可以供任何人在任何时候使用，也可以采用匿名评阅的方式对风险进行规划。

2）风险检查表。为了理解风险的特点，应将不同侧重点进行分类。风险检查表可以帮助人们充分识别特定领域内的风险。

3）风险数据库。它一般包括数据库结构和数据文件两部分。项目风险数据库中包括项目生命期间所有与风险相关的活动，其将风险信息按一定的方式组织起来，以便项目团队查询风险、跟踪风险状态、进行风险排序和编制风险管理文件。

从项目风险数据库结构设计的角度来构建项目风险数据库时，至少应包括如下数据库字段，见表 9-2。

表 9-2 风险数据库字段

存入号码	识别日期	负责人	识别者	风险类型
风险名称	发生概率	影响后果	风险优先级	风险开始日期
项目编号	所处阶段	所需资源	WBS	风险结束日期
风险容忍水平	风险陈述	风险评估结果	风险应对措施	

（3）工作分解结构　风险识别需要清楚项目的组成要素、各个组成要素的性质及相互间的关系，借助工作分解结构可以很好地完成这项工作。在项目的生命期中，项目团队不仅应将项目的 WBS 作为规划未来工程管理、分配资源、预算经费和签订合同的协调工具，还应依据项目的 WBS 来报告工程进展、执行效率、项目评估和费用数据，以便为控制项目风险服务。

项目风险管理规划工作的结果是整个项目风险管理过程的战略性和指导性纲领，决定了项目组织的风险管理活动全过程。项目风险管理规划针对的是项目生命期的全过程。早期的项目风险管理规划结果是一份初始项目风险管理计划文件，随着项目的进展和风险管理的深入，项目风险管理规划需要不断地更新和完善。它描述了在项目生命期内如何安排和实施项目风险识别、项目风险评估、项目风险应对和项目风险监控等一系列活动。一般来说，项目风险管理计划文件主要包括以下内容：

1）方法描述。明确在实施项目风险管理的过程中所采用的方法、工具和数据来源。

2）任务与职责描述。确定项目风险管理计划中每项活动的领导、团队成员和风险管理组员的任务与职责。表 9-3 列出了某项目风险管理主体的任务和职责。

表 9-3 某项目风险管理主体的任务和职责

职责 任务 / 人员	制订风险管理计划	风险识别	编制风险应对计划	执行风险应对计划	风险监控	风险管理活动总结
项目经理	R	P	P	P	M	R
项目团队	P	P	P	P	P	P
项目风险分析人员		R	R	R		
风险计划执行人员				P	R	

注：R 为负责；M 为监督；P 为参与。

由表 9-3 可以清楚地看出，项目经理和项目风险分析人员在项目风险管理中负有主要责任，其主要职责是制订项目风险管理计划和风险管理活动总结，在项目团队内规范沟通方式；项目风险分析人员主要负责项目风险识别和风险评估，并制订风险应对计划；风险计划执行人员参与风险的应对计划的制订，有利于应对计划的有效实施；项目团队成员都要参与项目风险管理，以便有利于项目团队的沟通及风险计划的有效执行。

3）风险管理预算描述。通过项目风险分解结构来构建项目风险管理预算。

4）风险管理时间安排描述。确定在项目整个生命期间内开展风险管理的时间间隔。

5）风险类别描述。采用典型风险分类或通过构建项目风险分解结构进行风险分类，进而可以提高风险识别过程的效率和质量。

6）风险发生概率标度及风险影响标度描述。风险发生概率标度即风险发生的可能性，是风险来源和风险发生条件两个不确定性因素综合作用的结果。风险影响标度是指风险一旦发生对项目目标产生的影响，包含风险发生的影响范围和影响程度两层含义。

7）风险容忍水平描述。项目干系人可能会有不同的风险容忍水平，可接受的风险容忍水平构成了项目风险管理团队衡量风险应对计划执行效果的指标。

9.3 项目风险识别

风险管理的第一步是识别和评估潜在的风险领域，这是风险管理中最重要的步骤。它是企业或项目在财产、责任和人身伤亡等风险一出现或出现前，就系统地、连续地识别它们。项目风险经理（或称为项目风险管理人员）若不能准确地识别项目面临的所有潜在风险，就失去了处理这些风险的最佳时机，就将无意识地被动地自留这些风险。

9.3.1 风险的分类

为了深入、全面地认识项目风险，并有针对性地进行管理，有必要将风险分类。对风险的分类可以从不同的角度、以不同的标准进行。

（1）按风险后果划分

1）纯粹风险。不能带来机会、无获利可能的风险称为纯粹风险。纯粹风险只有两种可能的后果：造成损失和不造成损失。纯粹风险造成的损失是绝对的损失。活动主体蒙受了损失，全社会也跟着受损失。例如，某建设项目空气压缩机房在施工过程中失火，蒙受了损失。该损失不但是这个工程的，也是全社会的。纯粹风险总是和威胁、损失、不幸相联系。纯粹风险有四种类型：直接财产损害（Direct Property Damage）、连带损失（Consequential Loss）、法律责任（Legal Lability）和个人损失（Personal Loss）。

遭受直接财产损害的可能是设施，或是用来生产设施的工厂和设备。这些直接财产损害可能是由火灾、洪水、恶劣天气等自然灾害造成的，或是在运输过程中遭受的。连带损失是由于直接财产损失造成的设施的破坏而引起的生产损失。连带损失可能是收入的损失，也可能是提供临时补救措施时所花的费用。法律责任可能是由于损害第三方的财产或伤及第三方的人身安全，或由于忽视他人而造成的。法律责任也包括由于延迟或没有达到特定要求而引起设施不能正常运转所造成的损失。最后，法律责任还包括项目组成员由于项目的工作而可能遭受的人身伤害。

2）投机风险。既可能带来机会和获得利益，又隐含威胁和造成损失的风险，称为投机风险。投机风险有三种可能的后果：造成损失、不造成损失和获得利益。投机风险可能使活动主体蒙受了损失，但不一定全社会也跟着受损失。相反，其他人有可能因此而获得利益。例如，私人投资的房地产开发项目如果失败，投资者就要蒙受损失，但是发放贷款的银行可将抵押的土地和房屋收回，等待时机转手高价卖出，不但可以收回贷款，而且还有可能获得高额利润。

（2）按风险来源划分

1）自然风险。自然力的作用造成财产毁损或人员伤亡的风险属于自然风险。例如，水利工程施工过程中因发生洪水或地震而造成的工程损害、材料和器材损失。

2）人为风险。人为风险是指由于人的活动而带来的风险，可细分为行为、经济、技术、政治和组织风险等。

行为风险是指由于个人或组织的侥幸心理、疏忽、过失、恶意等不当行为造成财产毁损、人员伤亡的风险。

经济风险是指人们在从事经济活动中，由于经营管理不善、市场预测失误、价格波动、供求关系发生变化、通货膨胀、汇率变动等所导致经济损失的风险。

技术风险是指伴随科学技术的发展而来的风险。例如，核燃料出现之后产生了核辐射风险，由于海洋石油开采技术的发展而产生的钻井平台在风暴袭击下翻沉的风险，伴随宇宙火箭技术而来的卫星发射风险。

政治风险是指由于政局变化、政权更迭、罢工、战争等引起社会动荡而造成财产损失和损害以及人员伤亡的风险。例如，日本关西国际机场所在海域的渔场被占用之后，沿岸渔民失去了生计，要求赔偿损失。该项目的管理部门（关西国际机场股份有限公司）同周围受损失的约 10000 多渔民进行了旷日持久的谈判，延误了工期。

组织风险是指由于项目有关各方关系不协调以及其他不确定性而引起的风险。现在的许多合资、合营或合作项目组织形式非常复杂，有的单位既是项目的发起者，又是投资者，还是承包商。由于项目有关各方参与项目的动机和目标不一致，在项目进行过程中常常出现一些不愉快的事情，影响合作者之间的关系、项目进展和项目目标的实现。组织风险还包括项目发起组织内部的不同部门由于对项目的理解、态度和行动不一致而产生的风险。例如，一些项目管理组织的各部门意见分歧，长时间扯皮，严重影响项目的准备和进展。

（3）按风险是否可管理划分　可管理的风险是指可以预测，并可采取相应措施加以控制的风险；反之，则为不可管理的风险。风险能否可管理，取决于风险不确定性是否可以消除以及活动主体的管理水平。要消除风险的不确定性，就必须掌握有关的数据、资料和其他信息。随着数据、资料和其他信息的增加以及管理水平的提高，有些不可管理的风险将变为可管理的风险。

（4）按风险影响范围划分　风险按影响范围划分，可分为局部风险和总体风险。局部风险影响的范围小，而总体风险影响的范围大。局部风险和总体风险也是相对的。项目管理班子特别要注意总体风险。例如，项目所有的活动都有拖延的风险，但是处在关键路线上的活动一旦延误，就要推迟整个项目的完成日期，形成总体风险。非关键路线上活动的延误在许多情况下都是局部风险。

（5）按风险后果的承担者划分　项目风险若按其后果的承担者来划分，有项目业主风险、政府风险、承包商风险、投资方风险、设计单位风险、监理单位风险、供应商风险、担保方风险和保险公司风险等。这样划分有助于合理分配风险，提高项目对风险的承受能力。

（6）按风险的可预测性划分

1）已知风险。已知风险就是在认真严格地分析项目及其计划之后就能够明确那些经常发生的，而且其后果可以预见的风险。已知风险发生概率高，但后果一般比较轻微。项目管理中已知风险的例子有项目目标不明确、过分乐观的进度计划、设计或施工变更和材料价格波动等。

2）可预测风险。可预测风险就是根据经验，可以预见其发生，但不可预见其后果的风险。这类风险的后果可能相当严重。项目管理中的例子有业主不能及时审查批准、分包商不能及时交工、施工机械出现故障和不可预见的地质条件等。

3）不可预测风险。不可预测风险就是有可能发生，但其发生的可能性即使最有经验的人也不能预见的风险。不可预测风险有时也称未知风险或未识别的风险。它们是新的、以前未观察到或很晚才显现出来的风险。这些风险一般是外部因素作用的结果，如地震、百年不遇的暴雨、通货膨胀以及政策变化等。

（7）按风险的状态划分　按风险的状态划分，风险可分为静态风险和动态风险。静态风险是在社会经济正常的情况下的风险；动态风险是以社会经济的变动为直接原因的风险。换言之，静态风险是自然力的不规则作用、人们的错误判断和错误行为导致的风险；动态风险是由于人们欲望的变化、生产方式和生产技术的变化，以及企业组织的变化导致的风险。

1）静态风险。静态风险主要包括资产的物理损失、欺诈及犯罪的损失、法律的错误判断（按法律规定承担的赔偿责任）、利润的减少（企业收益能力的减退）、经营者的行为能力丧失。

2）动态风险。动态风险主要包括管理风险（包括市场风险、财务风险和生产风险）、政治风险、技术革新风险。

9.3.2 项目风险的识别

在进行风险识别之前要进行风险形势评估。风险形势评估以项目计划、项目预算和项目进度等基本信息为依据，着眼于明确项目的目标、战略、战术以及实现项目目标的手段和资源。从风险的角度审查项目计划，认清项目形势，并揭示隐藏的项目前提和假设，使项目管理者在项目初期就能识别出某些风险。例如，项目建议书、可行性报告或项目计划一般都是在若干假设、前提和预测的基础上完成的，这些假设、前提和预测在项目实施期间有可能成立，也有可能不成立。而这其中隐蔽的风险问题又通常被忽视，一旦问题发生，往往使项目管理者措手不及。又例如，某IT项目计划中，假设用户实施小组全力支持，脱产或几乎脱产投入IT项目的实施，但在实际过程中，用户方人员却不得不抽出大量时间处理原有的业务，造成项目实施进度的拖延和实施效果不尽如人意的风险。诸如此类的例子还有很多。为了找出这些隐藏的项目条件和威胁，就需要对与项目相关的各种计划进行详细审查，如人力资源计划、合同管理计划和项目采购计划等。

在对项目基础风险的形势进行评估的基础上，需要对各种显露和潜在的风险进行识别。项目风险识别是通过调查、了解，识别项目风险的存在，然后通过归类，掌握风险产生的原因和条件，以及风险所具有的性质。

项目风险管理者要想明了项目面临的全部风险，可以从项目的自身特点、外在环境进行分析，也可以从项目的生命周期进行分析。

1. 项目的自身特点

项目的自身特点包括项目的种类、性质、流程，涉及人、财、物各自的情况以及项目物资的供应人，项目团队的成员组成和素质。下面以工程项目为例说明项目相关人员可能造成的风险。

（1）业主和投资者　业主和投资者的支付能力差，企业的经营状况恶化，资信不好，企业倒闭，撤走资金或改变投资方向，改变项目目标；违约、苛求、刁难，或随便改变主意但又不赔偿因此造成的损失，以错误的行为和指令非程序地干预工程；不能完成自己的合同责任，如不能及时地供应其负责的设备或材料，不能及时地交付场地，不能及时地交付工程款等。

（2）承包商（分包商、供应商） 承包商（分包商、供应商）没有合适的技术专家和项目经理，技术能力和管理能力差，不能及时正确地履行合同；由于管理和技术方面的失误，造成工程中断；或财务状况恶化，没有财力采购和支付工资，处于面临破产的境地；或没有得力的措施来保证项目的进度、安全和质量要求；或错误理解业主的意图和招标文件，方案错误，报价失误，计划失误，设计承包商设计失误，工程技术系统之间不协调，设计文件不完备，不能及时交付图样，或无力完成设计工作。

（3）项目管理者 项目管理者的协调能力、组织能力、沟通能力不足；或缺乏工作热情，职业道德差；管理不当导致错误地执行合同；下达错误的指令等。

2. 项目的外在环境

（1）政治因素 常见的政治因素有：政局稳定性、国家的对外关系、政府信用和政府廉洁程度、政策及其稳定性、经济的开放程度和排外性、地方保护主义倾向等。

（2）法律因素 常见的法律因素有：有法不依，执法不严，相关法律内容的变化，对相关法律未能全面了解，项目中可能有触犯法律的行为。

（3）经济因素 常见的经济因素有：国家经济政策的变化，产业结构的调整，严重的通货膨胀或通货紧缩，项目产品的市场变化，项目的工程承包市场、材料供应市场、劳动力市场的变化，原材料进口风险，金融风险，外汇汇率的变动等。

（4）社会风险 常见的社会风险有：劳动者的素质、社会风气等。

（5）自然条件 常见的不利自然条件有：地震，反常又恶劣的雨雪天气，冰冻天气，恶劣的现场条件，周边存在对项目的干扰源，工程项目的建设可能造成对环境的破坏，不良的运输条件可能造成供应的中断。

3. 项目生命周期各个阶段的可能风险

和质量一样，在项目管理生命周期的不同阶段，风险的影响也是不同的。越往后发生的风险，其后果所导致的费用损失越大，不过其发生的可能性就越小。如果在项目的设计阶段管理得好，能够找出那些可能导致项目失败的技术问题，就可以避免在项目运行中资金的浪费。如果在设计阶段能够选择一个已经被验证过的成熟技术，就可以比采用未经测试的设计和技术减少风险。如果采用新技术，项目失败的风险将随着项目生命周期的推进而不断增加。在项目生命周期的不同阶段和不同要素中有不同的风险因素。项目管理各阶段的常见风险见表9-4。

表9-4 项目管理各阶段的常见风险

项目管理阶段	常见风险
启动阶段	目标不明确，项目范围不清，工作表述不全面，目标不现实，技术条件不够等
计划阶段	计划难以实现，资源分配不当，成本预算不合理，速度不合理，计划不够具体等
实施阶段	领导犹豫不决，没有高层管理者的支持，团队成员没有合作精神，沟通不当，通信设施阻碍工作，资源短缺，重要成员变动等
控制阶段	项目计划没有机动性，不能适应变化，管理不灵活，外部环境不断变化等
结果阶段	终端项目，未达到预期目标，资金超出预算等

9.3.3　项目风险识别的方法和结果

1. 风险识别的方法

（1）问询法　项目风险经理应该向涉及本项目的各部门、各专业技术人员、各位经理或管理人员甚至有丰富施工经验的工人广泛地征询他们对本项目风险的看法。问询时可采取座谈会方式，采取管理学中推荐的“头脑风暴法”漫谈项目风险，而项目风险经理应全面地做记录，冷静思考，剔除不合理成分，保留其精华。问询也可采取专家预测法（Delphi法）。将事先设计好的问卷发给各位被征询意见者，回收后分门别类或按事先给定的权重挑选出正确的风险因素。

（2）财务报表法　通过分析资产负债表、营业报表以及财务记录，项目风险经理就能识别本企业或项目当前的所有财产、责任和人身损失风险。将这些报表、财务预测和经费预算联系起来，风险经理就能发现未来的风险。这是因为，项目或企业的经营活动要么涉及货币，要么涉及项目本身，这些都是风险管理最主要的考虑对象。

（3）流程图法　流程图法是将项目的全部过程，按其内在的逻辑联系绘制成作业流程图。项目风险识别采用流程图法是指使用这些流程图去分析和识别项目风险的方法，这种方法的结构化程度比较高，所以对识别项目风险和风险要素都非常有用。通过对项目流程的分析，可以发现和识别项目风险可能发生在项目的哪个环节或哪个地方，以及项目流程中各个环节对风险影响的大小。运用这种方法完成的项目风险识别结果，还可以为后面项目实施中的风险控制提供依据。流程图方法首先要建立一个工程项目的总流程图与各分流程图，它们要展示项目实施的全部活动。流程图可用网络图来表示，也可利用WBS来表示。图9-2表示了某一项目从采购到预制构件的简单流程，它的潜在损失风险分析如下：

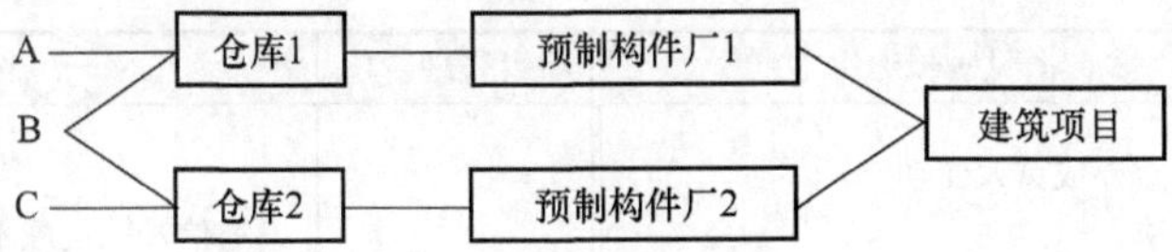

图9-2　项目采购到预制构件的流程图

1）财产损失：包括供应商在送货途中的运输损失，以及仓储中的财产损失，车辆、制造设备、在制品与产成品的自然与人为损坏。

2）责任损失：由于残次产品伤害第三者导致的人身与财产损害而负的责任；由于建筑物不合格招致的罚款责任；由于施工不合格导致返工带来的损失；本企业运输车辆伤害他人或损害他人财产应负的责任。

3）人员损失：由于负责采购的职员死亡或其他人的伤亡致使企业遭受的损失。

（4）现场视察法　在风险识别阶段，风险经理对现场踏勘非常重要。特别是工程项目，风险经理应直接观察工程现场的各种设施及各种操作，以便能够更多、更细致地识别项目的潜在风险。

（5）相关部门配合法　项目的风险经理应与其他相关部门（如合同管理部门、采购部门、财务部门等）密切配合，共同识别项目风险。这些配合的内容如下：

1）风险经理应主动争取到项目总负责人的支持，召开项目各部门经理联席会议，以收集各部门对项目风险的认识和建议。这种会议还可以提高风险经理之外的其他经理人员对风险的警觉。

2）风险经理应保持与其他部门人员广泛、连续、系统的联系，随时全面了解各部门的各种活动，并试图从这些活动中找出风险因素。

3）风险经理应从其他部门听取口头报告或阅读其书面报告，以便了解掌握本企业或本项目的一切情况。

（6）索赔统计记录法　风险经理在进行风险识别时，应大量查阅已完工的类似工程（本企业或可以查到的别的企业的索赔记录）。也许这种方法揭示风险的绝对量要比别的方法少些，但是这种方法可以识别其他方法不能发现的某些风险。

对于承包商来说，通过调查某特定业主遭索赔的记录可以判定这位业主可能生性好变，从而导致工程变更频繁；或者了解到他不能按时付款的记录。

对于业主来说，他或许可以通过这种方法了解到某位特定的承包商一贯奉行“中标靠低价，盈利靠索赔”的经营方针而有所警觉。

（7）环境分析法　环境分析法是指系统地分析项目所面临的内部环境和外部环境，找出这些环境可能产生的风险和损失。在一些具有较高独创性和创新性的项目风险识别中，需要使用这种能够创造性地识别各种项目风险、项目风险因素以及它们的影响程度的方法。内部环境是指项目资金条件、人员素质和管理机制等。外部环境是指市场供需状况、获得资金的难易程度、资金供应等。环境分析法就是分析项目的内部环境与外部环境的相互关系及其稳定程度，一旦环境发生变化，可以根据这种关系发现潜在的风险。

几乎所有的项目都会遇到常见的风险。把常见的风险列表会对项目经理识别风险有所帮助。表 9-5 列出了常见风险。

表 9-5　常见风险

项目管理阶段	常见风险	项目管理阶段	常见风险
领导	团队中重要成员大变动 犹豫不决 没有客户参与 没有高层管理者的支持 小组没有对项目计划达成一致意见 项目经理权力有限 没有项目眼光 沟通不够 参与者缺少主观能定性	组织	通信基础设施不完善 缺少资源 缺少科学专家 没有指定过程/步骤文件 任务分配得不好 取得资源太复杂 项目管理软件选择错误
定义	技术太复杂 目标不明 项目范围不清 不断变化的需要 不完全的需要或需要没有明确限定 工作表述不全面 不现实的目标	控制	项目管理步骤少或没有 没有对变化作影响分析 项目计划不灵活 不断变化的市场条件 项目结果没有估算好 不令人满意的评论会 管理缺乏变化 没能力及时采取正确的行动

（续）

项目管理阶段	常见风险	项目管理阶段	常见风险
计划	成本预算不精确 时间预算不精确 项目计划不全面 工作分类结构不全面 没有正式的预算工具 项目没有先后顺序 资源没有很好地分配 不现实的计划	结束	不能取得成果 活动没完成

2. 风险识别的结果

（1）风险来源表　表中应列出所有的风险。罗列应尽可能全面，不管风险事件发生的频率和可能性、收益或损失、损害或伤害有多大，都要一一列出。对于每一种风险来源，都要有文字说明。说明中一般要包括以下内容：

1）风险事件的可能后果。

2）对预期发生时间的估计。

3）对该来源产生的风险事件预期发生次数的估计。

（2）风险的分类或分组　风险识别之后，应该将风险进行分组或分类。分类结果应便于进行风险分析的其余步骤的风险管理。例如，对于常见的建设项目，可将风险按项目建议书、可行性研究、融资、设计、设备订货和施工以及运营阶段分组。施工阶段的风险可参照表9-6进行分类，表中每一组或每一类风险还可以根据需要进一步细分。

表9-6　施工阶段的风险分类

业主风险	承包商风险
征地 现场条件 及时提供完整的设计文件 现场出入道路 建设许可证和其他有关案例 政府法律、规章的变化 建设资金及时到位 工程变更	工人和施工设备的生产率 施工质量 人力、材料和施工设备的及时供应 施工安全 材料质量 技术和管理水平 材料涨价 实际工程量 劳资纠纷
业主和承包商共担风险	未定风险
财务收支 变更的谈判 保障对方不承担责任 合同延误	不可抗力 第三方延误

（3）风险症状　风险症状就是风险事件的各种外在表现，如苗头和前兆等。项目管理班子成员不及时交换彼此间的不同看法，就是项目进度出现拖延的一种症状。施工现场材料混乱、工具随便乱丢、无人及时回收整理就是安全事故和项目质量超支风险的症状。

（4）对项目管理其他方面的要求　在风险识别的过程中可能会发现项目管理的其他问

题需要改进和完善。例如，利用项目工作分解结构识别风险时，可能会发现工作做得不够细致。因此，应该要求负责工作分解结构的成员进一步完善。又如，当项目有超支的风险但是又无人制定相应的措施时，就必须向有关人员提出要求，采取措施防止项目超支。

9.4 项目风险分析

9.4.1 实施定性风险分析

风险定性分析（Qualitative Risk Analysis）是指通过分析项目风险发生的概率，风险发生后对项目目标的影响程度，对已经识别风险的优先级进行评估的分析活动。

风险定性分析是在风险识别之后，对已识别风险的影响可能性大小的评估过程，并按风险对项目目标潜在影响的轻重缓急给出风险排序。通过风险定性分析可以确定对具体风险应采取的措施，避免风险对项目目标的重大影响，风险定性分析结果成为指导风险应对行动的依据。另外，在项目管理过程中，重复进行风险定性分析还可以获得风险影响结果的未来趋势，帮助风险管理确定是否有必要增加或者减少已经采取的活动。风险定性分析的对象是项目的单个风险，而非项目的整体风险，重点是加深对某一具体风险可能性及其影响的认识，进一步管理触发风险的不确定因素和条件。

表 9-7 中列示了项目定性风险分析的主要工作。

表 9-7　项目定性风险分析的主要工作

依　据	工具和方法	结　果
风险登记册 风险管理计划 项目范围说明书 组织积累的相关资源	风险概率与影响评估 概率影响矩阵 风险数据质量评估 风险分类 风险紧迫性评估 专家判断法	更新的风险登记册

1. 项目风险定性分析的依据

（1）风险登记册　识别风险过程的主要依据就是风险登记册中的最初内容。最初的风险登记册包括易识别风险清单和潜在应对措施清单等内容。

（2）风险管理计划　项目风险管理计划详细说明了项目风险识别、项目风险评估、项目风险应对和项目风险监控的所有方面。项目风险管理计划中用于风险评估的关键元素包括风险管理团队角色与职责、时间安排、风险类别、概率和影响矩阵、更新的项目干系人风险承受能力等。

（3）项目范围说明书　在一些采用创新或最新技术的项目或大型复杂的项目中，不确定性因素通常比普通项目大得多，此时可以通过参考项目范围说明书来评估项目情况。

（4）组织积累的相关资源　对项目风险定性分析过程产生影响的组织积累的相关资源主要有以往类似项目的信息、风险专家对类似项目的研究、可从行业经验获得的风险数据等。

2. 项目风险定性分析的工具和方法

（1）风险概率与影响评估　评估风险概率和影响是风险评估的基础，在风险定性分析中可以利用会议方法确定已识别风险的概率和影响。可通过挑选对风险类别熟悉的人员（包括项目团队成员和项目外部的专业人员），采用召开会议或进行访谈等方式对风险进行评估。

在访谈或会议期间，对每项风险的概率级别及对每项目标的影响进行评估，同时要确定概念表和影响级别所依赖的假设条件等。根据风险管理计划中给定的定义，确定风险概率和影响的等级。

（2）概率影响矩阵　概率影响矩阵是将风险发生概率与风险影响程度这两个因素综合考虑的一种常用方法。该方法通过将风险发生概率与风险影响程度以矩阵的形式表示，并以此为依据评定项目的风险等级，如极低、低、中、高、极高等风险级别。

风险发生概率标度取值范围在0～1之间，既可以采用序数标度，如从可能性极低到几乎确定无疑的相对概率值来表示的风险发生概率标度，也可以采用普通标度（如0.1、0.3、0.5等）为具体的风险发生概率赋值。

风险影响标度的取值范围也是在0～1之间，取值0表示风险损失极小，取值为1表示风险损失极大。风险影响标度可反映某项风险发生后所造成的消极影响。风险影响标度（衡量消极影响程度的水平）可以用相对比例来描述，如很低、低、中等、高、很高，同时也可以采用数字比例为风险影响标度来赋值。这些数值可以是线性值（如0.1、0.3、0.5、0.7、0.9）或非线性值（如0.05、0.1、0.2、0.4、0.8）。非线性值反映了项目组织回避高风险影响的愿望。数字比例的两种方式可以根据项目具体需要自行择一，也可以另行规定。一般可采用相对比例和数字比例两种方法来度量项目目标的风险影响标度，见表9-8。

表9-8　项目风险影响标度示例

标度类别 / 目标	很低0.05	低0.10	中等0.20	高0.40	很高0.80
成本	成本增幅不显著	成本增幅小于10%	成本增幅10%～20%	成本增幅20%～40%	成本增幅大于40%
进度	进度拖延不显著	进度拖延小于5%	进度拖延5%～10%	进度拖延10%～20%	进度拖延大于20%
范围	范围缩减不显著	范围次要方面缩减	范围主要方面缩减	范围缩减无法被发起人接受	项目最终结果无法使用
质量	质量降幅不显著	仅有个别质量下降	质量下降需要发起人审批同意	质量下降到发起人不能接受的程度	项目最终结果无法使用

判断项目的风险影响程度一般可以从以下四个方面来考虑：

1）风险影响程度的大小和分布，即风险影响程度的严重程度及其变化幅度，可用数学期望值和方差来表示。

2）风险影响程度的性质，即风险的影响程度是属于技术性的，还是经济性的或其他类型。

3）风险的影响程度，即风险会对哪些项目干系人造成损失。

4）风险影响程度的时间性，即风险是突发的，还是随时间渐进的，以及风险发生持续的时间等。

根据项目的具体情况，由对风险类别熟悉的人员，依据已经确定的风险发生概率和风险影响标度，采用召开会议或进行访谈等方式，针对前面识别工作得到的每项风险，首先估算出每项风险发生概率和风险影响标度，然后将两者相乘，得到一个风险值。接着采用风险概率影响程度矩阵的形式，对每项风险的等级进行评定，最终得出每项风险的重要性及其紧迫程度。

表9-9为一个典型的概率影响矩阵，左下区域表示风险值较大，而左上区域表示风险值较小；风险值介于两者之间的区域表示中等风险。风险值可以为风险管理者提供指导。如果风险发生概率较高，且会对项目目标产生不利影响程度，则需要积极地对其采取风险应对措施；对于处于低风险区域的风险事件，则只需对其进行观察，并准备额外的应急储备，而无须采取积极的措施。

表9-9　概率影响矩阵

影响 / 风险值 / 概率	0.05	0.10	0.20	0.40	0.80
0.1	0.005	0.010	0.020	0.040	0.080
0.3	0.015	0.030	0.060	0.120	0.240
0.5	0.025	0.050	0.100	0.200	0.400
0.7	0.035	0.070	0.140	0.280	0.560
0.9	0.045	0.090	0.180	0.360	0.720

根据项目组织的偏好，也可以采用更为简化的概率影响矩阵（见表9-10）。

表9-10　简化的概率影响矩阵

影响 / 概率	低	中	高
低	3	3	2
中	3	2	1
高	2	1	1

标有1、2、3的网格分别代表拥有高、中和低的风险级别。此种方法的缺陷是没有揭示风险来源之间的相互关系，但可以作为对次要的和重要的风险进行简单分类的一种改进。

（3）风险数据质量评估　风险数据质量评估是评估有关风险数据对风险管理的效用程度。定性风险分析要求数据具有较高的可信度和准确性，因此需要对风险数据的准确性、质量和可靠程度进行评估。如果风险数据质量无法达到使用要求，则需要重新搜集质量较高的数据。

（4）风险分类　可按照风险来源、受影响的项目活动或其他分类标准（如项目阶段）

对项目风险进行分类，以确定受不确定性影响最大的项目区域。其中，风险来源可使用风险分解结构识别，受影响的项目活动可使用工作分解结构来确认。根据共同的诱因对风险进行分类有助于集中制定有效的风险应对措施。

（5）风险紧迫性评估　风险紧迫性评估的目的是确认那些近期需要采取应对措施的风险。风险征兆、预警信号和风险等级等均可作为确定风险优先级或紧迫性的指标。通过综合考虑风险紧迫性与风险等级水平（由概率影响矩阵确定）可以得到最终的风险严重性级别。

（6）专家判断法　专家判断法又叫作主观评分法，它利用专家的经验等隐性知识，直观地将项目单一风险判断出来，并且给这些单一风险赋予相应的权重（如0～10之间的一个数，0代表不存在风险，10代表风险最大），然后把各个风险进行加权求和，再将结果与风险评价基准进行分析比较。专家判断法常被用来替代或补充以上的项目风险估算技术。

3. 项目定性风险分析的结果

1）项目风险的相对排序或优先级清单。在风险定性评估中，运用风险概率影响矩阵，根据风险的重要程度进行风险分类。项目风险管理者可参考风险优先级清单，集中精力处理重要性的风险，以获得更好的项目风险管理效果。

2）经过分类处理的风险。进行风险分类可揭示风险的共同原因，或特别需要关注的项目领域，从而提高风险应对的有效性。

3）需在近期采取应对措施的风险清单。

4）需进一步分析与应对的风险清单。对那些划归中高级别的风险应作为风险定量分析及采取风险管理活动的主要对象，而对那些潜在风险则应作为进一步监控的对象。

5）定性分析得出的风险变化趋势。通过循环往复的定性风险评估来判断风险可能呈现的趋势。

由定性风险评估还可得出风险记录模板，见表9-11。

表9-11　风险记录模板

风险描述	优先排序	风险类别	近期应对措施	进一步分析	观察清单	变化趋势

9.4.2　实施定量风险分析

风险定量分析（Quantitative Risk Analysis）是指在风险定性分析后，对排序在前面的、具有潜在重大影响的项目风险再进行量化分析，定量评价风险概率和影响程度，以便综合分析项目风险的整体水平。

一般情况下，风险定量分析是在风险定性分析之后进行的。对于经验丰富的风险分析人员来说，也可直接进入风险定量分析阶段，前提是必须预先进行风险识别。风险定性分析和风险定量分析过程可分别进行，也可相互结合。通过循环往复的风险定量分析，得出风险变化趋势，从而为项目是否需增加或减少风险管理活动的决策提供科学依据。它同时也是风险应对的重要依据之一。

表9-12中列示了项目风险定量分析的主要工作。

表 9-12 项目风险定量分析的主要工作

依 据	工具和方法	结 果
风险登记册 风险管理计划 成本管理计划 进度管理计划 组织积累的相关资源	敏感性分析法 概率分析法 决策树法 模拟法	更新的风险登记册

1. 项目风险定量分析的依据

项目风险定量分析的依据有风险登记册、风险管理计划、成本管理计划、进度管理计划和组织积累的相关资源等内容。

2. 项目风险定量分析的工具和方法

（1）敏感性分析法 敏感性分析法有助于确定哪些风险对项目具有重大的潜在影响程度。单个因素的敏感性分析是在所有其他不确定性因素保持不变的条件下，逐一考察项目每个不确定性因素对项目目标产生多大程度的影响。

敏感性分析法的基本程序如下：

1）确定评价指标，如净现值、投资回收期、内部收益率等。

2）选择不确定性因素，设定变化幅度。不确定性因素主要包括材料价格、销售价格、建设期、销售量等，一般设定变化幅度为 +5%。

3）计算影响程度，即计算不确定性因素对评价指标的变动幅度，得到敏感度系数的计算公式为

$$\beta = \frac{\text{评价指标的变化幅度}(\%)}{\text{影响因素的变化幅度}(\%)} \tag{9-1}$$

4）寻找敏感因素，使评价指标变动幅度最大的不确定性因素即为敏感因素，即敏感度系数最大的不确定性因素。

【例 9-1】 某公司规划项目的投资收益率为 21.15%，财务基准收益率为 12%。试对价格、投资变化范围为 ±20%，成本、产量变化范围为 ±10%，请进行敏感性分析。

解 价格变化变化范围为 ±1%，投资收益率变化范围为 -0.67% ~0.62%。其他变动见表 9-13。

表 9-13 敏感性分析表

评价指标 / 敏感性因素	规划方案	价格变动		投资变动		成本变动		产量变动	
		-20%	+20%	-20%	+20%	-10%	+10%	-10%	+10%
投资收益率（%）	21.15	7.72	33.62	25.26	18.19	25.90	16.41	17.95	24.24
与规划方案比较		-13.43	12.47	4.11	-2.96	4.75	-4.74	-3.20	3.09
相对变化率		-0.67	0.62	0.21	-0.15	0.48	-0.47	-0.32	0.31

（2）概率分析法 概率分析法又叫作风险分析法，是利用概率值定量研究不确定性的一种方法。它通过计算项目的目标值（如净现值）的期望值及目标值大于或等于零的累计

概率来定量测定项目风险大小，为投资者决策提供重要依据。

概率分析法的基本原理，就是在对参数值进行概率估计的基础上，通过以下投资效果指标来反映方案的风险程度。

1）经济效果的期望值。投资方案经济效果的期望值是指参数在一定概率分布条件下，投资效果所能达到的概率平均值。其一般表达式为

$$E(x) = \sum_{i=1}^{n} x_i P_i \tag{9-2}$$

式中 $E(x)$——变量的期望值；

x_i——变量 x 的第 i 个值（$i=1, 2, \cdots, n$）；

P_i——变量 x_i 的概率。

2）经济效果的标准差。标准差反映了一个随机变量实际值与其期望值偏离的程度。这种偏离程度在一定意义上反映了投资方案的风险的大小。标准差的一般计算公式为

$$\sigma(x) = \sqrt{\sum_{i=1}^{n} P_i [x_i - E(x)]^2} \tag{9-3}$$

式中 $\sigma(x)$——变量 x 的标准差。

3）经济效果的标准离差率。标准离差率是标准差与期望值之比，即

$$V = \frac{\sigma(x)}{E(x)} \tag{9-4}$$

式中 V——变量 x 的标准离差率。

需要说明的是，标准离差率是一个相对数，不会受变量和期望值的绝对值大小的影响，能更好地反映投资方案的风险程度。即当对两个投资方案进行比较时，如果期望值相同，则标准差较小的方案风险更低；如果两个方案的期望值与标准差均不相同，则标准离差率较小的方案风险更低。

以净现值作为目标值为例，对其进行概率分析的步骤如下。

① 列出各种拟考虑的相互独立的不确定性因素，如原材料价格、产品销售量、经营成本和初始投资等。

② 设想各种不确定性因素可能发生的情况。

③ 确定各种不确定性因素出现各种情况的可能性，即主观概率，各种不确定性因素可能发生情况的概率之和必须等于1。

④ 分别求出各种可能事件的净现值、加权净现值，然后求出净现值的期望值。

⑤ 求出净现值大于零或等于零的累计概率。

（3）决策树法 决策树法是一种有效的风险定量评价方法。它根据项目风险的基本特点，描述项目风险发生的概率、影响程度以及项目风险的发展趋势。决策树法首先找出风险的状态、风险发生的概率、风险的影响程度等因素，然后根据这些因素绘制出一个从左至右依次展开的树状图。树状图主要由方块节点、圆形节点以及由这些节点所引出的分支组成的三角形节点。

1）方块节点是决策节点，由此引出与方案数量相同的方案分支，并且需要对方案进行分析和决策，以及在分支上标注方案的名称。

2）圆形节点是状态节点，又称机会节点。从状态节点可以引出状态分支（或概率分支），在每个状态分支上需要标注明自然状态名称及其出现的主观估计概率。在这个过程中

需要注意，状态数量与自然状态数量应该是一致的。

3）三角形节点是结果节点，在它的右端将不同方案在各种自然状态下所取得的结果（如收益值）标注出来。

决策树法的优点是能够进行多级决策，并且能够使项目风险管理者有步骤、有层次地进行决策。同时，决策树法也存在一些缺点，它不能把所有因素全部考虑进去，如果分级太多，决策树图就会很复杂，不便于理解和分析。

【例 9-2】 某项目准备投产生产两种产品甲和乙，分别需要投资 50 万元和 55 万元，两种产品的生产年限是一样的。经过市场调研后，预测新产品上市后，畅销的概率为 70%，滞销的概率为 30%。甲、乙两种产品在不同情况下的收益见表 9-14。

表 9-14 甲、乙产品收益情况表

情况 / 产品	畅销（70%）	滞销（30%）	情况 / 产品	畅销（70%）	滞销（30%）
甲产品	160 万元	-80 万元	乙产品	180 万元	-120 万元

根据以上信息，可以运用决策树法进行分析。首先，画出该项目的决策树，如图 9-3 所示。

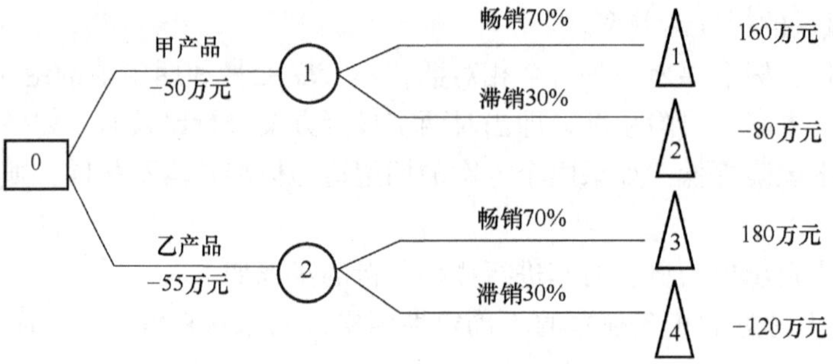

图 9-3 某项目的决策树

不同产品在各种市场状态下所取得的结果的计算过程如下：

状态节点 1 = 160 万元 × 70% + (- 80 万元) × 30% = 88 万元

状态节点 2 = 180 万元 × 70% + (- 120 万元) × 30% = 90 万元

决策节点 0 = max{88 - 50, 90 - 55} 万元 = 38 万元

所以，应选择投产甲产品。

(4) 模拟法 模拟法是一种通过模仿实际运行情况，对复杂系统进行研究的一种手段。模拟法一般通过多次改变参数得到项目风险模拟结果，分析模拟结果的统计分布特征，并以此作为项目风险的估算。这一过程非常复杂，一般都要借助计算机来完成。模拟法在项目风险管理中特别适合于估算项目成本风险和项目进度风险，而项目成本风险和进度风险是项目风险管理的核心，因此模拟法在项目风险定量分析中的运用越来越多。

项目模拟一般采用蒙特卡洛模拟法进行。蒙特卡洛模拟法又称为统计试验法，是一种通过对随机变量进行统计试验和随机模拟的一种方法。蒙特卡洛模拟法是用随机抽样的方法抽

取一组满足输入变量的概率分布特征的数值，输入这组变量计算项目风险范围的可能性，通过多次抽样计算可获得项目目标的概率分布，计算项目整体风险的程度，从而估计项目所承担的风险。应用蒙特卡洛模拟法的优点是只要能正确地用数学式描述项目风险发生的概率，原则上都可以找到相应的解，通过计算机的多次模拟试验，最终将会取得满意的结果。蒙特卡洛模拟法的一般步骤如下：

1）通过敏感性分析，确定风险变量。

2）构造风险变量的概率分布模型。

3）抽取随机数作为输入变量。

4）将抽样的随机数作为输入变量的抽样值。

5）将抽样值作为项目整体风险的基础数据。

6）根据基础数据计算出目标值。

7）整理模拟结果，确定最大值、最小值、平均值、标准差、方差等。通过分析这些信息，为决策提供依据。

除了上述的项目风险定量分析方法以外，还有层次分析法、要素加权平均法、模糊综合评价法等方法。

3. 项目风险定量分析的结果

1）不确定性条件下的项目储备分析。按基于风险概率的项目潜在进度与费用的预算结果，列出可能的项目工期与费用及相应的置信水平，并结合项目干系人的风险承受水平来量化应急储备金。

2）项目目标实现的概率。

3）量化的风险优先级清单。通过风险定量分析，得到的项目风险清单包括对项目造成最大威胁的风险、需要分配最高额度应急储备金的风险及最可能影响关键路径的风险等。

4）定量分析得出的风险变化趋势。通过循环往复的定量风险评估来判断风险可能呈现的趋势。

9.5　项目风险应对

9.5.1　项目风险应对的含义

风险应对是指在确定了决策的主体经营活动中存在的风险，并分析出风险概率及其风险影响程度的基础上，根据风险性质和决策主体对风险的承受能力而制订的回避、承受、降低或者分担风险等相应防范计划。制定风险应对策略主要考虑四个方面的因素：可规避性、可转移性、可缓解性、可接受性。

9.5.2　项目风险应对的方法

1. 避免风险

避免风险是指当项目风险潜在威胁发生可能性太大，采取主动放弃或改变项目活动的方式，以避免与该项目活动相联系的风险的一种策略。这是一种最彻底的风险控制技术，可把风险消除在发生之前。如果通过风险评价发现项目面临着巨大的威胁，而又没有其他办法控制风险时，应当考虑放弃项目的实施，避免造成巨大损失。如果只是与某项活动相联系，可以改变该项目活动的性质。例如，对于存在不成熟性的技术坚决不在项目中使用，通过改变工艺流程来避免风险。

2. 预防风险

预防风险是指事先采取一定的措施来防止风险因素出现或减少已存在的风险因素。预防风险包括有形和无形的方法。

有形法（如工程法）以工程技术为手段，消除物质性风险。可以在项目活动开始前，采取措施减少风险因素，也可以将风险因素分离分割，如把可能发生风险的单位分配到更多的工作环节中去，即“不要把所有的鸡蛋放在一个篮子里”。

无形法包括教育法和程序法。对组织风险和项目管理风险可以采用无形法来减轻。教育法是指对有关人员进行风险和风险管理教育，让他们充分了解项目所面临的各种风险、知道控制这些风险的方法，并认识到个人的错误和过失都可能给项目造成巨大的损失。通过教育法来减轻项目管理人员和相关人员的不当行为造成的风险。程序法是指以制度化的方式来开展项目活动，减少不必要的损失。项目的各类管理计划、检查制度一定要健全并得到认真执行。同时，项目的组织结构、进度计划等必须合理地设计，以保证项目的顺利进行。

3. 转移风险

转移风险措施多数是用在概率小，但是损失大，或者项目组织者很难控制的风险上。这类风险可以通过合同或购买保险等方式来将其转移给分包商或保险商。例如，可以用购买的方式直接从项目之外获取产品或服务，使用某种特定技术开发的风险可以通过与一个已掌握该项技术的组织签订技术合同来降低。项目组织者也可以通过分包合同，将风险较大的子项目转移给其他组织。例如，对于一般的建筑施工队来说，高空作业风险较大可以转包给专业高空作业的工程队。在 IT 项目中常使用合作伙伴和外包来分散风险。虽然这样做会带来利润的一部分流失，但减小了项目本身的风险。

采用保险的方式来转移风险时，要注意承保的风险必须是纯粹风险，风险所致损失是能够预测的。表 9-15 是纯粹风险和投机风险的区别。

表 9-15　纯粹风险和投机风险的区别

栏　目	纯粹风险	投机风险
后果	只有损失而没有获利的可能	可能损失、可能盈利
风险的起因	各种自然灾害，人们的不慎行为	政治、经济、科学技术等因素
预见值	符合大数法则，有规律可循	复杂，不易预见
影响	不会导致他人收益，对社会整体而言，是净损	一人受损，必导致他人受益，对社会整体而言，损失为零
对保险公司	可保	不可保

4. 自留风险

自留风险是将风险事件的不利后果自己承担下来。风险自留可以是主动的，也可以是被动的。主动承担是指在风险规划时对一些风险已有了准备，当事件发生时马上执行应急计划；被动承担是指事先并没有认识到某些风险的存在，当风险发生造成的损失不大、不影响项目大局时，通过内部融资，以弥补所遭受的损失。自留风险是最简单的风险应对方法，当采取其他方法的费用超过风险事件造成的损失时，就可以采取自留风险的方法。

5. 制定应急措施

制定应急措施就是对已识别的风险事件确定发生时的行动步骤，包括施救方案和应该采取的措施、实施步骤、相关人员的职责等。通常项目会预留应急费用用于补偿未料到的风险损失。

在进行风险应对时，应当针对项目中不同风险的特点分别采用不同的应对措施，尽量减少风险造成的损失。

9.6　项目风险监控

9.6.1　项目风险监控的概念

项目风险监督和控制是跟踪已经识别的风险，监视残余风险和识别新的风险，保证风险计划的执行，并且评估这些计划对减低风险的有效性。项目风险监督和控制记录与应急计划实施相关联的风险度量。项目风险监督和控制是整个生命期中的一种持续进行的过程。随着项目的进行，风险会不断变化，可能会有新的风险出现，也可能预期的风险会消失。

9.6.2　风险监控的目的和原则

1. 风险监控的目的

风险监控活动包括两部分的活动和功能，即监督和控制。风险监督活动的主要目的是持续不断地评价项目所处的风险状况。

1）风险应对措施是否已经按计划得到实施。

2）风险应对措施是否像期望的那样得到实施。

3）项目假设是否仍然成立。

4）风险暴露与以前的状态相比是否发生了变化，并且做出趋势分析。

5）某一风险触发器是否已经发生。

6）适当的政策和程序是否得到遵从。

7）先前未曾识别的风险是否已经发生或者出现。

2. 风险监控的原则

风险监控活动的原则是：需要特别关注那些优先级别高的风险，因为它们对项目的影响最大。一个经常采用的工具就是项目十大风险跟踪表。

9.6.3　十大风险跟踪及具体方法

所谓十大风险跟踪，就是始终关注风险值最高的10个风险，对这些风险进行全程监督和控制。这样可以集中有限的项目资源，解决项目中最主要的风险，最大限度地降低风险给项目带来的负面影响。但是不是只关心前十大风险呢？这只是一个相对的概念，根据项目的规模和特征，这个数值会有所不同。但是带给人们这样一个基本概念：不需要为所有的风险分配有限的资源。

十大风险跟踪的具体方法如下：

1）根据风险识别和分析的结果，列出风险值最高的 10 个风险（前面讲述的风险排序表中的前 10 个风险）。

2）为每个风险制订详细的风险应对计划，其中包括应对措施及其责任人，并执行。

3）跟踪风险应对的执行情况，并定期评审和审计计划的执行情况。

4）追踪风险变化的趋势，随时调整每个风险的风险值，并更新十大风险清单。

风险控制活动是指在风险发生后，根据风险应急计划来进行相应的危机处理过程。风险控制主要包括以下四个方面的内容。

1）执行某一个应急计划。

2）针对某一个风险，采取纠正措施。

3）选择备用的方案。

4）重新制订项目计划。

9.6.4 风险状态报告的内容

风险监控的结果通过“风险状态报告”文档来反映。风险状态报告的目的是向项目相关成员交流和沟通当前风险应对的状态。这份报告应该为每个风险考虑可能的 4 个风险管理方面的情况。

1）风险被解决，风险应对计划完成，跟踪结束。

2）风险管理和应对行动与计划一致，在这种情况下风险管理工作还将继续。

3）风险管理和应对行动与计划不一致，在这种情况下应该纠正执行方法。

4）风险发生了显著变化，通常要进行风险再分析和再计划工作。

风险状态报告的内容包括以下信息。

1）项目名称。

2）风险描述。

3）风险分类（项目领域）。

4）识别阶段的概率、影响和曝光量。

5）当前的概率、影响和曝光量。

6）识别阶段的风险等级。

7）当前的风险等级。

8）风险应对计划的完成进度（已完成的工作）。

9）风险应对措施的具体描述和工作总结。

10）风险所有者。

11）风险变化的趋势。

本章小结

本章对项目风险管理的相关知识点进行了比较详细的介绍。首先介绍了风险、项目风险以及项目风险管理的含义，然后阐述了项目风险管理规划、项目风险识别、项目风险定性分析、项目风险定量分析、项目风险应对、项目风险监控等项目风险管理的六个阶段相关知识点。

本章介绍了风险概率与影响评估、概率和影响矩阵、风险数据质量评估、风险分类、风险紧迫性评估、专家判断法、概率分析法、敏感性分析法、决策树法、模拟法等风险定性定量分析方法，掌握这些方法对于本章的学习具有重要意义。

习　题

一、判断题

1. 项目风险管理是对项目的风险进行识别和分析，并对项目风险进行分析的系统过程。
2. 风险转移可以降低风险的发生概率。
3. 减轻风险所需要的成本与没有减轻风险所导致的损失相比较而言少一些。
4. 应急应对是指为某一特定的风险制订应急计划。
5. 德尔菲法可以避免由于个人因素对项目风险识别的结果产生不当的影响程度。
6. 风险转移从长期来看总是有益的。

二、单选题

1. 下面四个选项中哪一项与风险影响程度分析有关（　　）。

A. 风险管理　　B. 风险识别　　C. 风险评估　　D. 风险减轻

2. 风险所产生的影响程度是通过（　　）来计算的。

A. 将风险发生的概率和风险影响程度相乘

B. 将风险发生的概率和风险的个数相乘

C. 将风险的个数和风险影响程度相乘

D. 以上皆是

3. 风险识别需最先解决的是（　　）。

A. 影响程度高，发生概率较小的风险

B. 影响程度低，发生概率较小的风险

C. 影响程度高，发生概率较大的风险

D. 影响程度低，发生概率较大的风险

4. 项目哪个阶段的风险最大（　　）。

A. 启动　　B. 计划　　C. 执行　　D. 收尾

5. 从客户的角度来看，如果没有把项目的风险管理好，（　　）将会对客户造成最久远的影响程度。

A. 范围风险　　B. 进度风险　　C. 成本风险　　D. 质量风险

6. 下面所列方法中属于风险定性分析的方法是（　　）。

A. 敏感性分析法　　B. 决策树法　　C. 风险分类法　　D. 模拟法

7. 项目风险管理过程中使用决策树分析的优点在于它（　　）。

A. 考虑了决策者对风险的态度

B. 帮助决策者应对风险情形

C. 迫使决策者考虑各项结果的概率

D. 反映了风险是如何发生的

8. 下列选项中不是项目风险评估影响程度因素的是（　　）。

A. 风险事件　　B. 保险费　　C. 项目性质　　D. 风险概率

三、思考题

1. 你是如何理解项目风险和项目风险管理的？
2. 你认为项目风险管理与一般企业运营中的风险管理有什么区别？
3. 项目风险管理有哪些主要作用？
4. 项目风险应对措施制定与项目风险监控有什么关联？

案例分析

案例一：摩托罗拉的风险应对

10 年前，摩托罗拉还一直是引领尖端技术和卓越典范的代表，享有全球最受尊敬公司之一的尊崇地位。它一度前无古人地每隔 10 年便开创一个工业领域，有的 10 年还开创两个。成立以来，发明过车载收音机、彩电显像管、全晶体管彩色电视机、半导体微处理器、对讲机、寻呼机、大哥大（蜂窝电话）以及“六西格玛”质量管理体系认证，它先后开创了汽车电子、晶体管彩电、集群通信、半导体、移动通信、手机等多个产业，并长时间在各个领域中鲜有对手。

但是这样一家有着显赫历史的企业，在 2003 年手机的品牌竞争力排在第一位；2004 年被诺基亚超越，排在了第二位；而到了 2005 年，则又被三星超越，排到了第三位。在 2008 年 5 月，市场调研厂商 IDC 和战略分析公司 Strategy Analytics 表示，摩托罗拉可能在 2008 年年底之前失去北美市场占有率第一的位置。摩托罗拉的当季报也显示，2008 年第一季度全球手机销量下降 39%，手机部门亏损 4. 18 亿美元，与上年同期相比亏损额增加了 80%。

为了夺得对世界移动通信市场的主动权，并实现在世界任何地方使用无线手机通信，以摩托罗拉为首的美国一些公司在政府的帮助下，于 1987 年提出新一代卫星移动通信星座系统——铱星。铱星系统技术上的先进性在目前的卫星通信系统中处于领先地位。铱星系统卫星之间可通过星际链路直接传送信息，这使得铱星系统用户可以不依赖地面网而直接通信。谁也不能否认铱星的高科技含量，但用 66 颗高技术卫星编织起来的世纪末科技童话在商用之初却将自己定位在了“贵族科技”。铱星手机价格每部高达 3000 美元，加上高昂的通话费用，它开业的前两个季度，在全球只发展了 1 万用户，这使得铱星公司前两个季度的亏损即达 10 亿美元。尽管铱星手机后来降低了收费，但仍未能扭转颓势。

赛迪顾问研究显示，2005 年以前是明星机型的天下，一款明星手机平均可以畅销 2 ~ 3 年，而过了 2005 年，手机市场已成了细分市场的天下，手机行业已经朝着智能化、专业拍照、娱乐等方向极度细分，而摩托罗拉似乎对此视而不见。在中国市场，2007 年摩托罗拉仅仅推出 13 款新机型，而其竞争对手三星推出了 54 款机型，诺基亚也有 37 款。在新品跟不上的情况下，降价成了摩托罗拉提高销量不得不采取的手段。许多摩托罗拉的忠实用户把摩托罗拉的手机称为“（价格）跳水冠军”。以 V3 为例，从刚上市时的 6000 多元的高端时尚机型跌到 4000 多元，再到 2000 多元，直到停产前的 1200 多元。短期的大幅降价让不少高端用户无法接受，同时也对 V3 的定位产生了质疑。

除此之外，摩托罗拉的像素、屏幕分辨率、内存几乎都落后于诺基亚等竞争对手的同类机型。自从推出V3之后，摩托罗拉发布的绝大部分新品手机无论是U系还是L系，甚至是K系就再也抹不去V3的影子，尤其是其金属激光蚀刻键盘设计。V3的键盘设计的确经典，但再经典的东西被反反复复无数次拿出来用，也会引起消费者的视觉疲劳，甚至产生抵触情绪，尤其是对于那些换机用户。

问题：

1. 从以上案例描述中可以知道摩托罗拉面临着什么样的风险因素？
2. 为什么高科技创新技术并没有给摩托罗拉带来广阔的市场前景？

案例二：事业部杨经理的赶工诉求

负责市场销售与客户关系管理的事业部主管杨经理平时忙得人影都看不到，好几次项目组会议都是电话请假，简单说明请假事由就匆匆挂掉。今天他给你打了一个电话，一聊就是一个多小时。这通电话的大意是说项目客户希望能压缩一定的工期，愿意支付一大笔赶工费。杨经理已经提前咨询了生产部廖部长关于压缩工期的意见，廖部长表示该订单整个核心制造流程都由咱们焊接技改项目负责，因而这种压缩工期的重大决定必须得到技改项目经理的签字。现在杨经理找到你，一是想问问赶工完成的可能性大不大，二是能压缩工期最好，并拍胸脯保证会将部分赶工费拿出来以绩效的形式奖励给大家。显然，压缩订单工期并不是一句话就能敲定的，你需要先分析一下提前完工有多大可能性。

挂断电话，你立即联系了生产部廖部长，详细询问了一下该项目目前情况和订单项目整个任务进度，并让他提供了如下关键环节的生产数据（见表9-16，工期时间以周计），以便量化估计，为是否能压缩工期（即赶工）提供决策参考。

表9-16 关键环节生产数据表

任务代码	紧前任务	乐 观	最 可 能	悲 观
P001	—	4	7	8
P002	—	3	4	9
P003	—	5	5	6
P011	P001	6	7	12
P012	P002	4	4	4
P022	P002	4	6	8
P013	P003	13	16	21
P023	P003	7	9	12
P030	P011，P012	11	15	18
P040	P022，P013	5	8	20
P123	P023	9	12	20

接下来你将按如下步骤分析完工的可能性。

1）根据乐观、最可能和悲观工期数据计算均值T_E和方差σ。

2）根据上述数据，绘制网络图计算关键路径和关键时间。

3）根据下式计算标准偏差数z值：

$$z=\frac{(x-\mu)}{\sigma_{\mu}}$$

式中 x——项目期望完工的时间；

μ——所考虑路径上的活动的 T_E 的总和；

σ_{μ}——所考虑的路径的标准差（对路径活动方差的总和开方）。

4）基于中心极限定理使用正态分布假设来估计工期概率。通过反查标准正态分布表求得相应路径完工概率。

5）为步骤4）的一个逆运用。给定一个概率，通过查标准正态分布表获得 z 值，从而计算出 x（这里期望完工时间指的是 μ 值所对应路径上的期望完工时间，注意这和整个项目的期望完工时间有点差别）。

通过分析发现，将工期压缩到客户规定时间的完工概率为90%。尽管概率很大，但并不意味着不会出现违约情况，经验告诉你如果要满足客户这个要求，必须签订一份正式的合同。合同内容其中一项重要条约就是若出现订单交付延迟，本公司将不承担高额的违约赔付。你把这个想法告诉了事业部杨经理，杨经理非常认同你的看法并表示将去和客户协商。

案例来源：改编自工业工程领域企业生产实践。

问题：

1. 除了案例中提供的衡量完工概率的方法，你认为还有哪些方法可以衡量项目风险?

2. 案例中只从时间角度分析了项目完工风险的影响，请思考如何从成本-时间两个角度衡量项目完工风险问题。

第 10 章
项目采购管理

10.1 项目采购管理概述

10.1.1 项目采购

1. 项目采购的定义

项目采购是指从项目组织外部获得货物和服务（合称产品）的过程。它包含的买卖双方各有自己的目的，并在既定的市场中相互作用。卖方在这里称为承包商、承约商（常常又叫作供应商）。承包商/卖方一般都把他们所承担的提供货物或服务的工作当成一个项目来管理。

2. 项目采购的内容

1）货物采购。货物采购属于有形采购，是指购买项目所需的投入物，如机械、设备、仪器、仪表、办公设备、建筑材料（钢材、水泥、木材等）、农用生产资料等，并包括与之相关的服务，如运输、保险、安装、调试、培训、初期维修等。

此外，还有大宗货物，如药品、种子、农药、化肥、教科书、计算机等专项合同采购，可归入上述采购种类之中。

2）工程采购。工程采购也是有形采购，是指通过招标或其他商定的方式选择工程承包单位，即选定合格的承包商承担项目工程实施任务。像修建高速公路、大型水电站的土建工程、灌溉工程、污水处理工程等，并包括与之相关的服务，如人员培训、维修等。

3）咨询服务采购。咨询服务采购不同于一般的货物或工程采购，它属于无形采购。咨询服务采购包括聘请咨询公司或单个咨询专家。咨询服务的范围很广，大致可分为以下四类：①项目投资前期准备工作的咨询服务，如做项目的预可行性研究和可行性研究、工程项目现场勘查、设计等业务。②工程设计和招标文件编制服务。③项目管理、施工监理等执行性服务。④技术援助和培训等服务。咨询服务的采购通常按照《世界银行借款人使用咨询专家的指南》中规定的程序办理。

一般采购的业务范围包括：

1）确定所要采购的货物、工程或咨询服务的规模、品类、规格、性能、数量和合同或标段的划分等。

2）市场供求现状的调查分析。

3）确定招标采购的方式，国际/国内竞争性招标，或其他采购方式。

4）组织进行招标、评标、合同谈判和签订合同。

5）合同的实施与监督。

6）合同执行中对存在的问题采取的必要行动或措施。

7）合同支付。

8）合同纠纷的处理等。

3. 项目采购的原则与重要性

为了保证项目既定目标的实现，合理使用项目资金和提高资金的使用效率，项目实施组织在采购产品过程中应遵循以下四个原则：

1）凡是为项目所采购的货物和服务，应注意节约和效率，充分体现成本效益原则。

2）采购的货物和服务质量良好，适合项目的要求。

3）所采购的货物应及时到达，服务应及时提供，采购时间与整个项目实施进度相适应。

4）公平竞争，即应给符合条件的承包商提供均等的机会。这不仅符合市场经济运行原则，而且也会进一步提高项目实施质量；同时，公平竞争又会促使报价降低，因而对项目的费用控制更为有利。

项目采购在项目实施中占有特别重要的地位。从某种意义上讲，可以说，项目采购管理工作是项目的物质基础，是项目成败的关键。这不仅仅是因为在一个项目中包括货物和服务的采购，采购费用往往占整个项目费用的绝大部分，而且更重要的是项目的设计和规划也必须体现在采购之中。如果采购到的设备、货物，或接受的服务不符合项目设计和规划的要求，必然就会降低项目的质量，严重的甚至会导致项目的失败。

项目采购管理对项目的重要性可以概括为以下四个方面：

1）能否经济而有效地进行采购，直接影响到能否降低项目成本，也关系着项目未来的经济收益水平。采购计划周密，工作做得好，不但采购时可以降低成本，购买到合适的货物，或签订合适的服务合同，而且在货物制造、交货，以及服务提供的过程中，可以尽可能地避免各种纠纷。

2）健全的采购管理工作，要求采购前对市场情况进行充分、认真的调查分析，准确掌握市场的变化趋势。因而制订的采购计划是切合实际的，预算也既符合市场情况，又留有一定余地。签订合同后，双方对如何支付货款或劳务费用方面应权责分明。即使可能发生价格调整或存在不可预见的费用，也都已在合同中做了明确的规定。

3）好的采购工作，应通过招标，在招标文件中对所采购的货物或服务的技术规格、交货等方面做出具体规定。供货商或承包商在制订标书的过程中要充分考虑自己供货或承包服务的能力；招标后签订的合同要明确规定双方的权利与责任关系，不应模糊推诿；还要规定履约保证及违约赔偿的办法，足以保证合同的实施，因而可以保证按要求如期交货、提供服务，使项目按计划实施。

4）项目采购工作涉及资金相对较大，同时也涉及复杂的横向关系，如果没有一套严密而周到的程序和良好有效的内部牵制制度，难免会出现贪污、浪费的现象。周密的采购程序和有效的内部牵制制度，比如在承包商的选择上，采用比较规范的公开招标、公平竞争的招标程序和严谨的支付办法，可以从制度上最大限度地防止贪污、浪费等腐败现象的发生。

4. 常用的项目采购方式

1）公开竞争性招标。公开竞争性招标是由招标单位通过报刊、广播、电视等媒体工具发布招标广告，凡对招标项目感兴趣又符合投标条件的法人，都可以在规定的时间内向招标单位提交投标意向书，由招标单位进行资格审查，核准后购买招标文件，进行投标。公开竞争招标的方式可以给一切合格的投标者以平等的竞争机会，能够吸引众多的投资者，故称之为无限竞争性招标。根据项目采购的规模大小、要求的货物和服务的技术水平的高低以及资金来源，公开竞争性招标又可根据其涉及的范围大小，分为国际竞争性招标和国内竞争性招标。

2）有限竞争性招标。又称为邀请招标或选择招标。有限竞争性招标是由招标单位根据自己积累的资料，或由权威的咨询机构提供的信息，选择一些合格的单位发出邀请，应邀请单位（必须有三家以上）在规定时间内向招标单位提交投标意向，购买投标文件进行投标。其优点是应邀投标者的技术水平、经济实力、信誉等方面具有优势，基本上能保证招标目标顺利完成。缺点是在邀请时如带有感情色彩，就会使一些更具竞争力的投标单位失去机会。但比公开招标节省了广告费用和招标的工作量。

3）询价采购。即比价方式，一般习惯称作“货比三家”。它适用于项目采购时即可直接取得的现货采购，或价值较小，属于标准规格的产品采购。有时也适用于小型、简单的工程承包。询价采购是根据几家供应商（至少三家）所提供的报价，将各个报价进行比较的一种采购方式，其目的是确保价格的竞争性。这种方式无须正式的招标文件，具体做法同一般的对外采购区别不大，只不过是要向几个供应商询价进行比较，最后确定采购的厂家。

4）直接签订合同。在特定的采购环境下，不进行竞争而直接签订合同的采购方法。主要适用于不能或不便进行竞争性招标、竞争性招标优势不存在的情况。例如，有些货物或服务具有专卖性质，只能从一家制造商或承包商处获得；在重新招标时没有一家承包商愿意投标等。

5）自制或自己提供服务。这种方式不是一种严格意义上的采购方式，而是由项目实施组织利用自己的人员和设备生产产品或承包建造工程。可能是由于项目的一些特殊要求或是项目组织本着成本效益原则分析的结果所决定的。为了避免发生高成本和低效率的问题，采用这种方式进行采购前应尽可能地做详细的设计，并估算成本，在实施过程中，应建立严格的内部控制制度，进行进度、投资、质量控制。

10.1.2　项目采购管理的含义

项目采购管理（Project Procurement Management）是指为达到项目的目标而从项目组织外部获取所需物料、工程和服务的过程。项目采购管理的总目标是以最低的成本，及时地为项目提供满足其需要的物料、工程和服务。

项目采购管理是项目管理的重要组成部分，是保证项目成功实施的关键活动，它几乎贯穿于整个项目生命周期。任何项目的实施都需要投入包括人力、材料、设备等在内的大量资源，如果采购的物料、工程和服务没有达到项目规定的标准，必然会降低项目的质量，影响项目的成本、进度和质量等目标的实现。

10.1.3　项目采购管理的过程

根据美国项目管理协会PMI的项目管理知识体系PMBOK，并结合我国的项目管理实践，我们认为项目采购管理的主要过程包括：

1. 编制项目采购计划

项目采购计划是项目采购管理中第一位的和最重要的工作。一般来说，制订项目采购计划所需的信息有：项目的范围信息、项目产出物的信息、项目资源需求信息、市场条件、其他的项目管理计划、约束条件与假设前提。

项目采购计划的编制过程就是根据范围说明书、产品说明书、企业内采购力量、市场状况、资金充裕度等有关项目采购计划所需的信息，结合项目自身的条件和项目各项计划的要求，对整个项目实施过程中的资源供应情况做出具体安排，并最后按照有关规定的标准或规范，编写出项目采购计划文件的管理工作过程。

项目采购计划是在考虑了买卖双方之间的关系之后，从采购者的角度进行的，这是采购过程的第一步。它包括：是否要采购，如何去采购，采购多少以及何时去采购。

（1）制造或购买的决策分析　“制造或购买”是一个基本的采购管理决策分析技术，它常用于分析和决定一种特殊产品是应该由项目组织自行生产还是从外部采购获得，即决定是否采购。如果项目组织能够以较低的成本生产出所需的产品或劳务，那么就应由自己生产并为自己服务。反之，就应该考虑从外部供应商或分包商那里，以较低的成本获得，而放弃自己制造。

“成本”是决定项目是否外购所需资源的核心要素。直接成本和间接成本都是进行“制造或购买”决策分析所必须考虑的两个方面。但是一项“制造或购买”的决策分析还必须反映项目组织的愿望和实施中的时间要求。如果项目组织在实施项目的过程中急需某种产品，那么不论制造成本如何，选择外购可能都是必需的。

（2）采购方式和合同类型　项目采购可以通过询价方式选定一家供应商或分包商，也可以采用招投标的方式，这需要考虑什么样的方式能够既有利于维护项目组织的利益，同时又能够保证项目资源充分而及时地供给，从而不耽误项目的完工。合同类型一般需要选用下列三种之一：固定价格合同、成本补偿合同、单位价格合同。三种类型的合同对项目组织和供应商各有利弊，作为买主的项目组织应该根据项目具体情况和所要采购资源的具体情况仔细地反复权衡。

（3）项目采购计划文件的编制和标准化　在上述因素均已确定之后，就可以使用各方面资料编制项目采购计划了。在这种计划的编制过程中，可以采用专家分析法、经济批量订货法、综合平衡计划法等具体方法。项目采购计划编制工作将最终生成项目采购计划、项目询价计划、项目采购标书、供应商评价标准等文件。

在编制项目采购计划的同时，要考虑对项目采购计划文件进行标准化处理，即应该将这些计划管理文件按照一定的标准格式给出，以便供应商或分包商容易理解。在这方面常见的准格式文件包括：标准的采购合同，标准的劳务合同，标准的招标书，标准的计划文件等。

2. 制订询价计划

为了保证能够按时、按质、按量获得外部资源，必须制订出项目的询价计划。所谓的询价计划就是有关何时开始询价、订货、签订合同，以确保采购的各种资源能够在需要的时候到位。这实际上是一种有关采购工作的作业计划。

在制订询价计划时可以借助标准表格，标准表格可包括标准合同、标准采购项目说明、全部或部分标准投标文件。同时，还应听取一些专家的意见。

3. 询价

询价是根据项目采购计划和询价计划等采购工作文件所开展的寻找供应商，并向可能的供应商发出询价信以及项目具体所需资源的要求说明文件，邀请可能的供应商给出报价的过程。项目任何一种商品的采购都必须首先进行询价，以便能够“货比三家”，最终以优越的条件与选定的供应商签约。

询价的方法主要包括两种：一是投标者会议。投标者会议指在提出建议前与潜在卖方的碰头会，投标者会议确保所有潜在卖方对采购有一个清晰、共同的理解（技术要求、合同要求等）。对问题的答复有可能作为修订条款包含到采购单证文件里去。二是广告。现有的潜在卖方名单常常通过在普通出版物如报纸或专门出版物如专业刊物上做广告而得到扩充。在一些国家，某些类型的采购项目要求公开向大众做广告，在大多数国家要求政府合同下的子合同公开向大众做广告。

在这一过程中，所有可能的卖主都应处于完全平等的地位。询价的结果是获得若干供应商提供的报价单或建议书。建议书是供应方准备的说明其提供所要求产品的能力和意愿的文档，它们是按照有关采购文档的要求准备的。

4. 选择供应商

项目组织在收到报价单或建议书之后，就应该根据相应的标准进行评价，从中选择合意的供应商。一般来讲，供应商的选择标准在项目采购计划的制订过程中就应该设计出来。采购评价标准既有客观评价的标准指标，也有主观的评价标准指标。采购评价标准通常是项目采购计划文件的一个重要组成部分。

在供应商选择的决策过程中，除了成本或价格以外，还需要评价许多因素。价格可能是决定现货采购的首要因素。但是，如果供应商不能按时交货，则最低建议价格不一定是最低成本。

供应商的建议书通常分为技术部分和商务部分，项目组织可以设置相应的指标对两部分分别进行评价。根据评价的结果，项目组织可以列出合格卖主的清单，然后对所有供应商排序以确定谈判顺序，最后选择一个供应商与其签订一份标准合同。当然，也可能需要多个供应商。

5. 合同管理

与选择的供应商进行有关合同的谈判以达成协议。合同或协议的内容和条款应尽可能准确、周全，将不确定因素减到最少。认真按照签订的合同来实施采购管理计划，以实现合同双方双赢的目标。审查采购进展情况，分析变化，执行双方同意的变更，以保证在合同的法律框架内实现项目目标。明确潜在的、可觉察的和实际存在的合同争议，并采取适当措施尽可能避免合同争议发展成为法律争端。

6. 合同收尾

合同收尾是在项目采购合同全部履行完毕，或者因故中断以后，所开展的各种采购结算和交接决算的过程，它包括对采购的货物和服务进行最后验收，确认合同已经完成，可以移交，以及解决所有项目进展中遗留的合同问题等一系列管理工作。

10.2　项目采购计划

项目采购管理的首要任务是制订项目采购和采购工作计划，这是按项目资源需求安排项目采购和采购工作的计划活动。项目采购和采购工作计划的制订包括从识别项目究竟需要从外部采购哪些产品开始，一直到通过综合平衡安排制订出能够满足项目需求的采购工作计划的全过程。这一计划工作涉及许多问题，包括是否需要对外采购、怎样采购、采购什么、采购多少、何时采购等。此外，在项目采购计划和采购工作计划中还应该考虑各种项目采购需要的分包合同，尤其是当项目业主希望对总承包商及其下一步的分包决策施加某种影响或控制时，更需要考虑项目分包合同的问题。因为总承包商或供应商在获得了项目采购的订单以后，有时还会将自己不能完成的合同订单分包出去，此时如果项目业主对分包合同无法监控就会给自己带来意想不到的问题和风险。

10.2.1 制订项目采购计划所需的信息

1. 各种项目信息

（1）项目的组织环境因素　此时的项目组织环境因素主要包括：各种项目所需资源市场条件，现有市场上可以获得哪些项目所需产品，现有市场上有哪些供应商和承包商，项目通过什么途径能获得这些产品等。总之，所有与项目和项目组织的约束条件和假设前提条件有关的信息都属于此列。

（2）组织过程资产　组织过程资产是指组织从以往的采购过程中积累的正式或非正式的与采购相关的各种政策、过程以及组织以往制定的各种采购合同等对项目采购计划和项目采购工作计划制订有帮助的各种信息。例如，组织的项目采购政策和组织在采购方面的财务政策等都属于此列。

2. 已有的项目文件

（1）项目章程和项目集成计划　包括项目的目标、要求、限制条件和假设条件等，同时给出了项目各种要素和各个方面的集成和配置关系，以及由此生成的项目各种基本要求和规定。例如，项目资金的限制条件规定、交货日期的规定、健康安全和环保的规定等都属于此列。

（2）项目范围计划和项目工作分解结构与活动清单　项目范围计划描述了一个项目的边界和内容，其中包含在项目采购计划中必须考虑的项目范围要求与组织战略等方面的重要信息。项目的工作分解结构（WBS）及其字典（WBSD）和项目活动清单也是项目采购管理的重要依据之一，因为项目资源都是为完成项目工作而准备的，这些文件可以提供有关项目范围的信息，人们可以据此分析得到完成项目所需要的资源的种类、数量以及品质要求等信息。

（3）其他方面的项目文件　在制订项目采购计划时还必须使用其他的项目管理计划作为依据和参照，主要有项目工期计划、项目成本计划、项目质量计划、项目资金计划、项目人员配备计划和项目风险清单等。其中，项目风险清单主要是使用其中有关项目采购方面的风险，这是人们制订项目采购和采购工作计划的根本依据之一。

10.2.2 项目采购计划的编制过程和结果

1. 项目采购计划的编制过程

（1）对各种相关信息进行加工处理　在项目采购计划的编制中，首先需要对收集到的各种相关信息进行必要的加工和处理，找出计划制订决策所需的各种支持信息。有时项目组织还要聘请各类专家顾问或专业技术人员对收集到的信息进行必要的加工和处理。

（2）“制造或购买”的决策分析　在加工处理完相关信息以后，项目资源的买主要开展制造或购买的决策分析，以决定需要从外部采购哪些资源（货物和劳务）和自己可以生产或提供哪些资源。在制订项目采购计划的整个过程中，对于项目所需的各种资源都应该开展这一决策分析。

（3）项目采购要素的计划安排　在确定购买或制造的策略后，还必须按照项目采购计划要素管理法确定项目采购计划的六大因素，即计划和安排好采购什么、何时采购、向谁采购、如何采购、采购多少和以什么价格采购，这是项目采购计划工作的核心内容。

（4）项目采购合同类型的选择　在制订项目采购计划的六大要素后还必须选择和确定以什么样的合同方式获得项目所需资源，即需要与资源供应商或承包商签订什么类型的项目采购合同。项目采购合同类型一般需要在固定总价合同、成本补偿合同、单位价格合同中做出选择。

（5）项目采购计划文件的编制　项目采购计划文件的编制工作将最终生成项目采购管理计划、项目采购工作计划、项目采购标书和供应商评价标准等文件。在项目采购方面常见的标准格式的文件包括标准的采购合同、标准的劳务合同、标准的招标书和投标书、标准的采购计划工作文件等。

2. 项目采购计划编制的成果

（1）项目采购管理计划书　这是项目采购计划编制工作生成的主文件，是项目采购计划编制工作的主要成果。项目采购管理计划书全面地描述了项目组织未来所需要开展的项目采购管理工作的计划和安排，包括从项目采购管理工作的计划安排到项目招投标活动，供应商的选择，采购合同的签订，实施和合同管理与完结等各项工作的计划安排。在项目采购计划书中应该给出下列内容：

1）项目采购工作的总体安排。在项目采购管理计划书中要明确规定项目所需采购的资源和在这些资源的采购中应该开展的采购工作及其管理活动的计划与安排。

2）项目采购具体作业的要求。在项目采购管理计划书中还应该给出项目采购具体作业的各种要求和规定，包括项目采购工作的时间进度安排和实施办法规定等。

3）项目采购使用的合同类型。包括在项目采购中采用的是固定总价合同、成本补偿合同还是单位价格合同，同时还应该规定获得合同的方式是招投标还是其他的方式。

4）项目采购的定价办法。项目采购管理计划书中要对项目所采购资源的定价办法做出规定，并以此作为选择和确定供应商或承包商的依据和评判报价与投标书的标准。

5）项目采购工作的责任。项目采购管理计划书中还应该规定在项目采购中项目业主和项目实施组织将分别承担哪些责任和工作，如谁负责询价、招投标、谈判与签约等。

6）项目采购文件的标准化。项目采购管理计划书中还应该规定由谁来负责编制或获得项目采购的标准文本，包括标准合同文本、标准采购需求文本、标准招投标文本等。

7）供应商和承包商的管理规定。该计划书中还应该规定在项目采购工作中如何管理好供应商和承包商，包括如何选择和监控他们以及如何确定他们的履约情况等。

8）项目采购工作与其他工作的协调。该计划书中应该进一步规定在开展项目采购过程中如何合理地协调项目采购与项目其他方面的关系，以便更好地实现项目的目标。

项目采购管理计划可以是正式的或非正式的、详细的或粗略的、标准的或非标准的，但是它们的内容至少应该包括上述这几个方面。

（2）项目采购工作计划书　项目采购计划编制工作的第二项成果是编制和生成一份项目采购工作计划书，项目采购工作计划书是指根据项目采购计划与各种项目资源的需求信息而制订出的关于项目采购工作的具体作业计划安排。项目采购工作计划书规定和安排了项目采购计划实施中各项具体工作的任务、日程、方法、责任和应急措施等内容。例如，对于一种在项目中大量采购的零配件而言，在项目采购工作计划书中需要规定这项采购何时开始对外询价作业、何时获得各种报价、何时选择和确定供应商、何时开始发盘还盘和合同谈判与签约等各项工作。另外，对于各种采购招投标工作则应该规定何时开始发布招标信息，何时发放标书，何时开标、决标、中标、谈判签约等。这些都属于在项目采购工作计划书中安排和确定的内容。

（3）项目所需资源的自制或外购决策　根据前面所介绍的自制与外购的决策方法，正式对项目所需的各种资源与劳务做出自制或外购的决策，并制定专门的决策文件。项目所需资源的自制与外购决策文件只需要使用最简单的表格，将各种所需要的资源或劳务的自制或外购决策记录清楚，并简单记录决策的原因和依据即可。随着项目的实施，认为需要对其中的某一项或几项进行变更时，只需要对该文件进行变更。

（4）项目采购要求说明文件　项目采购计划编制工作的另外一项重要成果是编制各种资源采购的要求说明文件，在这些文件中应该充分详细地描述项目各种资源采购的细节要求，以便让供应商或承包商确认自己能否提供这些货物或劳务。这里所谓充分详细的要求是指必须根据所采购货物或劳务的特性、项目的需求、采购中使用的合同格式等各种采购工作细节给出具体的说明。项目采购计划编制者必须在说明文件中清晰准确地描述所需采购具体货物或劳务的各种具体要求和规定。项目采购要求说明文件除了应该描述清楚项目采购工作本身的要求外，还应该对项目采购的后续服务要求等问题进行描述和说明。

（5）项目采购具体工作的文件　这是在项目采购计划中生成的项目采购具体工作所需的文件。项目采购具体工作文件有不同的种类和要求，其中最常用的有项目招标书、询价书、谈判邀请书、初步意向书等。项目采购具体工作文件是按照一定的结构或格式编写的，既可以方便供应商或承包商准确地理解项目采购者的要求和意图，也可以方便项目资源采购者准确完整地理解来自于供应商或承包商的各种回应。这些项目采购具体工作文件的内容包括相关的采购要求、说明，采购者期望的反馈信息以及各种采购合同或协议的条款说明等。项目采购具体工作文件的内容和结构应该符合规范和标准，要按照标准格式编制以便买卖双方能够进行沟通。同时，项目采购具体工作文件在形式上也要有足够的灵活性，以便买卖双方能够根据需要采用更好的工作方法和交易办法。

（6）项目采购的评价标准文件　在项目采购计划文件中还应该包括项目采购工作的评价标准文件，以及供应商或承包商的评价标准文件等。在项目采购中人们需要使用这些评价标准文件对项目采购工作和供应商及承包商的报价书、报价信或投标书等评定等级或打分。这些文件中既要有客观评价标准指标，也要有主观评价标准指标，以构成一个完整的评价指标体系。在项目采购的评价标准中购买价格仅仅是评价标准之一，还必须综合考虑质量和供货期等其他各方面的因素，评价和确定项目采购工作。表 10-1 是一个综合的项目采购工作评价标准体系。

表 10-1　供应商与承包商的综合评价标准体系

评价指标	指标说明	权　重
项目需求的理解	卖方对买方项目资源需求的准确理解，这可从其提交的报价或发盘中看出来	0.2
全生命周期成本	卖方是否能够按照项目全生命周期最低总成本（购买成本加上运营成本）供货	0.3
组织的技术能力	卖方具备项目所需的技术诀窍和知识吗？或者能够合理地预期供应商最终会得到这些技术诀窍和知识	0.25
组织的管理水平	卖方是否已经具备，或者能否合理地预期供应商最终能够开发出项目所需的管理能力，以确保管理的成功	0.15
组织财务能力	卖方是否已经具备，或能否合理地预期供应商是否具备项目所需的财力资源和财务能力	0.1

（7）各种项目计划的更新　除了上述文件之外，在项目采购计划过程中还要根据需要对项目前期所做各种计划进行必要的更新。这既包括对于项目集成计划的更新和对于项目专项计划的更新，也包括对于项目实施的各种业务计划的更新和对于各种项目管理计划的更新（项目质量、时间、成本和范围管理计划等），甚至包括必要时对于项目章程的更新。

另外需要指出的是，在项目采购过程中上述项目采购计划的各种文件都需要随着项目的不断展开和各种项目信息的交流而重新评估、定义、更新或修订。因为在项目的开发过程中存在着大量的不确定性，没有哪个项目可以不用做必需的计划修订和更新工作。

10.3　项目采购实施

10.3.1　项目采购实施的含义

当制订出项目采购和采购工作计划及其相应的各种文件之后，项目采购管理就进入项目采购和采购工作计划的实施阶段。本节主要从项目资源买主的角度阐述这些计划的具体实施作业，其中最主要的是询价与报价、招标与投标等工作。对于项目资源买主来说，寻找、选择和确定卖主的过程是项目采购的主要工作，随后是项目采购合同的实施工作。

10.3.2　项目所需货物的采购计划实施

1. 项目货物采购工作的流程图

项目货物采购工作的流程图如图 10-1 所示，图中给出了项目货物采购工作的主要步骤和内容。

图 10-1　项目货物采购工作的流程图

由图 10-1 可以看出，项目货物的采购工作主要包括两个阶段：一是由“询价”和“报价”所构成的采购意向阶段；二是由“发盘”“还盘”和“承诺”所构成的价格发现阶段。其中，第一个阶段中买卖双方的行为都不具备法律约束力，但是第二个阶段中买卖双方的行为都具有法律约束力，所以人们又将“发盘”和“还盘”称为“要约”，一旦一方做出“承诺”，则“要约”即可成立并具有法律约束力。

2. 项目货物采购的主要工作

（1）开展项目采购的询价工作　根据项目采购计划和项目采购作业计划所规定的时间以及各种采购具体工作文件的要求，开展寻找供应商的工作。这项工作要求向可能的供应商发出询价信，以及与他们交流项目具体所需资源的信息，并且要邀请可能的供应商给出他们的报价，然后向可能的供应商发出邀请，请求他们还盘和对他们发出要约。这是项目货物采购计划实施工作的第一步。一个项目所需的任何一种货物的采购都必须首先进行询价，以便能“货比三家”和最终以最优的条件与选定的供应商签约。

（2）获得报价的工作　这是指项目业主（买方）从各可能的供应商处获得货物报价的工作。在这一阶段工作中，项目业主（买方）要与各可能的货物供应商进行联系，要求对方提供报价信息、解释报价的依据和理由、确认报价所包括的商品与售后服务的内容等。供应商的报价从法律上讲是种要约，或叫发盘。项目所需货物的买卖双方在承诺接受对方的报价（或叫要约）以前，必须非常明确地知道对方报价的实际内涵，所以必须开展从各个可能的供应商那里获得报价和相关信息的工作。

（3）供应商初步评审　在获得了明确的报价以后就可以根据供应商报价情况和在项目采购计划过程中制定的采购工作评价标准对供应商及其报价进行必要的评价和审查了。在这一评价和审查过程中，首先必须审查供应商各方面资格的合法性和合理性，从而去掉法律上存在缺陷的供应商。然后将剩下的供应商进行比较和评价以排出他们的优先序列，选出其中的最佳者和次佳者，便于随后分别进行讨价还价等项目采购合同的谈判工作。

（4）还盘并讨价还价　在对可能的供应商进行评审并选定主要供应商候选人以后，就可以开始进行还盘和进一步的讨价还价工作了。在这个过程中，项目组织要尽可能地为维护项目业主和自己的利益而展开价格条件等方面的反复讨论。当然，项目资源的买主和供应商各有自己的争价能力，采购者需要根据这些争价能力决定讨价还价的策略和幅度，既要争取到最大利益，又要合理地给对方留下利益，否则将无法实现一项项目采购交易。

（5）承诺和签约　在经双方讨价还价后如能达成“合意”（合同就是双方合意的表达），那么就可以进入项目采购合同细节谈判和签约工作了。这项工作的主要内容是买卖双方谈判和商定采购合同的条款，包括价格条款、数量与质量条款、交货期与交货方式条款、支付条款、违约条款等。项目采购合同一旦签订，项目采购管理就进入合同管理阶段了。

10.3.3 项目所需劳务的采购计划实施

项目所需劳务的采购多数是按招标的办法进行，项目招投标是一种特殊的劳务买卖方式，主要用在工程项目劳务的采购方面。它是一种因买方的要约邀请（招标）而引发卖方的要约（投标书），然后经过招标人对投标者的择优选定，最终做出承诺（授标），形成协议或合同关系的一种平等经济主体之间的交易活动。招标方和投标方所买卖的商品或劳务统称为标的。例如，工程建设项目的标的包括项目的工程设计、土建施工、成套设备安装调试等内容以及相关劳务的整体集成作业。

1. 项目劳务采购中的招投标方式

(1) 公开招标 作为项目劳务买主的项目组织或业主可以在一般媒体上（如报纸、广播、电视、互联网）或在专业媒体（如专业期刊和报纸）上发布公开招标通告。凡是对项目所需劳务有意向并且经招标单位对其进行资格审查，符合投标条件的供应商或承包商，都可以在规定时间内提交投标书并参加投标。一般大型项目的劳务采购多数都是通过公开招标的办法获得的。

(2) 邀请招标 有些项目组织或项目业主保留着以前交易过的或经人推荐来的承包商信息、名单或文件，在这些名单和文件中一般含有这些承包商的各种相关情况和信誉等方面的信息。为了减少寻找承包商的成本，项目劳务的采购者可以有选择地向一些承包商发出招标邀请。有些项目劳务的采购者甚至保留自己的优惠承包商（Favorite Contractors）名录和资料，并且只对这些优惠的承包商发出招标邀请。在没有这种条件的情况下，也可以向权威的商业咨询机构购买相关承包商的信息或通过商业手段找到承包商的信息从而实施招标邀请。

2. 项目劳务采购中的招投标程序

按照国家标准和国际惯例，项目劳务采购的招投标过程可分为若干个阶段，这种分阶段的招投标程序如图10-2所示。项目劳务采购或承发包招投标过程的主要阶段如下：

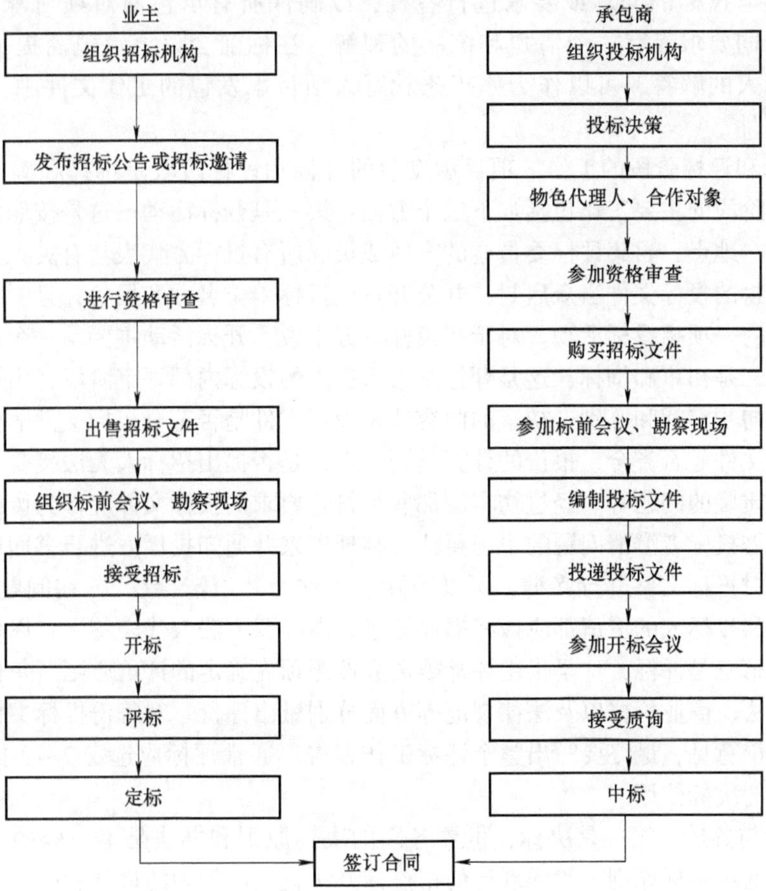

图10-2 项目招投标程序示意图

（1）组织招标班子和准备招标文件　在这一阶段中，项目业主在其内部成立负责劳务采购或承发包的管理小组，或者将招标工作外包给专业的招投标咨询公司负责完成。例如，大型工程建设项目一般由专业招标公司负责招标工作，而较小的项目就由项目业主直接负责招标工作。项目招标准备阶段的主要工作之一是准备招标的各种文件，例如项目采购说明书、项目采购评选标准文件等。

（2）发布招标公告或邀请和开展资格审查　以上工作完成后项目招标班子或专业公司就可以发布招标公告或邀请了，发布招标公告和邀请也必须按照国家法律规定进行，如发布公告的媒体和邀请招标的人数等都需要符合法律和规定。然后，项目业主或招标者要对申请投标的承包商进行资质审查，只有经审查合格者方可发放招标文件。参与投标的卖方如果在技术、经济、经济和信誉等方面存在问题就应该在投标者资格预审中被筛选掉，投标者资格审查主要内容有投标者法人地位、资产财务状况、人员素质、技术水平和能力、经济生产能力、企业财务与信誉和以往的交易业绩等。

（3）发放招标文件和召开标前会议　进一步的项目招标是向符合条件的投标者发放招标文件并收取投标保障金，然后在投标方根据招标文件准备投标文件的过程中组织现场调查和文件答疑。这种答疑是在承包商准备投标之前召开的一种会议，这种会议是所有投标者就有关项目需求和招标问题进行答疑与说明的会议。在这种会议上项目业主或招标者针对参与投标的问题或要求进行答疑，以确保所有承包商对项目承发包的内容、技术要求和合同要求等有一个清楚和统一的理解。在标前会议上承包商提出的问题及项目业主或招标人的解答，可以作为修正条款写入项目承发包的工作文件中，以进一步完善项目招标文件。

（4）开标和评标阶段的工作　项目承发包的开标和评标阶段是选择和确定项目承包商的阶段，这一阶段的主要工作包括如下三个方面：第一是开标活动，这是按照招标公告中事先确定的时间、地点，召集评标委员会的全体成员和所有投标方代表与有关人士，在公证人员监督下将密封的投标文件当众启封，并公开宣读投标单位名称和报价并且一一记录在案等系列程序组成的一项招投标活动。对于招投标双方来说，开标活动主要是一个富有象征性意义的仪式。第二是初审和询标，这是开标结束后进入的投标内部评审阶段，由评标委员会对投标文件进行初步审阅和鉴别。初审的内容涉及投标文件是否符合招标文件的要求、各种技术资料和证明文件是否齐全、报价的计算是否合理、是否提出招标人无法接受的附加条件以及需要询问和质疑的问题等。经过初审后那些不符合要求的投标文件应作为废标处理，基本符合要求但尚需投标者澄清问题的也需要认真整理出来并通知投标方进行书面回答或当面澄清。这相当于对投标文件进行答辩，所以国际上也称为“澄清会议”。在问题澄清过程中，招标人的质疑和投标人的澄清都应该有书面记录并需经双方法人代表签字，以作为招标文件的补充部分。第三是评标，这是指由评标委员会按照预先确定的评价原则对每份合格的投标文件从技术方法、商业价格以及法律规范等方面分别做出评价。对每份投标文件评价之后都应写出书面评价意见，最终要写出整个评标工作报告。通常评标应选定 2 ~ 3 家最好的投标文件供下一步的决标使用。

（5）决标与签约　第一是决标，世界各国的决标原则和办法是不一样的，但是多数使用由管理的最低者中标原则，我国现行的招投标办法就是由管理的最低者中标的原则。这种评标工作一般在投标文件有效期内结束，一般法律规定从开标到确定中标单位的间隔时间不应该超过30天。第二是授标与签约，项目招标者向中标人发出书面中标通知书的行动称为“授标”，随后经过协商和谈判就可以签署承发包合约了。按照相关法律规定，招标单位应该在评标委员会确定中标单位两日内发出中标通知书，并在发出通知书之日起15日内与中标单位签订合同。一般而言，项目的合同价基本上就等于中标价，但有时也需要做进一步的协商和谈判。中标人如果逾期不签约或拒签，招标人有权没收其投标保证金以补偿自己的损失并依次顺延向第二顺位中标人授标。对某中标的单位应由招标者通知并收回招标文件和退还他们预交的保证金。

至此项目劳务采购工作就全部结束了，项目买方通过招投标选择了合适的卖方。

3. 项目采购计划实施工作的结果

项目业主开展货物采购或承发包招标等项目采购实施工作的主要结果包括三个方面：其一是选出了满意的供应商或承包商；其二是获得了项目所需的货物或劳务采购合同；其三是获得了所需的货物和劳务。其中，项目采购合同是关键，因为它是项目业主与所选定的供应商或承包商双方签订并共同遵守的协议，它全面规定了供应商或承包商提供特定的货物或劳务和项目业主付款等方面的义务。

10.4 项目合同管理

10.4.1 项目合同管理的信息和内容

1. 项目合同管理中所需的信息

（1）项目采购或承包合同　在这些项目采购或承包合同中明确规定了项目业主和供应商或承包商的权利和义务，项目采购货物或劳务的具体内容以及采购货物或劳务的具体交付计划。它是项目业主和供应商或承包商开展项目合同管理的依据之一。

（2）项目合同实施结果信息　项目合同实施结果信息是供应商和承包商提供货物或劳务和履约的实际情况的信息，是关于供应商或承包商已经交付了哪些货物或劳务、还没有交付哪些货物或劳务，以及这些货物或劳务的质量如何和发生了多大采购成本等信息。项目业主可以根据这些信息监控供应商或承包商的合同履约活动。

（3）项目合同变更请求信息　在项目实施和货物与劳务的供应过程中，可能会因各种原因而需要对项目合同进行变更。项目合同的请求变更信息直接涉及合同内容的修改，以及合同的履行。这些信息也是项目合同管理的重要依据之一。

（4）项目业主的支付信息　供应商或承包商在发出货物或提供劳务后，必须及时向项目业主提交发货单或完工单，以便对已完成供货或劳务请求付款。项目业主必须保证及时按照合同约定向供应商或承包商付款。在合同完结之后，还要对项目支付情况和记录做必要的审计。这也是项目合同管理的重要依据之一。

2. 项目合同管理的内容

项目合同的管理就是对于项目货物采购合同和劳务承包合同的履行的管理。当项目合同涉及多个供应商或承包商时，项目合同管理就需要按照合同集成管理的方法开展。项目合同管理的内容主要包括项目合同实施的管理，采购的质量控制，合同变更的管理，合同索赔的管理以及合同付款支付系统的管理等。

（1）项目合同实施的管理　项目业主应根据合同的规定，在适当的时间监督和控制供应商的商品与劳务供应工作，同时还要对供应商的工作进行必要的跟踪评价。合同实施的控制的主要工作有：

1）项目经理、各职能人员、所属承包商在合同关系上予以帮助、解释合同，做工作指导；对来往信件、会谈纪要、指令等进行合同法律方面的审查。

2）协助项目经理正确行使合同规定的各项权利，防止产生违约行为。

3）对项目的各个合同执行进行协调。

4）对合同实施过程进行监督，对照合同监督自己的各工程小组、各承包商的施工，做好协调和管理工作，监督各承包商正确履行合同。

5）及时向各管理层的人员提供合同实施情况报告，并对合同的实施提出建议、意见甚至警告。

6）调解合同争执，包括各个合同争执以及合同之间界面的争执。

7）处理索赔与反索赔事务。

（2）采购的质量控制　项目采购的质量控制包括对来自供应商或承包商的货物或劳务的检查、验收和交付的工作，这是保证项目所获得资源符合质量要求的重要手段。在项目采购管理过程中一般都要对货物或劳务的检查和验收作严格的规定。一般来说，基本的验收方式有：凭到货的现状验收、凭货物的封存样品验收、根据卖主提供的样品验收以及凭权威部门的鉴定结论验收等。为了进一步监控供应商或承包商交付货物的质量，项目组织还可派专门负责质量的工程师进驻供应商的生产加工现场，进行指导和对所需资源的质量进行控制。

（3）合同变更的管理　在合同的采购过程中，很可能由于合同双方的各种因素，需要对合同条款进行变更。合同的变更会对双方的利益产生影响，因此需要合同双方对于变更达成一致意见。如果不能达成一致，就可能导致合同的终止或者订立新的合同。一般在土木工程项目实施中，只要在原合同规定工程范围内进行变更，不超过合同规定，变更是允许的。

1）引起变更的主要原因。在工程项目中，引起变更的主要原因从类型方面分，可以划定为业主变更和承包商内部变更两种。由于承包商的内部变更属于承包商内部管理范畴，不构成对合同的改变，因此不是本书重点研究的对象，但是即使是承包商内部变更，也不是承包商单方面可以决定的，一定要区分情况，对需要得到业主/工程师认可的，一定要事先履行手续。

从对合同的改变程度上来看，业主的变更可分为：工程范围变更和工程量变更两大类，每类中又有若干小项，具体归纳如下：

工程范围变更主要包括：额外工程；附加工程；工程某个部分的删减；配套的公用设施、道路连接和场地平整的执行方与范围、内容等的改变。

工程量变更：工程量增加；技术条件（如工程设计、地质情况、基础数据、工程标高、基线、尺寸等）改变；质量要求（含技术标准、规范或施工技术规程）改变；施工顺序的改变；设备和材料供货范围、地点、标准的改变；服务（如开车、培训）范围和内容的改变；加快/减缓进度。

2）处理变更的方式及程序。变更的正式书面文件通常称为变更令，只能由有权方发出，接收方可以立即应对，或者在澄清、核实后按令行事，变更令通常附有图样等技术文件，并在工作开始前发出。工程范围变更和工作量变更的程序有所不同，现分述如下：

工程范围变更的程序：工程范围变更的实质是对合同范围的变更，因此在程序上需要合同双方的认定。

工作量变更的程序：工作量变更是有权方依据合同所赋予的权力，对合同范围以内的工作进行调整/调节的安排，能够发出变更令（或联络签）的有权人依合同规定可以是业主的项目主管或者是聘请的独立工程师。

(4) 合同索赔的管理　在某些项目如工程项目中，索赔是经常发生的。项目各参加单位由于其经济利益不同，在合同的执行过程中通常会出现索赔。

1）产生合同索赔的原因。

由于业主或其他最终用户没能正确地履行合同义务，例如，未及时交付场地、提供图样，下达了错误的指令等。

由于业主或最终用户行使合同规定的权力而增加了项目组的花费和延误了进度，按合同应该给予补偿。例如，增加工作量，增加合同内的附加任务，或要求项目组完成合同中未注明的工作等。

由于某一个工作组完不成合同的责任而造成连锁反应，例如，工程项目中由于设计单位未及时交付图样，造成土建、安装工程中断或推迟，土建和安装承包商向业主提出索赔。

由于环境的变化。例如战争、动乱、市场物价上涨等。

2）索赔管理主要包括索赔与反索赔。

索赔是对自己已经受到的损失进行追索。包括在日常的合同实施过程中预测索赔机会，在合同实施中发现索赔机会，处理索赔事件，及时提出索赔要求和妥善解决争执。

反索赔着眼于防止或减少损失的发生。通常反索赔有：反驳对方不合理的索赔要求，推卸自己对已发生的索赔事件的责任，否定或部分否定对方的索赔要求等。

索赔管理工作一般涉及两个层次的工作。一是合同双方索赔的提出和解决过程。它一般有合同规定，如果未按合同规定的程序提出，常常会导致索赔无效。二是项目组织内部的索赔管理工作。

3）索赔管理的过程。按照国际惯例，索赔工作过程包括：索赔意向通知，起草并提交索赔报告，解决索赔等。

① 索赔意向通知。在引起索赔事件发生后，承包商必须迅速做出反应，在一定时间内（FIDIC 规定为 28 天）向业主发出书面索赔意向通知，声明要对索赔事件提出索赔。

② 起草并提交索赔报告。在提交索赔意向通知后（FIDIC 规定为 28 天），项目单位必须提交正规的索赔报告。在这个阶段，项目组要做的事情包括：事态调查，索赔事件的原因分析，索赔根据分析和评价，损失调查，收集证据，起草索赔报告和提交索赔报告等。

③ 解决索赔。从项目管理的角度来说，索赔应得到合理解决，无论是不符合实际情况的超额赔偿，或通过强词夺理，对合理的索赔要求赖着不赔，都不利于索赔的合理解决。

(5) 合同付款支付系统的管理　对供应商或承包商的支付管理通常也是项目合同管理的一个重要内容，在有众多项目采购管理的大型项目管理中，项目业主可以开发建立自己的项目支付系统。这一管理包括由项目业主做出的对供应商或承包商的履约评价和认可，以及相应的支付控制工作。根据国际惯例，项目采购合同的支付方式一般有两种：一种是现金支付，另一种是转账支付。项目业主与供应商或承包商之间为项目采购合同支付货款和报酬大都采用转账结算的方式进行。项目业主通常应根据合同规定，按供应商或承包商提交的发货单或完工单对供应商或承包商进行付款，并严格管理这些支付活动。

10.4.2 项目合同的终结管理

1. 整理项目合同的文件

这里的项目合同文件泛指与项目采购合同和项目承发包合同有关的所有文件，包括项目合同书、所有辅助性的供应工作进度表、各种被批准的项目合同变更记录、供应商或承包商提供的技术文件、供应商或承包商工作绩效报告（如发货单、支付记录等各种凭证）以及任何与项目合同有关的检查结果记录等。这些项目合同的主文件和支持细节文件都应该经过整理并建立索引记录，以便日后使用。这些整理过的项目合同文件应该包含在最终的项目整体文档记录中。

2. 开展项目采购合同的审计

项目采购合同的审计是对项目采购工作的全面审查，包括对从项目采购计划一直到项目合同管理整个项目采购过程的结构化评审。这种评价和审查的依据是有关项目合同文件和相关法律与规定。项目采购合同审计的目标是要确认项目采购管理活动的成功之处、不足之处以及是否存在违法违纪现象，以便从中吸取经验和教训。项目采购合同的审计工作一般不能由项目业主内部的人员来进行，而是由国家或专业审计部门来进行。

3. 办理项目采购合同的终止

当供应商或承包商全部完成项目合同所规定的义务后，项目业主负责合同管理的个人或小组就应该向供应商或承包商提交项目合同已经完成的正式书面通知。合同双方一般应该在项目采购或承发包合同中对正式接受和终止项目合同有相应的协定条款，项目合同终止活动必须按照这些协定条款所规定的条件和过程开展。

本章小结

本章讨论了项目采购管理的基本概念、项目采购计划的编制、项目采购的基本过程以及合同管理的基本内容。项目采购是项目执行过程中的一个十分关键的步骤，其过程和结果的成功与否关系到整个项目的质量和未来的收益水平。因此本章对采购的含义、采购的分类、采购计划的编制以及采购方式的选择做了详细的介绍；对与采购有关的合同的类型、合同管理的内容和方法也进行了必要的介绍。

习　题

一、判断题

1. 在选择供应商时，成本是唯一的决定因素。
2. 只有合同双方都履行完各自的义务时，合同才能终止。
3. 奖励合同可以激励供应商想方设法地降低成本。
4. 一般来说，公开招标采购比邀请招标采购能找到更多的投标人。

5. 工程范围变更的实质是对合同范围的变更，因此在程序上需要合同双方的认定。

6. 项目合同的管理就是对于项目货物采购合同和劳务承包合同的履行的管理。

二、单选题

1. 采购成本的预测一般是通过（　　）来进行的。

A. 综合估算　　B. 加权系统　　C. 独立估算　　D. 参数模型法

2. 下列表述错误的是（　　）。

A. 项目采购绝大多数是通过非招标采购进行的

B. 非招标采购一般适用于单价较低、有固定标准的产品

C. 非招标采购主要包括：询价采购、直接采购和自营工程

D. 项目采购绝大多数是通过招标采购进行的

3. 下列有关固定价格合同的表述正确的是（　　）。

A. 固定价格合同对于供应商来说风险比较小

B. 固定价格合同以供应商所花费的实际成本为依据

C. 固定价格合同适用于技术复杂、风险大的项目

D. 签订固定价格合同时，双方必须对产品成本的估计均有确切的把握

4. 某公司生产产品每年需要甲零件300件，如果自制，该零件增加公司的固定成本300元，该零件的自制的单位变动成本为7元，如果外购，则零件为8元/件。则该公司应该（　　）。

A. 自制　　B. 外购　　C. 两者效果一样　　D. 不能确定

5. 下列有关招标采购的表述错误的是（　　）。

A. 手续较烦琐，耗费时间也较多，不够机动灵活

B. 投标人可能把手续费等附加成本转移到购买的投标项目的价格中去

C. 可能发生抢标、围标等现象

D. 可以出现贪污贿赂行为

三、思考题

1. 简述项目采购的分类。

2. 项目采购规划主要应解决哪些问题？

3. 项目实施组织如何进行自制或外购决策？

4. 选择供应商时，要考虑哪些因素？

案例分析

案例一：某公司采购管理改进前后状况比较

一、改进前

一个供应商接到该公司上海分公司的电话要买电脑10台的询价，又接总部询价电脑100台，IT部门询价某型号电脑，并称需要笔记本电脑10台。供应商心想这个公司今年肯定有大的项目，频频添置新设备，立刻派员工光顾需求者，投之以“礼”。这样一来，该公司整体的“采购力”被分散、被浪费，价格五花八门，很难有什么优势可言，采购也就无所谓什么“采购技术”，至于竞标也就变成了一个形式。该公司的电脑什么牌子都有，经常修理、升级，形成价格无优势、服务低水准、管理混乱、舞弊成风的局面，导致公司形象受损。

二、改进后

首先由申请人提出申请，提交需要的数量，并非型号和报价。所有申请由部门经理根据预算批准，交公司财务总监批准（电脑金额超过 2000 元，属于固定资产项目），然后统一交由 IT 部门汇总。IT 部门根据公司规定和工作需要决定配备的机型（台式机或笔记本式机）配置、操作系统、软件及品牌。

该公司采购部门根据汇总数量和金额及要求，决定竞标的名单，IT 部门提交竞标的内容，采购部门组成招标委员会或评标小组，邀请 IT 经理、工程师参加评审。采购部门按照招标流程进行采购活动，与参加投标的供应商一一谈判，不仅仅是价格，也包括售后服务、交货条款、索赔条款、升级服务等。评标委员会按照事先商定的评定标准评判参加投标的供应商，推出胜标者，向胜标者发出胜标通知，向败标者发出感谢信。采购部门与胜标者签署合同，监督供应商的执行。

这样，该公司的供应商会得到一个公平的竞争环境，采购员也能发挥作用。他们的谈判能力及 IT 经理的专业能力也得到发挥，申请人也得到他们需要的工具。同时，该公司也得到了采购部门努力换来的竞争优势：好的价格、好的售后服务、升级承诺及供应商的好的反馈。公司的“钱”被聪明地花出了，该公司从而树立起了好的管理形象。

案例来源：徐杰，鞠颂东．采购管理［M］．北京：机械工业出版社，2014.

问题：

1. 采购管理改进前后为什么会出现不同的情况？
2. 你认为还可以从哪些方面进行采购管理的改革？

案例二：星龙湾大酒店的悲剧

2001 年 8 月 8 日，星龙湾大酒店在鲜花的簇拥和鞭炮的喧嚣中正式对外营业了。这是一家集团公司投资成立的涉外星级酒店，该酒店不仅拥有装潢豪华、设施一流的套房和标准客房，下设的老宁波餐厅更是特色经营传统宁波菜和海派家常菜肴，为中外客商提供各式专业和体贴的服务。由于集团公司资金雄厚、实力强大，因此在开业当天，不仅社会各界知名人士到场剪彩庆祝，更吸引了大批新闻媒体竞相采访报道。一时之间，星龙湾大酒店门前是人头攒动，星光熠熠。最让星龙人感到骄傲和自豪的是酒店大堂里的一盏绚丽夺目、熠熠生辉的水晶灯。这盏水晶灯是公司某副总经理亲自组织货源，最终从奥地利某珠宝公司高价购回的，货款总价高达 120 万美元。这样的超级豪华水晶灯不仅是在全国罕见，即使是国外，也只有在少数几家 5 星级大酒店才能见到。开业当天，来往宾客无不对这盏豪华的水晶灯赞不绝口，称美不已。尤其是经过媒体报道，更成为当天的头条新闻，星龙湾大酒店在这一天也像那盏水晶灯一样，一举成名，当天客房入住率就达到了 80% 以上。某副总经理也因此受到了公司领导的高度赞扬，一连几天，某副总经理的脸上都洋溢着快乐而满足的笑容。然而，好景不长，两个月后，这盏高规格、高价值的水晶灯就出了状况。首先是失去了原来的光泽，变得灰蒙蒙的，即使用清洁布使劲擦拭都不复往日光彩。其次，部分金属灯杆都出现了锈斑，还有一些灯珠破裂甚至脱落。人们看到这破了相的水晶灯，议论纷纷，这就是破费数百万美元换回的高档水晶灯吗？鉴于情况严重，公司领导责令某副总经理在限期内对此事做出合理解释，并停止了他的一切职务。这个时候，某副总经理是再也笑不出来了。事件真相很快就水落石出，原来这盏价值近千万元人民币的水晶灯根本不是从奥地利某珠宝公司购得的，而是通过南方某地的W公司代理购入的赝品水晶灯。某副总经理在交易过程中贪污受贿，中饱私囊。虽然出事之后，某副总经理不无例外地得到了法律的严惩，然而星龙湾大酒店不仅因此遭受了数千万元的巨额损失，更为严重的是酒店名誉蒙受重创，成为同行的笑柄。这对于一个新开业的公司而言，实在是个致命的打击。

问题：

1. 结合采购程序分析星龙湾大酒店为什么会发生这样的悲剧？
2. 你认为采购管理应当关注的重点是什么？在以后的企业经营中应当怎样防范？

案例三：筋板材料询价采购

这几天你将工作重心主要放在筋板材料采购上。你联系上事业部杨经理让他负责筋板材料采购事宜。杨经理让采购部刘科长具体负责筋板采购计划的编制。采购部的情况你是比较了解的，人少事多，刘科长手上还同时有两个项目组编制计划。为了尽快买回筋板材料，减少订单项目延期风险，你决定参与本项目采购计划编制，毕竟自己亲力亲为比较放心。你让刘科长提供了一份公司材料采购流程，如图10-3所示。

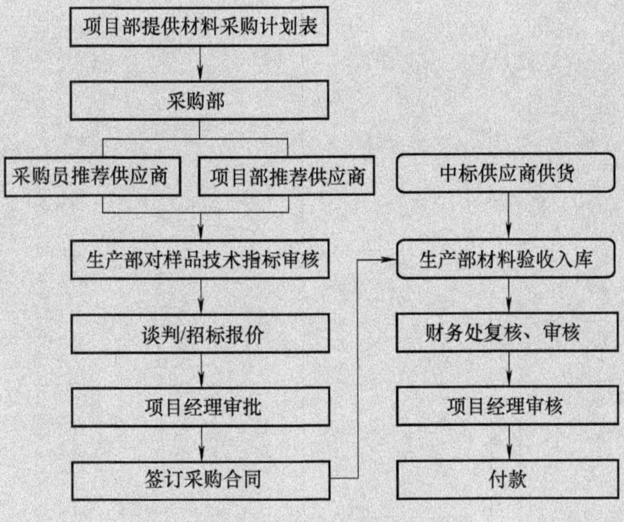

图10-3　材料采购流程图

接下来在刘科长指导下，你和廖部长、李主任碰头拟定了筋板材料的技术规格并核算了采购成本。然后推荐了两家自己比较熟悉的材料供应商。在向采购部提交了材料采购申请之后，采购部刘科长告诉你由于本次采购是项目经理负责制，采购金额没有超出项目经理权限范围且需要尽快供货，根据公司“项目经理一揽子”采购管理办法，你需要自己确定一个采购流程（谈判/招标报价环节）。

通常采购方式有两种：询价采购和招投标采购。你考虑了一下最终决定采用询价采购方式，并根据公司采购流程设计了一个具体询价采购流程：

1）成立由你、事业部杨经理和生产部廖部长组成的询价小组。

2）编制询价采购计划表，提供需采购筋板材料的技术标准和交货期要求。

3）确定两家询价供应商名单。

4）向供应商发布询价请求。

5）选择最低报价供货商。若有进一步的特殊要求，将组织供应商再次报价。

6）询价小组进行二次评审。

7）确定成交供应商。

8）签订采购合同。

案例来源：改编自工业工程领域企业生产实践。

问题：

1. 案例中“你”选择的是询价采购方式，能否选择招投标采购方式？二者有什么不同？
2. 案例中的筋板材料询价采购流程设计得是否合理？请结合专业知识说说理由。

参 考 文 献

[1] 科兹纳．项目管理：计划、进度和控制的系统方法［M］．杨爱华，等译．北京：电子工业出版社，2014.

[2] 梅雷迪思，曼特尔．项目管理：管理新视角［M］．戚安邦，等译．北京：中国人民大学出版社，2011.

[3] 白思俊．现代项目管理概论［M］．北京：电子工业出版社，2006.

[4] 白思俊．项目管理案例教程［M］．北京：机械工业出版社，2009.

[5] 毕星．项目管理［M］．2 版．北京：科学出版社，2011.

[6] 曾华．工程项目风险管理［M］．北京：中国建筑工业出版社，2013.

[7] 柴彭颐．项目管理［M］．北京：中国人民大学出版社，2009.

[8] 陈池波，崔元峰．项目管理［M］．武汉：武汉大学出版社，2006.

[9] 陈关聚．项目管理［M］．北京：中国人民大学出版社，2011.

[10] 代宏坤．项目沟通管理［M］．北京：经济管理出版社，2010.

[11] 丁宁．项目管理［M］．3 版．北京：清华大学出版社，2012.

[12] 丁荣贵．项目组织与人力资源管理［M］．北京：电子工业出版社，2009.

[13] 丁荣贵．项目管理思维与管理关键［M］．北京：中国电力出版社，2013.

[14] 杜慕群．管理沟通［M］．北京：清华大学出版社，2009.

[15] 冯湛青．国际物流与风险管理［M］．北京：北京大学出版社，2014.

[16] 甘卫华．采购管理［M］．南昌：江西高校出版社，2007.

[17] 高世葵．项目人力资源管理［M］．北京：机械工业出版社，2011.

[18] 郭德．项目风险管理［M］．北京：国防工业出版社，2007.

[19] 科兹纳．项目管理案例［M］．罗卿，等译．北京：电子工业出版社，2008.

[20] 何浩．新产品研发项目管理模式的应用［J］．企业科技和发展，2011（17）：93-97.

[21] 何清华．建设项目管理信息化［M］．北京：中国建筑工业出版社，2011.

[22] 黄桂．项目人力资源管理与激励［M］．广州：中山大学出版社，2011.

[23] 蒋国瑞．项目人力资源管理［M］．北京：中国建筑工业出版社，2009.

[24] 蒋景楠，余斌．多项目管理探究［J］．技术经济与管理研究，2006（2）：83-85.

[25] 吉多，等．成功的项目管理［M］．张金成，等译．北京：电子工业出版社，2007.

[26] 康路晨，胡立朋．项目管理工具箱［M］．2 版．北京：中国铁道出版社，2016.

[27] 李恒兴，鲍钰．采购管理［M］．3 版．北京：北京理工大学出版社，2014.

[28] 梁世连．工程项目管理［M］．2 版．北京：清华大学出版社，2011.

[29] 刘荔娟．现代项目管理［M］．2 版．上海：上海财经大学出版社，2016.

[30] 刘欣．项目管理基础［M］．上海：上海社会科学院出版社，2015.

[31] 柳青，蓝天．有效沟通技巧［M］．北京：北京大学出版社，2015.

[32] 梅利克．项目人力资源管理［M］．李萌，译．北京：东方出版社，2009.

[33] 骆珣，陈翔，刘军丽．项目管理教程［M］．2 版．北京：机械工业出版社，2014.

[34] 骆珣．项目管理［M］．北京：机械工业出版社，2008.

[35] 骆珣．项目管理教程［M］．北京：机械工业出版社，2010.

[36] 骆珣．项目管理［M］．2 版．北京：机械工业出版社，2016.

[37] 戚安邦．现代项目管理［M］．北京：对外经济贸易大学出版社，2001.

[38] 戚安邦 . 项目管理学 [M]. 北京：科学出版社，2007.
[39] 戚安邦 . 项目管理学 [M]. 2 版 . 北京：科学出版社，2018.
[40] 戚安邦 . 项目管理学 [M]. 天津：南开大学出版社，2003.
[41] 邱菀华，杨敏 . 项目价值管理理论与实务 [M]. 北京：机械工业出版社，2007.
[42] 邱菀华 . 现代项目管理学 [M]. 3 版 . 北京：科学出版社，2013.
[43] 沈建明 . 项目风险管理 [M]. 2 版 . 北京：机械工业出版社，2010.
[44] 宋伟 . 项目管理学 [M]. 北京：人民邮电出版社，2008.
[45] 孙新波 . 项目管理 [M]. 2 版 . 北京：机械工业出版社，2015.
[46] 罗德 . 项目干系人管理 [M]. 北京：中国电力出版社，2014.
[47] 屠梅曾 . 项目管理 [M]. 上海：格致出版社，2008.
[48] 王国立，吴春雅，赫连志巍 . 项目管理教程 [M]. 北京：机械工业出版社，2007.
[49] 王健康 . 风险管理 [M]. 北京：中国金融出版社，2008.
[50] 王长峰，李建平，纪建悦 . 现代项目管理概论 [M]. 北京：机械工业出版社，2007.
[51] 王祖和 . 现代工程项目管理 [M]. 北京：电子工业出版社，2007.
[52] 魏及淇 . 项目管理实战全书 [M]. 北京：北京工业大学出版社，2015.
[53] 武艳，张晓峰，张静 . 企业风险管理 [M]. 北京：清华大学出版社，2011.
[54] 项目管理协会 . 项目管理知识体系指南：PMBOK 指南　第 4 版 [M]. 王勇，张斌，译 . 北京：电子工业出版社，2009.
[55] 项目管理协会 . 项目管理知识体系指南：PMBOK 指南　第 5 版 [M]. 许江林，等译 . 北京：电子工业出版社，2013.
[56] 徐杰，鞠颂东 . 采购管理 [M]. 北京：机械工业出版社，2014.
[57] 严肃 . 人力资源管理最常用的 83 个工具 [M]. 北京：中国纺织出版社，2010.
[58] 杨坤 . 项目时间管理 [M]. 天津：南开大学出版社，2006.
[59] 伊辉勇，游静 . 企业资源计划 [M]. 北京：石油工业出版社，2008.
[60] 殷焕武，王振林 . 项目管理：系统化方法 [M]. 北京：机械工业出版社，2012.
[61] 翟松涛 . 项目：如何进行成功的项目管理 [M]. 天津：南开大学出版社，2004.
[62] 张力友 . 项目管理实战剖析与 PMP 攻略 [M]. 北京：机械工业出版社，2007.
[63] 张亮，刘俊岭，姚小菊 . 项目管理 [M]. 北京：中央广播电视大学出版社，2012.
[64] 张云起 . 营销风险管理 [M]. 北京：高等教育出版社，2011.
[65] 赵惠芳 . 管理学 [M]. 杭州：浙江大学出版社，2011.
[66] 赵涛，潘欣鹏 . 项目时间管理 [M]. 北京：中国纺织出版社，2005.
[67] 周跃进 . 项目管理 [M]. 北京：机械工业出版社，2007.
[68] 朱宏亮 . 项目进度管理 [M]. 北京：清华大学出版社，2002.
[69] 朱骁卒 . 项目管理的发展及成熟度分析 [J]. 中国科技信息，2011 (18)：112-123.
[70] 邹宪民，溯惠英 . 项目管理知识体系发展及应用 [J]. 工业工程，2003 (6)：31-35.